Jean Piaget

Weisheit und Illusionen der Philosophie

Suhrkamp Verlag

Titel der Originalausgabe:
Sagesse et Illusions de la Philosophie
Aus dem Französischen von Friedhelm Herborth
Erstausgabe

Erste Auflage 1974

Druck: Poeschel & Schulz-Schomburgk, Eschwege
Printed in Germany

Weisheit und Illusionen der Philosophie

Einleitung

Dieses Buch zu schreiben, ist mir auferlegt worden; zwar nicht als Pflicht, das zu sagen wäre anmaßend, aber doch als eine Arbeit, deren Notwendigkeit immer dringender erschien. Seine These ist einfach und mag manchen banal erscheinen: die Philosophie führt zu »Einsichten« (»sagesse«), auf die vernunftbegabte Wesen wie die Menschen für die Koordinierung ihrer verschiedenen Tätigkeiten angewiesen sind, aber nicht zu dem eigentlichen, durch Kontrollverfahren überprüfbaren Wissen, das wir »Erkenntnis« nennen. Obwohl ich – wie alle, die trotz der Verlockungen der Philosophie am Rande ihres Gebietes bleiben – mit der Überzeugung von der Richtigkeit dieser These gut gelebt habe, erschien es mir angesichts der alltäglichen Irrtümer, die aus ihrer Verkennung resultieren, notwendig, sie ausführlich darzustellen und zu rechtfertigen. In einem Leben als Psychologe und Epistemologe, in dem ich die besten Beziehungen zu Philosophen unterhalten habe, die mich oft mit einer Freundschaft und einem Vertrauen geehrt haben, die ich wohl zu schätzen weiß*, habe ich beinahe jeden Tag die Konflikte erlebt, die die Entwicklung der sich als Wissenschaften verstehenden Disziplinen hemmen.

Ich habe die Überzeugung gewonnen, daß der äußerst komplexen Gesamtheit individueller und kollektiver, universitärer und ideologischer, erkenntnistheoretischer und moralischer, historischer und aktueller Faktoren, die bei allen diesen Konflikten eine Rolle spielen, stets dasselbe Problem zugrunde liegt,

* So bin ich zum Mitglied des Internationalen Instituts für Philosophie gewählt worden, obwohl ich mich nie um die Mitgliedschaft beworben habe.

nämlich ein Problem intellektueller Redlichkeit: unter welchen Bedingungen hat man das *Recht* von Erkenntnis zu sprechen, und wie läßt sich Erkenntnis vor den inneren und äußeren Gefahren schützen, die sie stets bedrohen? Ganz gleich, ob es sich um innere Anfechtungen oder irgendwelche sozialen Zwänge handelt, alle diese Gefahren zeigen sich an einer bestimmten Grenze, die im Laufe der Zeiten und Generationen zwar außerordentlich fließend, für die Zukunft des Wissens aber dennoch von größter Bedeutung ist – ich spreche von der Grenze, die überprüfbares Wissen von Spekulationen scheidet.

Demjenigen, der bei seiner Arbeit immer wieder auf dieses Problem stößt, erscheint die Frage, ob die Philosophie zu »Einsichten« oder zu »Erkenntnissen« führt, nicht mehr als ein überflüssiges Problem oder ein Problem bloßer Theorie; es handelt sich vielmehr um eine höchst bedeutsame Frage, weil von ihrer Beantwortung das Scheitern oder der Erfolg der Anstrengungen von Tausenden von Forschern abhängt. Das gilt zunächst für die jungen Philosophen, die sich schon bei Beginn ihres Studiums auf eine Disziplin spezialisieren müssen, an welche die größten Autoren in der Geschichte der Philosophie erst nach vielen Jahren wissenschaftlichen Forschens herangegangen sind; dadurch werden sie zu dem Glauben verführt, sie könnten aus dem Stand in die höchsten Regionen des Wissens gelangen, obwohl sie in der Regel ebensowenig wie manche ihrer Lehrer jemals erfahren haben, was es heißt, eine bestimmte Erkenntnis zu gewinnen und zu bestätigen. Das gilt weiter für all diejenigen, die sich für das Studium einer Humanwissenschaft entschieden haben und bei deren Arbeit sich immer wieder die Frage stellt, ob ihr Fach abhängig oder unabhängig von der Philosophie ist.

Man könnte sich natürlich mit einer abstrakten Abhandlung über dieses Problem begnügen. Gibt es einen spezifischen Erkenntnismodus der Philosophie oder nicht, einen Modus, der sich von der wissenschaftlichen Erkenntnis unterscheidet, aber gleichwohl den Normen und einer Methodologie genügt, die eine »Erkenntnis« auszeichnen? Angenommen, es gäbe einen solchen spezifischen Erkenntnismodus der Philosophie: welches sind seine Normen und seine Kriterien, und welches sind die Prüfverfahren, die sich aus diesen ergeben? Sind diese Verfahren tatsächlich brauchbar? Haben sie jemals eine Diskussion durch die Widerlegung einer Theorie, die von da an in den Augen aller Zeitgenossen entkräftet war, oder durch eine Beweisführung, die allgemeine Übereinstimmung zugunsten der siegreichen Theorie hergestellt hat, abschließen können? Mit Problemen dieser Art werden wir uns zu beschäftigen haben, mit Problemen also, die sich auch ganz allgemein und rein epistemologisch diskutieren ließen.

Aber das Problem ist noch sehr viel umfassender und schwieriger. Es ist nicht nur epistemologischer, sondern auch soziologischer und psychologischer Natur, und es rührt darüber hinaus an die Wurzeln unserer Ideologien sowie an die Bedingungen unseres geistigen Lebens überhaupt. In Wirklichkeit geht es nicht nur um »die Philosophie«, sondern um ein außerordentlich machtvolles und kompliziertes Ensemble historischer und sozialer Einflüsse, die aus der Philosophie eine universitäre Institution gemacht haben, die Traditionen entwickelt, Autoritäten etabliert, das Denken in bestimmte Bahnen lenkt und vor allem Karrieren ermöglicht. Mehr noch, in vielen Ländern ist die Philosophie zu einer Art geistiger Übung geworden und von einer Aura umgeben, die zwar noch nicht ganz als heilig gilt, aber ein Prestige verleiht, dessen Infragestellung *ipso facto* von engstirnigem Positivismus oder angeborenem Unverständnis zu zeugen scheint.

Gleichwohl hat die Philosophie ihre Daseinsberechtigung. Man kann sogar sagen, daß einem Menschen, der nicht durch ihre Schule hindurchgegangen ist, etwas fehlt. Aber das präjudiziert keineswegs ihren Wahrheitsstatus. Indes, um ihre Bedeutung zur Diskussion zu stellen und sich die Frage zu erlauben, ob sie zu eigentlichen – und das heißt überprüfbaren – Erkenntnissen führt, bedarf es eines »philosophischen Mutes«, der Gefahr läuft, mit den hartnäckigsten und am tiefsten verwurzelten Mächten des Kollektivbewußtseins ebenso in Konflikt zu geraten wie mit all den Formen individuellen Bewußtseins, für die das philosophische Denken zum Surrogat oder zu einer notwendigen Stütze der Religion geworden ist.

Wenn es sich aber so verhält und der Glaube an eine philosophische »Erkenntnis« in der Regel an ein komplexes Ensemble individueller und sozialer Motivationen gebunden ist, versteht es sich von selbst, daß ein Autor, der den Erkenntnischarakter der Philosophie in Frage stellt und überzeugt ist, daß das metaphysische Denken sich auf kluge Einsichten oder einen vernünftigen Glauben reduziert, seinerseits natürlich ebenfalls von vielfältigen Motivationen beeinflußt ist. In einer solchen Diskussion, an der jeder als mehr oder weniger stark Betroffener teilnimmt, ist es unmöglich, sich über die Parteien zu stellen; Objektivität bleibt hier noch mehr als anderswo ein verpflichtendes, aber schwer erreichbares Ideal. Es erschien mir deshalb erforderlich, dem Leser alle die Elemente an die Hand zu geben, die notwendig sind, um sich ein unabhängiges Urteil über den Standpunkt des Autors bilden zu können. Aus diesem Grunde habe ich das erste Kapitel, wenn nicht einer Konfession, so doch einer ausführlichen Darstellung der Dekonversion gewidmet, die dazu geführt hat, daß aus einem, der im Begriff war, Philosoph zu werden, schließlich ein Psychologe und Epistemologe der Entwicklung des Denkens geworden ist. Ich weiß wohl, daß das Ich hassenswert ist (und jedermann mit Gide glaubt: »... das eines Anderen hätte ich geliebt, nicht das Meine«); aber zu einem Verständnis der Gründe für die Standpunkte, die es einnimmt, gelangt man nur durch die Rekonstruktion seiner Genese, die es möglich macht zu beurteilen, welchen Geltungsanspruch seine Positionen erheben dürfen.

Im Anschluß an diese Analyse einer persönlichen Erfahrung versucht das zweite Kapitel, die Beziehungen zwischen den Wissenschaften und der Philosophie zu klären. Einerseits erinnert es daran, daß alle großen Systeme in der Geschichte der

Philosophie aus der Reflexion über die Wissenschaften oder über neue Wissenschaften ermöglichende Hypothesen entstanden sind (das ist banal, wird aber allzu oft vergessen). Andererseits weist es auf eine allgemeine Bewegung der Geschichte der philosophischen Ideen hin: ursprünglich entstanden, als Wissenschaft und Metaphysik noch nicht unterschieden waren, lösen sie sich allmählich von letzterer ab und führen dadurch zur Entwicklung autonomer Einzelwissenschaften – zur Logik, Psychologie, Soziologie wie zu der Art von Epistemologie, die mehr und mehr von den Wissenschaftlern selbst erarbeitet wird. In Reaktion auf diese unausweichliche Differenzierung der Philosophie in Metaphysik (die ein Medium kluger Einsichten oder ein vernünftiger Glaube ist, aber keine Erkenntnisse enthält) und unabhängige, nach Erkenntnis strebenden Einzelwissenschaften hat eine erst im neunzehnten Jahrhundert entstandene Ideenströmung, deren hervorragendster Vertreter Husserl ist, versucht, der Philosophie einen spezifischen Erkenntnismodus zurückzugeben, den man je nach eigenem Standpunkt als suprawissenschaftlich oder als parawissenschaftlich bezeichnen könnte. Kapitel III untersucht die Bedeutung einer solchen Orientierung und insbesondere die Geltung des Erkenntnismodus »Intuition«, dessen Bergsonsche und phänomenologische Formen übrigens in sich widersprüchlich sind.

Das Problem der Möglichkeit einer spezifisch philosophischen und parawissenschaftlichen Erkenntnis läßt sich am besten anhand eines besonders lehrreichen Beispiels entfalten, am Beispiel der sogenannten philosophischen Psychologie – nicht derjenigen der großen Geschichtsphilosophen vor der Begründung einer wissenschaftlichen Psychologie, sondern derjenigen, die sich ausdrücklich als Ergänzung bzw. Ersetzung dieser letzteren versteht. Kapitel IV diskutiert die Frage der Bedeutung und Legitimität jener Reihe von Versuchen, die von Maine de Biran (der sich übrigens gegen den Empirismus Humes und nicht gegen eine noch nicht begründete Experimentalpsychologie wandte) bis zu Sartre und Merleau-Ponty führt.

Kapitel v schließlich setzt sich mit einer Frage auseinander, die zweitrangig erscheinen mag, für unser Vorhaben jedoch von zentraler Bedeutung ist: darf man Tatsachenprobleme durch rein reflexive Diskussion zu lösen versuchen?

Dieses kleine Buch will in erster Linie einen Alarmschrei ausstoßen und eine Position verteidigen. Man sollte deshalb in den historischen Anspielungen keine Gelehrsamkeit und in den einzelnen Diskussionen keine Tiefe suchen. Es geht hier um nichts anderes als das Zeugnis eines Mannes, der in den verlockenden Bann der Spekulation geraten ist und ihm beinahe verfallen wäre und, nachdem er die aus der Spekulation resultierenden Gefahren, Illusionen und mannigfachen Irrtümer erkannt zu haben meint, seine Erfahrung mitteilen und seine mühsam erworbenen Überzeugungen rechtfertigen will.

Kapitel 1

Darstellung und Analyse einer Dekonversion

Es scheint außer Zweifel zu stehen, daß die Philosophie immer ein doppeltes Ziel verfolgt hat: das Ziel, Erkenntnisse zu gewinnen, und das Ziel, Werte zu koordinieren. Die einzelnen philosophischen Systeme haben auf verschiedene Weisen versucht, diese beiden Ziele mehr oder weniger vollständig zu vereinigen. Eine erste Weise ist vorkritisch: die Philosophie führt zu integraler Erkenntnis und koordiniert somit moralische Werte usw. direkt mit einzelnen oder wissenschaftlichen Erkenntnissen. Eine zweite Weise ist die Kantsche Kritik: die eigentlich philosophische Erkenntnis besteht einerseits in der Bestimmung der Grenzen jeglicher Erkenntnis – wobei die Festlegung solcher Grenzen einen Raum für die Koordinierung von Werten freiläßt – und andererseits in der Ausarbeitung einer Theorie der wissenschaftlichen Erkenntnis. Eine dritte Gruppe von Versuchen, das Problem der Vereinigung jener beiden Ziele zu lösen (wir streben hier keine Vollständigkeit an), ist durch zwei Tendenzen charakterisiert: durch die Herauslösung bestimmter Zweige aus der Philosophie und die Entwicklung dieser Zweige zu autonomen Disziplinen (Psychologie, Soziologie, Logik und – immer deutlicher – Epistemologie, die Sache der Wissenschaften selbst wird) und, zweitens, durch eine Koordinierung von Werten auf der Basis einer methodisch verfahrenden Reflexion, die (in zahllosen Varianten auftretend) durch kritische Prüfung der Wissenschaft und Erforschung eines spezifischen Erkenntnismodus fortschreitet, der jener Kritik immanent sein oder auch neben oder über der wissenschaftlichen Erkenntnis angesiedelt sein kann.

A) Wenn ein junger Mensch sich der Philosophie zuwendet,

besteht das entscheidende Motiv für diesen Schritt im allgemeinen in dem Bedürfnis, die gegebenen Werte zu koordinieren, das heißt vor allem, Glauben und Wissen (oder Wissenschaften) miteinander in Einklang zu bringen. Von der wissenschaftlichen Erkenntnis hat ihm die Schule nicht mehr als einige allgemeine Ergebnisse vermittelt; er hat noch keinerlei Vorstellung von der Forschung als solcher und auch nicht von den komplexen Bedingungen, die das Gewinnen von Wahrheit voraussetzt, denn dabei sind Realitäten im Spiel, die zu erahnen allein durch persönliche Erfahrung möglich wird. Da jeder Unterricht sich fast ausschließlich auf sprachliche Vermittlung und auf Reflexion stützt, findet es der junge Mensch ganz natürlich, daß es einen allein auf Reflexion begründeten philosophischen Erkenntnismodus gibt. Ebenso natürlich ist er begeistert, wenn er gleichzeitig einen Zugang zu den höheren Wahrheiten entdeckt, die sehr viel wichtiger sind als die kleinen Wahrheiten des täglichen Unterrichts, weil sie ihm Antwort auf die entscheidenden Fragen geben, die er sich im Hinblick auf die für ihn höchsten Werte stellt. Er wird sich nun der Philosophie zuwenden oder von ihr gezeichnet bleiben, frei, sich neue Fragen zu stellen, wenn er später in Grenzbereichen arbeitet und forscht.

Für mich gilt, daß ich mich bei der ersten Berührung mit der Philosophie für sie entschieden habe. Durch einen Zufall, der bei meinen Reaktionen auf meine Einführung in sie eine große Rolle gespielt hat, hatte ich zu jener Zeit bereits besondere Interessen, die mich genug beanspruchten, um dauerhaft werden zu können. Wie viele Kinder war ich von naturgeschichtlichen Fragen fasziniert. Mit elf Jahren hatte ich das Glück, *Famulus* – so bezeichnete er meinen Status – des alten Zoologen Paul Godet zu werden, der ohne jede finanzielle Unterstützung das Museum von Neuchâtel leitete. Als Lohn für meine kleinen Dienste führte er mich in die Malakologie ein und gab mir eine Menge Schalen von Land- und Süßwasserweichtieren, den Grundstock für eine eigene Sammlung. Als er im Jahre 1911 starb, veröffentlichte ich, fünfzehnjährig, einige ergänzende Anmerkungen zu seinem *Catalogue des Mollusques neuchâtelois;* ich war damals vor allem an der Veränderlichkeit der Höhenanpassung der in den Alpen vorkommenden Weichtiere interessiert.

In diesem Kontext bin ich auf die Philosophie gestoßen. Meinem Vater, der Historiker war, aber nicht glaubte, historische Erkenntnis sei objektiv, war es sehr recht, daß ich nicht in seine Fußtapfen trat (ein schönes Beispiel von Selbstverleugnung). Doch mein Pate, ein kinderloser Literat, der meine Entwicklung mit Interesse verfolgte, war über meine enge Spezialisierung bestürzt; er lud mich im Sommer an den Lac d' Annecy ein, um Bergsons *Schöpferische Entwicklung* mit mir zu lesen und sie mir zu erklären. Diese Begegnung mit Bergson war eine echte Liebe auf den ersten Blick; sie läßt sich aus zwei gleich stark wirkenden Gründen verstehen, die mit den Interessen identisch sind, die junge Menschen zur Philosophie drängen.

Der erste Grund war kognitiver Natur: die Suche nach einer Antwort auf die großen Probleme, auf die ich in meiner beginnenden Ausbildung stieß. Ich hing mit Leidenschaft an der Biologie und verstand nichts von Mathematik und Physik und auch nichts von den logischen Beweisgängen, nach denen diese Disziplinen verfahren. Daher fand ich den Dualismus zwischen dem *elan vital* (Lebensdrang) und der auseinanderfallenden Materie oder den anderen Dualismus zwischen der Intuition der Dauer und dem Verstand, der das Leben nicht zu begreifen vermag, weil seine logischen und mathematischen Strukturen der trägen Materie entsprechen und auf sie gerichtet sind, faszinierend. Kurz, ich entdeckte eine Philosophie, die meiner damaligen intellektuellen Struktur genau entsprach.

Andererseits bin ich, der Sohn eines ungläubigen Vaters, von einer gläubigen Mutter im protestantischen Glauben erzogen worden, so daß ich den Konflikt zwischen Wissenschaft und Religion schon früh zu spüren bekam. Zwar hatte mich die

Lektüre des Buches *L'évolution des dogmes* von Auguste Sabatier, das ich in der Bibliothek meines Vaters gefunden hatte, vom symbolischen Charakter der Ausdrucksformen des Dogmas überzeugt, aber ich glaubte immer noch, ohne indes vom historischen Relativismus wirklich befriedigt zu sein. Auch im Hinblick auf diesen Fragenkomplex war die Lektüre von Bergson eine Offenbarung; in einem Augenblick der Begeisterung, der einem Zustand ekstatischer Freude glich, setzte sich in mir die Gewißheit fest, *Gott* sei das *Leben*, gebe sich in jenem *élan vital* zu erkennen, von dem ich bei meinen biologischen Studien einen kleinen Ausschnitt zu Gesicht bekam. Die innere Einheit war also gefunden: ich sah sie in einem Immanentismus, der mich lange Zeit befriedigt hat und der sich mir im übrigen in immer rationaleren Formen dargestellt hat. Doch greifen wir nicht vor.

Bei der Rückkehr in die Schule war mein Entschluß gefaßt. Ich wollte mein Leben der Philosophie widmen und dem Ziel, Wissenschaft und religiöse Werte miteinander in Einklang zu bringen. Doch ich begegnete einem Lehrer, der mich, wenn auch in zwei einander entgegengesetzten Richtungen, stark beeinflußte. Einerseits erweckte er in mir ein Verständnis für die Werte der Rationalität, andererseits erweckte er in mir Zweifel am Sinn des Geschäfts der Philosophie. Dieser Lehrer war der Logiker Arnold Reymond, der seine Laufbahn in Neuchâtel begann. In seiner Eröffnungsvorlesung, die ich hörte, bevor ich sein Schüler auf dem Gymnasium war, kritisierte er die Philosophie Bergsons. Meine erste Reaktion auf seine hauptsächlich mathematisch bestimmten Überlegungen war ablehnend. Eine Bemerkung Bergsons hatte mich besonders beeindruckt und war mir am Anfang meiner philosophisch-biologischen Arbeiten als ein Leitfaden erschienen: sein Erstauntsein über das Verschwinden des Universalienproblems in der modernen Philosophie, an dessen Stelle das Problem der Regeln trat. Unter der Leitung eines außergewöhnlich intelligenten Direktors ging es am Gymnasium von Neuchâtel bereits so liberal zu, daß man, wenn ich das so sagen darf, Zeit zum Arbeiten fand. Ich schrieb weiterhin Artikel über Fragen der Malakologie (unter anderem am Lac d'Annecy!) und machte mich daran, »meine« Philosophie zu schreiben. Nachdem ich James gelesen hatte, schrieb ich einen *Entwurf eines Neopragmatismus,* der die rationalistische Kritik von Reymond berücksichtigte, aber noch ganz unter dem Einfluß Bergsons stand; ich wollte zeigen, daß es eine von der mathematischen Logik verschiedene Logik der Aktion gibt. Danach ging ich direkt an das Universalienproblem heran und schrieb eine umfangreichere Arbeit über *Realismus und Nominalismus in den Wissenschaften vom Leben;* ich vertrat hier eine Art von Holismus oder Totalitätsphilosophie, diskutierte die Realität der Arten, der Gattungen usw. sowie das Individuum unter dem Aspekt eines organisierten Systems. Meine ursprüngliche Absicht zielte auf nicht mehr und nicht weniger, als auf die Begründung einer neuen Wissenschaft von den Gattungen, die sich von der Wissenschaft der Regeln unterscheiden und dadurch den Bergsonschen Dualismus zwischen dem Lebendigen und dem Mathematischen, an dem ich immer noch festhielt, rechtfertigen sollte. Doch als ich mit meinem Lehrer Reymond (der meine jugendlichen Versuche mit bewundernswerter Geduld und ebensolchem Wohlwollen verfolgte) darüber sprach, entdeckte ich zu meiner etwas naiven Überraschung, daß mein Problem nicht weit von dem der Klassen in der Logik entfernt war und daß meine Logik des Lebens sich zwanglos in die des großen Aristoteles einfügte; denn der aristotelische Begriff der »Form« ist als eine Struktur bestimmt, die das Denken leitet und gleichzeitig den Strukturen des Organismus entspricht. Damit war der Bergsonsche Dualismus zwischen dem Lebendigen und dem Logisch-Mathematischen für mich hinfällig geworden, und ich war nun bereit, Reymonds Einführungen in die Logik und die mathematische Philosophie zu folgen. Dank dieser Philosophie und der Theorie von La Vallée-Poussin fing ich an, die Mathematik zu verstehen, und durch einige biometrische Forschungen über die

Veränderlichkeit meiner alpinen Weichtiere wurde ich vollends von der Richtigkeit der Bemühungen Reymonds überzeugt.

B) Arnold Reymond war ein Philosoph aus Berufung; er ist für mich das vollkommenste und bewundernswerteste Beispiel eines Denkers, der bei jeder Frage, bei jeder intellektuellen wie bei jeder praktischen, ökonomischen oder sonstigen Frage, zu so erstaunlich allgemeinen Überlegungen fortschritt, daß ihr Zusammenhang mit den großen Fragen der Metaphysik durchsichtig wurde. Als ehemaliger Theologe, der aus Gewissensgründen auf das Seelsorgeamt verzichtet hatte, blieb er von den Problemen der Beziehungen zwischen den Wissenschaften und dem Glauben gefesselt, doch durch seine Leistungen auf dem Gebiet der mathematischen Philosophie war er auch zu einer Autorität in Fragen der Epistemologie geworden. In seinen Arbeiten über die Wissenschaft der Griechen schließlich machte er die historisch-kritische Methode in höchst gescheiter Weise fruchtbar. Mit dem größten Vertrauen ließ ich mich von ihm ermutigen, eine philosophische Laufbahn einzuschlagen und mich auf Fragen einer Philosophie der Biologie zu spezialisieren. So stand schon bei meinem Eintritt in die Universität fest, daß ich zunächst die Lizentiatur und den Doktorgrad in Biologie erwerben und dann, nach Ergänzungsprüfungen in Philosophie, eine Dissertation bei Reymond schreiben würde, dessen Vorlesungen ich von Beginn meines Studiums an hörte.

Reymond sah überall philosophische Fragen, und er hatte keine Bedenken, ein überreiches Programm auszuführen: Geschichte der Philosophie, allgemeine Philosophie, Philosophie der Wissenschaften, Psychologie und Soziologie (für diese beiden Disziplinen gab es damals in Neuchâtel noch keine besonderen Lehrstühle). Die Fortschritte, die ich unter Reymonds Anleitung in der Epistemologie machte, ließen mich nach einer Studie über die Epistemologie der Biologie als Wissenschaft eine längere Arbeit über allgemeine Erkenntnistheorie in biologischer Perspektive in Angriff nehmen (was übrigens ganz auf meiner früheren Linie lag); mit anderen Worten, ich unternahm einen Versuch nach dem Vorbild von Spencer, das ich allerdings seiner empiristischen Perspektive zu entkleiden und auf den aktuellen Erkenntnisstand von Epistemologie und Biologie zu bringen suchte. Um diesen Versuch auszuführen, mußte ich die Psychologie berücksichtigen; darüber kam es allmählich zu Meinungsverschiedenheiten zwischen meinem Lehrer Reymond und mir.

In mir hatten sich zwei in meinen Augen zentrale Ideen festgesetzt, die ich übrigens bis heute für richtig halte. Die erste Idee: jeder Organismus besitzt eine dauerhafte Struktur, die sich unter den Einflüssen der Umwelt zwar modifizieren kann, aber niemals als Gesamtstruktur zugrunde geht; daher ist Erkenntnis immer *Assimilation* eines in der Außenwelt Gegebenen an Strukturen des Subjekts (im Gegensatz zu Le Dantec, der, obwohl er die biologische Assimilation zum Angelpunkt seiner Lehre machte, Erkenntnis als eine organische »Nachahmung« von Objekten auffaßte). Meine zweite Idee: die normativen Elemente des Denkens entsprechen der biologischen Notwendigkeit eines sich durch *Autoregulation* erhaltenden *Gleichgewichts*; die Logik könnte also einem Äquilibrationsprozeß entsprechen.

Doch ich, der als Zoologe im Gelände oder im Laboratorium arbeitete, begann (leider zu langsam) zu begreifen, daß eine Idee nur eine Idee ist und daß eine Tatsache bloß eine Tatsache ist. Und zu sehen, daß mein guter Lehrer alle Ideen so behandelte, als ginge es stets nur um Metaphysik, bereitete mir ein gewisses Unbehagen. Daraus entwickelte sich die Überzeugung, daß es für eine Analyse die Beziehungen zwischen Erkenntnis und organischem Leben wahrscheinlich nützlich sei, ein wenig Experimentalpsychologie zu treiben. Reymond sagte dazu, hervorragende Geister wie seine Freunde Claparède und Larguier des Bancels hätten sich von der Psychologie verführen lassen – um den Preis, daß sie immer mehr Zeit an immer begrenztere Probleme verschwendeten, während die freie Reflexion ... Allein, ich stellte fest, daß die freie Reflexion zu

Ungereimtheiten führen konnte. Zum Beispiel ärgerte Reymond sich sehr über die Relativitätstheorie; sie verletzte sein Bedürfnis nach dem Absoluten, vor allem im Hinblick auf die Zeit. Er dachte lange über das Problem nach und plante eine Widerlegung der Einsteinschen Ideen über die Beziehung zwischen Dauer und Geschwindigkeit, obgleich seine Schüler und Freunde sich bemühten, seinen Elan zu bremsen (insbesondere G. Juvet, der nach einer Phase der Skepsis überzeugter Anhänger der Relativitätstheorie wurde). Als Bergson später *Durée et simultanéité* veröffentlichte, war er verstimmt, ihm nicht zuvorgekommen zu sein ..., dann aber, als er sah, wie dieses Buch von den Spezialisten aufgenommen wurde, sehr erleichtert, daß er den Ratschlägen zur Vorsicht gefolgt war. Ein weiteres kleines Beispiel: er (der sich bereitwillig zu den verschiedenartigsten Themen äußerte) hatte einen Vortrag über den *Nachahmungsinstinkt* gehalten und veröffentlicht, ein reizvoller Vortrag, aber – der Autor hatte vergessen, sich darüber zu informieren, wie diese Funktion, die ja kein angeborener Instinkt ist, erlernt wird. Sicherlich, eine Kleinigkeit; aber wo verläuft die Grenze zwischen dem, wohin die Reflexion mit Gewißheit führt, und dem, was aufgrund von Tatsachen berichtigt werden muß?

Eine Unterbrechung der Arbeit und einige im Gebirge verbrachten Monate zwangen mich, Entscheidungen zu treffen. Es ging noch nicht darum, mich für die Philosophie oder für die Psychologie zu entscheiden, sondern nur darum, mir klar zu werden, ob eine ernsthafte Arbeit auf dem Gebiet der Epistemologie verlangte, sich einige Semester lang mit Psychologie zu beschäftigen. Diese Monate erzwungener Muße brachten mich natürlich wieder zum Schreiben. Ich verfaßte einen Text über das Gleichgewicht zwischen dem Ganzen und den Teilen in einer organisierten Struktur (von der Gestalttheorie hatte ich damals noch keine Ahnung) und über die Entsprechung zwischen verbindlichen Normen und der Äquilibration. Doch aus einem Grund, der mir noch gut in Erinnerung ist, wollte ich diese Arbeit nicht als »seriösen« Text veröffentlichen; ich habe ihn in eine Art philosophischen Roman eingefügt ... (den A. Reymond heftig kritisiert hat).

Nachdem ich meinen Doktor gemacht hatte, verbrachte ich einige Monate in Zürich, um bei G. E. Lipps und Wreschner Psychologie und bei Bleuler ein wenig Psychiatrie zu hören; meinen Weg fand ich hier noch nicht. Anschließend ging ich nach Paris, entschlossen, psychologische Forschungen mit den Theorien von Brunschvicg und Lalande zu verbinden. Ich hatte das außergewöhnliche Glück, fast allein im Laboratorium von Binet arbeiten zu können und mit einer Arbeit betraut zu werden, die eigentlich auf die Ausarbeitung von Intelligenztests abzielte, aber gleichzeitig eine Analyse der verschiedenen Ebenen der Logik der Klassen und der Relationen beim Kinde zuließ. Mein Lehrer Lalande war bereit, meine Ergebnisse vor der Veröffentlichung zu prüfen, und ich hatte endlich das Gefühl, einen Weg, der die epistemologische Forschung mit dem Respekt vor den Tatsachen verband, und ein Studiengebiet, das zwischen den Fragen der psychobiologischen Entwicklung und den Problemen normativer Strukturen angesiedelt war, gefunden zu haben.

Gleichwohl verstand ich mich nach wie vor als Philosoph, und als ich eine mir von Claparède angebotene Stelle am Institut J.-J. Rousseau angenommen hatte, betrieb ich dort mit Freude meine Forschungen, hatte aber lange Zeit das Gefühl, daß ich Themen am Rande der Psychologie bearbeitete. Meine ersten Arbeiten über die Logik des Kindes wurden von Brunschvicg und Lalande wohlwollend aufgenommen. Reymond sah darin eine Erweiterung oder eine Parallele der angewandten historisch-kritischen Methode, die ich vom Bereich der Geschichte auf die »Altersstufen der Intelligenz« übertragen hätte. Ebenso glücklich, doch ein wenig erstaunter, war ich über die freundliche Reaktion der Psychologen (P. Janet, u. a.), aber als Reymond von Neuchâtel nach Lausanne ging, zögerte ich nicht, mich 1925 auf seinen Rat hin um seine Nachfolge zu bewerben, obwohl ich immer noch nicht, wie ursprünglich geplant, den Doktorgrad in Philosophie erworben hatte. Aufgrund meiner Arbeiten wurde ich trotzdem berufen, aber ich bedauerte, als Inhaber des philosophischen Lehrstuhls keine Dissertation in dieser Disziplin vorweisen zu können*. All dies, um zu sagen, daß ich meine Laufbahn wirklich nicht mit einem negativen Vorurteil gegenüber der Philosophie begonnen habe. Wenn ich 1929 wieder an eine naturwissenschaftliche Fakultät (Genf) gegangen bin, an der ich zunächst Geschichte des wissenschaftlichen Denkens und dann Experimentalpsychologie unterrichtet habe, so äußert sich darin kein Dogmatismus, sondern allein die Erwartung, dort ein größeres Experimentierfeld zu finden.

C) Trotzdem hat ein allmählicher Prozeß der Dekonversion, der Abwendung von der Philosophie, stattgefunden, dessen Gründe ich jetzt analysieren möchte. Es waren mindestens drei. Der erste: es gibt wohl keine Situation, die in höherem Maße die Selbstkontrolle provoziert als diejenige, in der man sich befindet, wenn man anfängt, Philosophie zu unterrichten. Man ist vollkommen frei, jede Idee zu entwickeln, aber man erkennt klarer als seine Hörer, welcher Gewißheitsgrad den eigenen Ideen zukommt. Es gehört nicht viel Verstandesschärfe dazu herauszufinden, wie leicht man die Darstellung oder Begründung einer These so arrangieren kann, daß sie alsbald überzeugend erscheint. Ebenso erkennt man leicht, daß die einsame Reflexion genau dieselben Gefahren darstellt, denn, wie mein Lehrer P. Janet gezeigt hat, ist die innere Reflexion nichts anderes als ein interiorisiertes soziales Verhalten, eine Diskussion oder Beratung mit sich selbst, die ganz dem Muster einer Diskussion mit anderen Menschen folgt und in deren Verlauf

* Ich wurde zum ordentlichen Professor für den gesamten Lehrstuhl der Philosophie ernannt (12 Stunden!), doch bat ich gleich zu Beginn einen Kollegen, der zwei Stunden Ästhetik zu lesen hatte, die Geschichte der Philosophie mit zu übernehmen; hätte ich dieses Gebiet, das mich durchaus interessierte, verantwortlich unterrichten wollen, wäre mir keine Zeit mehr für die Fortsetzung meiner Forschungsarbeiten geblieben.

man sich selbst daher mit demselben Geschick überzeugen kann wie andere. In Wirklichkeit ist die Situation noch schlimmer, denn in einer Diskussion (oder einer Vorlesung) ist man sich seiner Strategien wohl bewußt; läßt man sich jedoch in der einsamen Reflexion mit sich selbst überzeugen, läuft man stets Gefahr, seinen unbewußten Wünschen zum Opfer zu fallen. Im Falle der philosophischen Reflexion sind diese unbewußten Wünsche mit intellektuellen und moralischen Werten verknüpft, denen höchste Bedeutung beigemessen wird und die völlig uneigennützig sind oder zu sein scheinen. Dadurch wird das Risiko der Selbstüberzeugung noch potenziert – zum Schaden der Objektivität und der Wahrheit der gewonnenen Resultate.
Der erste Grund für meine allmähliche Abwendung von den traditionellen Methoden der Philosophie entsprang also aus dem zunächst undeutlich gespürten Konflikt zwischen den Verifizierungsverfahren der Biologen und Psychologen und der spekulativen Reflexion, die mich immer wieder reizte. Aber ich sah immer deutlicher, daß es unmöglich ist, sie einer Kontrolle zu unterwerfen. Als heuristische Einführung in die Forschung ist sie sicherlich fruchtbar und sogar unentbehrlich. Sie kann indes nicht mehr leisten, als – wenn auch noch so weitgreifende – Hypothesen auszuarbeiten. Solange aber eine Hypothese nicht durch experimentell gesicherte Tatsachen oder durch eine einem genauen Algorithmus folgende Deduktion (wie in der Logik) verifiziert werden kann, bleibt das Kriterium ihrer Wahrheit subjektiv, eine intuitive Befriedigung, eine »Evidenz« oder dgl. Wenn es um metaphysische Probleme geht, die sich auf die Koordinierung von als wesentlich geltenden Werten beziehen, um Fragen also, in deren Beantwortung Elemente von Überzeugung oder von Glauben eingehen müssen, bleibt die spekulative Reflexion natürlich die einzig mögliche Methode. Da diese Methode aber ganz an die Persönlichkeit des Reflektierenden gebunden ist, führt sie zu Überzeugungen, die man als Einsichten oder vernünftigen Glauben bezeichnen kann; unter dem Gesichtspunkt objektiver oder

intersubjektiver Wahrheitskriterien sind solche Überzeugungen keine Erkenntnisse. Geht es hingegen um begrenztere oder leichter abzugrenzende Probleme der Epistemologie oder anderer Disziplinen, werden der Rekurs auf Tatsachen und logisch-mathematische Deduktion möglich: die historisch-kritische Methode meiner Lehrer Brunschvicg und Reymond, die psychogenetische Analyse der Bildung von Begriffen und Operationen, die logische Analyse von Begründungen usw. – sie alle erlauben die Überprüfung ihrer Ergebnisse, eine Kontrolle, welche die individuelle Reflexion nicht zuläßt.

Kurz, als ich anfing, Philosophie zu lehren, haben sich zwei Überzeugungen immer tiefer in mir festgesetzt. Die eine: es ist eine Art intellektueller Unredlichkeit im Spiel, wenn man Aussagen über Tatsachen macht, die nicht von jedem methodisch überprüfbar sind, oder Aussagen über formale Probleme, die sich logischer Kontrolle entziehen. Die andere: zwischen dem, was sich aus persönlichen Eindrücken, der Wahrheit einer Schule oder allem um das Ich oder eine begrenzte Gruppe Zentrierten ableitet, und den Bereichen, in denen unabhängig von metaphysischen Anschauungen oder Ideologien eine Übereinstimmung der Meinungen möglich ist, muß stets klar unterschieden werden. Deshalb die Regel, Fragen so zu formulieren, daß sie der Überprüfung und Zustimmung fähig sind; denn eine Wahrheit ist erst dann eine Wahrheit, wenn sie von anderen Forschern überprüft (und nicht bloß angenommen) worden ist.

Der zweite Grund für meine Abwendung von der Philosophie könnte reinen Philosophen noch merkwürdiger erscheinen. Er bezieht sich auf einen unter psychosozialem Aspekt höchst bedeutsamen Punkt, nämlich auf die erstaunliche Abhängigkeit philosophischer Strömungen von sozialen und selbst politischen Veränderungen. In der Phase meiner Entwicklung, von der ich gerade spreche, wußte ich noch nichts vom Marxismus und seinen Annahmen über die Beziehungen zwischen Idealismus und bürgerlicher Ideologie; die wichtigen Arbeiten von Lukács und

Goldmann über die Beziehungen zwischen Philosophie und Klassenbewußtsein waren noch nicht erschienen. Über diesen Aspekt der Sache spreche ich hier nicht, sondern darüber, daß ich nach dem Ersten Weltkrieg höchst erstaunt war zu sehen, welche Rückwirkungen die soziale und politische Unsicherheit in Europa auf die Bewegung der Ideen hatte (nach dem Zweiten Weltkrieg war das Erstaunen noch größer), eine Erfahrung, die mich am Objektivitäts- und Universalitätsanspruch philosophischer Positionen, die unter solchen Bedingungen eingenommen wurden, natürlich zweifeln ließ. In der kleinen und ruhigen Schweiz, die von den Ereignissen kaum direkt betroffen war, wiesen zahlreiche Symptome auf diese Abhängigkeit der Ideen von sozialen Umwälzungen hin. Zuerst verwandelte sich das vor und kurz nach dem Krieg bemerkenswert liberale protestantische Denken in einen beschränkten und aggressiven Calvinismus, eine für Soziologen und mehr noch für Philosophen höchst interessante Veränderung (die Philosophen ließen sich indes immer stärker von dieser neuen Beschränktheit anstecken). Emile Lombard, ein sehr intelligenter Theologe, hatte vor dem Krieg eine bemerkenswerte Dissertation über die Glossolalie bei den ersten Christen vorgelegt, eine von den Forschungen von Flournoy (über »einen Fall von Somnambulismus mit Glossolalie«) beeinflußte gute psychologische Studie. 1925 war derselbe Autor ein wilder Calvinist, der nichts anderes mehr im Sinn hatte, als die abendländische Kultur gegen die äußeren und inneren Gefahren des »Bolschewismus« (zu denen er auch den liberalen Protestantismus zählte) zu verteidigen. Bei Kriegsende hatte ich auf Bitten protestantischer Studenten zwei oder drei Vorträge über den Immanentismus und den religiösen Glauben gehalten, die (abgesehen davon, daß es für mich als Biologen immer eine »äußere Welt« gab) stark von Brunschvicg beeinflußt waren und mir zahlreiche Zeichen der Sympathie einbrachten – einige Jahre später wäre ich ausgezischt worden.

Auf dem eigentlich philosophischen Gebiet hatte ich zwischen

1925 und 1929 zahlreiche Gespräche mit meinem Kollegen Pierre Godet, der äußerst feinsinnig Geschichte der Philosophie lehrte und mit dem ich mich trotz seiner rechten politischen Ansichten sehr gut verstand. Oft erklärte er mir ohne Umschweife, daß er, wenn er sich allein von intellektuellen Erwägungen leiten lasse, sich seinem persönlichen Temperament nach zu einem bestimmten historischen Relativismus hingezogen fühle und vor allem von meinem psychogenetischen Gesichtspunkt in der Epistemologie angetan sei (hätte er mehr veröffentlicht, wären derartige Bekenntnisse sicherlich mit allen möglichen scheinbar objektiveren Begründungen verschleiert worden); für die Gesellschaft seien diese Ansichten jedoch gefährlich, denn der Mensch bedürfe stabiler Realitäten und des Absoluten (als Beispiel für die Rückkehr zur Einsicht nach Exzessen in religiöser Psychologie pflegte er E. Lombard anzuführen). Mein Freund Gustave Juvet, der Mathematiker und Astronom war und als Gelegenheitsphilosoph Verfechter eines Platonismus, den er mathematisch begründete*, sagte dasselbe: »Ich bin gegen den genetischen Gesichtspunkt, weil es in der Intelligenz ebenso eine dauerhafte Ordnung geben muß wie in der Gesellschaft.«

Während in der französischen Schweiz eine Maurrassche Strömung die Metaphysik elitärer, aber dennoch zu demokratischen Protestanten erzogener Individuen durcheinanderwirbelte, war die deutsche Schweiz Schauplatz nicht weniger leidenschaftlicher und lehrreicher intellektueller Auseinandersetzungen, vor allem in bezug auf Fragen hinsichtlich des Verhältnisses von Philosophie und Psychologie. Eine Erscheinungsform der sozialen Krankheit, die zu jener Zeit über Deutschland herfiel und zu Hitler führte, war ein Romantizismus des Geistes, der sich unter anderem in dem heftigen Gegensatz zwischen *Geisteswissenschaften* und *Naturwissenschaften* äußerte, ein Hauptgrund für die Verdammung der zu einem guten

* Siehe sein schönes Buch über *La structure des nouvelles théories physiques*, 1933.

Teil in diesem Lande entstandenen Experimentalpsychologie (unter dem Hitlerregime ist sie fast völlig von den Universitäten verbannt worden und in Italien unter Mussolini erlitt sie dasselbe Schicksal; heute erlebt sie in beiden Ländern eine neue Blüte). Obwohl die Intellektuellen in der deutschen Schweiz im Zweiten Weltkrieg mutige Nazigegner waren, haben sie in den vorangegangenen Jahrzehnten die Zusammenhänge zwischen dieser neuen germanischen Tendenz zur Verbannung wissenschaftlicher Forschung aus dem Bereich des Geistigen und dem pathologischen Zustand des sozialen Lebens und des Denkens in Deutschland nicht erkannt, sondern sind der Bewegung gefolgt. An der Universität Zürich, deren Lehrstühle für Psychologie große Zeiten gekannt hatten, wurden Lipps und Wreschner nicht ersetzt; an ihre Stelle traten Geistesphilosophen*. An der Universität Bern, an der mit dem ausgezeichneten Unterricht von R. Meili die Dinge inzwischen wieder in Ordnung sind, verbreitete ein Pädagoge aus dem Tessin im Fach Psychologie lange Zeit einen nach seiner Fasson aufbereiteten von Gentile inspirierten italienischen Neohegelianismus (ein, wenn ich als Psychologe sprechen darf, Fall von »autistischer« Philosophie). In Basel verlegte sich P. Häberlin, der mit intelligenten Arbeiten über die Psychologie des Kindes begonnen hatte, auf eine philosophische Anthropologie mit dem erklärten Ziel, die Psychologie zu ersetzen (die *Fondation Lucerna*, die von Häberlin geleitet wurde, hatte mir für eine meiner frühen Arbeiten einen Preis verliehen; zu Beginn der dreißiger Jahre weigerte sie sich, eines meiner Bücher an ihre

* In Zürich ist die Psychologie auf psychoanalytische und philosophische Psychologie begrenzt worden. Als Bärbel Inhelder sich einmal in einer großen Universitätsbibliothek das Fachgebiet »Psychologie« anschaute und fragte: »Haben Sie nichts über Intelligenz?«, erhielt sie zur Antwort: »Ach, Sie ordnen die Intelligenz der Psychologie zu? Wir haben nie gewußt, wo sie eigentlich hingehört und sie zur Medizin gestellt.« Also Ehre den Psychiatern und Vorsicht vor den Individuen, die mit der unvorsichtigen Begründung, der Besitz einer klaren Intelligenz biete keinen Anlaß zu nosologischen Fragen, niemals einen Psychiater konsultieren – als ob es sich da nicht um ein beunruhigendes Symptom im Jungschen Verständnis handelte.

Mitglieder zu verteilen, weil »die Arbeiten von Piaget denjenigen von Häberlin genau entgegengesetzt sind«, wie man P. Bovet sagte, der einen entsprechenden Wunsch vorgetragen hatte).

Ich bitte zu entschuldigen, daß ich nur über die Schweiz spreche, aber die erwähnten Tatsachen haben mich damals erstaunt und sind insofern, als es sich bei der Schweiz um ein kleines Land handelt, das zugleich unabhängig und drei großen Kulturen verpflichtet ist, besonders lehrreich. Derartige Tatsachen (und viele andere, die ich in anderen Ländern beobachtete, über die zu sprechen ich weniger Recht habe) haben mich, zumal ich damals u. a. auch Soziologie unterrichtete, von dem engen Zusammenhang zwischen dem philosophischen Denken und unterschwelligen sozialen Strömungen überzeugt. Die spekulative Reflexion läuft also nicht nur Gefahr, sich im Schwung subjektiver Improvisationen der Verifizierung zu entziehen; da der Mensch – auch in der Einsamkeit innerer Arbeit – nur in Symbiose mit anderen produktiv arbeiten kann, muß er systematisch eine Methode der Zusammenarbeit entwickeln, eine Methode, wie sie die wissenschaftliche Produktion auszeichnet, bei der sich Wahrheit nur dadurch erreichen läßt, daß zahllose Partner sie auf der Ebene der Tatsachen wie auf der der Deduktion überprüfen. Andernfalls hält sich das Ich für frei, während es in Wirklichkeit Zwängen der sozialen Gruppe verfallen ist. Einem solchen Soziozentrismus kann indes keine größere Geltung zukommen als dem Egozentrismus, denn beide sind das Gegenteil rationaler Zusammenarbeit.

D) Der dritte Grund für meine Abwendung von der Philosophie war gleichzeitig der Hauptgrund für das Gefühl, zu einem Psychologen zu werden, dessen Interesse sich auf Probleme der Epistemologie konzentrierte, und nicht mehr ein Philosoph zu sein, der sich, bevor er in der Lage war, den Entwurf einer genetischen Epistemologie zu formulieren, mit psychologischen Verifizierungen beschäftigte. Dieser dritte Grund war die Reaktion gewisser Philosophen, von deren Interpretationen oder Kritiken ich den Eindruck hatte, daß wir nicht mehr dieselbe Sprache sprächen – nicht deshalb, weil ihre Sprache kritisch war (wir haben gerade gesagt, daß Kritik ein wesentliches Element rationaler Zusammenarbeit ist), sondern deshalb, weil sie mir von einer wenig sinnvollen Einmischung philosophischen Urteilens in wissenschaftliche Forschung zu zeugen schien. Ich will nur zwei Beispiele geben, von denen ich das zweite für wichtiger halte.

In einer Art Gesamtüberblick über die philosophischen Strömungen im französischen Sprachgebiet hat der Philosoph J. Benrubi mir die Ehre erwiesen, mich zu zitieren. Er ordnete mich den Positivisten zu. Vor Erscheinen seines Werkes hatte ich ihm gesagt, daß ich mich keineswegs als Positivist verstünde; zwar beschäftigte ich mich mit Tatsachen, mit »positiven«, wenn man so wolle, aber eben diese Tatsachen schienen mir den Positivismus zu widerlegen. »Der Positivismus«, sagte ich ihm, »ist eine Form der Epistemologie, die die Aktivität des Subjekts zugunsten der bloßen Feststellung von Gesetzen oder deren Verallgemeinerung ignoriert oder unterschätzt. Alles, was ich finde, weist mich auf die Bedeutung der Aktivität des Subjekts und die rationale Notwendigkeit kausaler Erklärungen hin. Kant und Brunschvicg fühle ich mich viel näher als Comte, und ich glaube auch Meyerson nahe zu sein, der gegen den Positivismus Argumente vorgebracht hat, die ich immer wieder verifiziere (abgesehen von der Frage der Identifikation).« – »Ja, aber Sie glauben nicht an die Philosophie?« – »Nicht an Ihre Philosophie; es gibt noch zahlreiche andere, und epistemologische Probleme halte ich ebenso wie Sie für höchst bedeutsam.« – »Aber Sie behandeln sie nur im Rahmen wissenschaftlicher Forschung.« – »Natürlich, aber der Positivismus ist eine Doktrin, die die Wissenschaft als ein geschlossenes System auffaßt, die der Wissenschaft endgültige Grenzen setzen will, während für nicht positivistische Wissenschaftler die Wissenschaft unbegrenzt offen ist und *jedes* Problem bearbeiten kann, vorausgesetzt, es wird eine Methode gefunden, die alle Forscher für angemessen halten.« Meine Worte waren vergebens, ich blieb Positivist, weil ich meinem Kontrahenten nicht zugestand, er könne die Wahrheit finden, wenn er sich einfach in sein Arbeitszimmer setzte und beim Lichte seines Genies meditierte. Leider hat sich diese Art von Gehörlosendialog mein ganzes Leben hindurch fortgesetzt, manchmal allerdings in angenehmeren Formen, wie in Barcelona, wo ich auf der Visitenkarte eines Professors las: »Senor X, Cathedratico de psychologia superior.« Arglos fragte ich: »Warum höhere Psychologie? – Weil es keine experimentelle ist?« (man hätte das Lächeln seiner Kollegen sehen sollen.)

Eine viel gravierendere Einmischung in die Angelegenheit des Forschers als ihn unbedingt klassifizieren zu wollen, besteht darin, ihm Normen vorzuschreiben. Das ist so etwas wie eine natürliche Tendenz der Philosophie, da ihre eigentliche Funktion die Koordinierung von Werten ist (ihre einzige Funktion, wie mir immer deutlicher wurde). Wenn es einem echten Metaphysiker gelingt, die Normen seines Wissens mit seinem Glauben (um welchen Glauben es sich auch immer handeln möge) in Einklang zu bringen, dann ist es nur natürlich, daß er Schule machen oder zumindest seine Überzeugung verbreiten will. Ein solches Verhalten wird (selbstverständlich auf dem Boden intellektueller Redlichkeit), wie mir scheint, unter moralischem und nicht nur unter rationalem Gesichtspunkt dort diskutabel, wo die wissenschaftliche Forschung beginnt. Wenn es im Hinblick auf ihre Probleme zwischen Philosophie und Wissenschaft keine andere Grenze gibt als die, daß die Wissenschaft ihre Fragen genauer abgrenzt, so hat diese Abgrenzung den Sinn, die Fragen so stellen zu können, daß sie experimentelle oder algorithmische Überprüfungen zulassen. Doch Überprüfung und Abgrenzung setzen eine Initiation voraus, das heißt, ein mühsam erworbenes technisches oder methodisches Verfahren, und vor allem Normen, die, aus dem Prozeß der Forschung selbst sich ergebend, von der Gemeinschaft der Forscher (aller philosophischen Richtungen) anerkannt werden. Wenn ein einzelner Metaphysiker (und er ist immer einzeln, da es eine unendliche Vielfalt von Schulen und Positionen gibt), dessen Ausbildung in der vollkommenen Kenntnis der Autoren und einem wie weit auch immer vorangekommenen persönlichen Nachdenken besteht, einer wissenschaftlichen Disziplin Normen vorschreibt, darf man fragen, ob hier nicht so etwas wie ein Rechtsbruch vorliegt. Ich begann damals diese Erfahrung zu machen, und habe sie seither immer wieder machen müssen; nichts hat mir mehr geholfen, mir meiner Solidarität mit der universellen Bewegung der wissenschaftlichen Psychologie bewußt zu werden.

Häufig traf ich mit Philosophen (unterschiedlichsten Niveaus) zusammen, die meine Normen denjenigen »der« Philosophie unterordnen wollten. Sie bedienten sich in der Regel zweier Argumente, die sich aufeinander reduzieren lassen. Das erste Argument wurde meist von jungen Professoren vorgebracht, die sagten: die Psychologie ist eine Einzelwissenschaft, die den Gesetzen der Erkenntnis unterworfen ist; die Philosophie ist die Wissenschaft von den Grundlagen aller Wissenschaften und von den allgemeinen Gesetzen der Erkenntnis; es liegt also ein Circulus vitiosus vor, wenn man mit dem Mittel psychologischer Studien etwas von der Erkenntnis begreifen will, denn der Psychologe muß den Normen der Philosophie gehorchen. All dies spielte sich ab, ehe die Phänomenologie Husserls bekannt wurde, bezog sich also nicht auf den Husserlschen Anspruch, das Feld der Psychologie auf die räumlich-zeitliche »Welt« zu begrenzen; auf diese Frage werden wir im dritten Kapitel zurückkommen. Auf dieses Argument ließ sich leicht antworten: »die« Philosophie gibt es nur als Ideal, und die Normen verschiedener philosophischer Systeme, nehmen wir z. B. den Empirismus und die Philosophie Kants, widersprechen einander; daher muß es erlaubt sein zu erforschen, an welche Normen sich Menschen der verschiedenen Altersstufen spontan anpassen – das kann die auf das Ich oder die soziale Gruppe zentrierte philosophische »Reflexion« nicht leisten, weil es eine objektive psychologische Analyse voraussetzt; außerdem darf

der Psychologe allein den Normen der psychologischen Forschung gehorchen – der Philosoph kann diese Normen nicht vorschreiben, er muß ihnen Rechnung tragen, denn zuerst kommt die Poesie und dann erst die Poetik.
Das zweite Argument, das H. Mieville in der *Dialectica** (gegen Gonseth und mich) entwickelt hat, wog schwerer. Er hielt mir entgegen: »Sie stellen eine Evolution der Normen fest und sogar eine ›gelenkte‹ oder – aufgrund eines allmählichen Prozesses der Äquilibration – auf bestimmte Strukturen hin gerichtete Evolution. Aber diese Forschung stützt sich auf bestimmte universelle Normen wie zum Beispiel das Prinzip der Identität (dem auch Sie folgen). Es gibt also ein Absolutes, Bedingung jedes – auch des methodischen – Relativismus, und mit eben diesem Absoluten beschäftigt sich die Philosophie, der Sie somit verpflichtet sind, ob Sie es wollen oder nicht.« Ich antwortete zunächst, daß ich nichts gegen das Absolute hätte, es sei denn, ein individuelles oder idiosynkratisches Mißtrauen, das ich seinerseits natürlich ebenfalls mit Mißtrauen betrachten müsse, und daß ich das Absolute, sollte es existieren, zweifellos in den Tatsachen finden würde. Vor allem aber fragte ich (und ich hatte, solange ich an die Philosophie glaubte, diese Frage immer wieder gestellt), mit welchen Methoden und nach welchen Wahrheitskriterien man reflektierenderweise die allgemeinen und absoluten Normen der Wahrheit erkennt; denn hier gibt es einen ebenso offenkundigen Zirkel wie in der objektiven – nicht reflektierend vorgehenden – Analyse. Es sind nur drei Methoden möglich. 1. Zunächst gibt es die Intuition oder Evidenz; was das bedeutet, wissen wir, denn die ganze Geschichte (der Philosophie wie der Wissenschaften) zeigt: intuitive Evidenz ist nichts anderes als bloß subjektive Gewißheit. Das gilt für alle ihre Varianten**. 2. Fer-

* *Dialectica*, 1953 und 1954.
** Auf die transzendentale Intuition, die ebenfalls keine andere Methode kennt als die Reflexion, auch dann nicht, wenn sie Eidetik genannt wird, kommen wir in Kap. III zurück.

ner gibt es die Feststellung, daß (sagt man nicht: »alle Menschen«) jedes normale, erwachsene und zivilisierte Wesen Normen oder Regeln gemäß denkt. 3. Schließlich gibt es die notwendige Deduktion: jedes denkende Wesen muß Normen anwenden oder Regeln folgen, wenn es Wahrheit gewinnen will (oder, wie mein Lehrer Lalande zu sagen pflegte, wenn es redlich denkt). Wie wendet nun der Philosoph die Methoden 2 und 3 an?

Was Methode 2 betrifft, die im Gegensatz zu Methode 3 eine *Tatsachenfrage* aufwirft, erstaunte mich die überraschende und manchmal verblüffende Diskrepanz zwischen den prinzipiellen Erklärungen ehrlicher und überzeugter Menschen, deren Normenkult die wichtigste geistige Übung darzustellen schien, und der Art von Ungeniertheit, mit der sie die schwierigsten Tatsachenfragen entschieden (»Jeder Mensch denkt, daß ...« usw.), immer mehr – als ob die Gewinnung einer Tatsache und vor allem der Beweis ihrer Allgemeinheit nicht dieselbe normative Redlichkeit voraussetzten wie ein Urteil über Ideen. Als ich darüber nachdachte, wurde mir klar, daß dies das bedauerliche Resultat des rein formalen Unterrichts der Philosophiestudenten war, für die der Respekt vor den Texten wichtig war, während sie keine Ahnung davon hatten, wie man eine Tatsache gewinnt. Im Gegensatz dazu weiß jeder, der im Labor arbeitet, daß seine nach monatelanger Arbeit über ein ganz kleines Phänomen veröffentlichten Resultate durch neue Arbeiten unbekannter Autoren entweder bestätigt oder widerlegt (bzw. nicht bestätigt) werden. Man verlangt nicht mehr, wenn man sagt, der Philosoph, der munter das Prinzip der Identität proklamiert, müsse sich fragen, was dieses Prinzip eigentlich bedeutet: handelt es sich um ein moralisches Gesetz, das man achtet, aber niemals wirklich befolgt, um ein für den sprechenden Menschen spezifisches syntaktisches Gesetz, um ein für das ganze Individuum bedeutsames Verhaltensgesetz, um ein Wahrnehmung und Intelligenz betreffendes kognitives Gesetz oder um ein für die Intelligenz (von welcher Stufe an?)

spezifisches Gesetz? Zu jener Zeit arbeitete ich mit Kindern, die beim Anblick von sieben nebeneinander gelegten Spielmarken sagten: »Es sind sieben.« – (Indem man die Zwischenräume zwischen den Marken vergrößert:) »Und jetzt?« – »Ein paar mehr.« – »Sind welche dazugekommen?« – »Nein.« – »Also sind es sieben?« »Nein, acht oder neun« (ohne zu zählen). – »Aber woher kommen sie?« – »Sie haben sie länger gemacht.« Wenn dasselbe Kind ein oder zwei Jahre später sagen wird: »Sie haben bloß die Reihe länger gemacht, aber es sind immer noch sieben«, kann man sicherlich von Identität sprechen. Haben wir es aber, wenn aus sieben Spielmarken acht oder neun werden, so wie man ein sieben Zentimeter langes Gummiband in eine Länge von acht oder neun Zentimeter ziehen kann, mit demselben Identitätsprinzip zu tun oder mit einem etwas anderen? Meine Philosophen hatten stets Antworten bereit, ich weiß allerdings nicht mehr, welche*.

Kurz, die Methode 2 setzt die Psychologie voraus, nicht als Doktrin, sondern als die einzig objektive Untersuchungsmethode, sobald man sich auf andere Subjekte als sich selbst bezieht.

Die Methode 3 setzt natürlich die Logik voraus. Aber jedermann weiß, daß die Logik inzwischen zu einer unabhängigen Disziplin geworden ist, die mit komplizierten mathematischen und logistischen Techniken arbeitet, die hierzulande immer noch weitgehend unbekannt sind. Von einer reflexiven Ana-

* Hingegen erinnere ich mich sehr gut an eine erregende Diskussion, die ich 1926 oder 1927 (nach einem Vortrag über ein ähnliches Thema) in Cambridge mit dem großen Philosophen Moore hatte, der damals die Zeitschrift *Mind* herausgab. Im Kern sagte er: »Die Frage hat keinerlei Bedeutung, weil der Philosoph sich mit wahren Ideen beschäftigt, während der Psychologe sich merkwürdiger- und unverständlicherweise zum Studium falscher Ideen hingezogen fühlt.« Ich antwortete darauf, daß es in der Geschichte der Wissenschaften eine Überfülle von Ideen gegeben habe, die wir heute für falsch halten, und fuhr fort: »Woher wissen Sie also, daß Ihre wahren Ideen im nachhinein nicht doch als unzulänglich angesehen werden, was auf allmähliche Annäherung, also auf Entwicklung, hindeuten würde?« – »Das ist mir vollkommen gleichgültig, weil meine spezifische Arbeit allein in der Erforschung des Wahren besteht.«

lyse, die durch einfaches Nachdenken fortschreitet, sind wir nach wie vor weit entfernt. Da sich die *Logik* in zahlreiche – wenn auch untereinander kohärente – Logiken aufgespalten hat, gilt jede einzelne als zu arm, um als ausreichende Grundlage der Vernunft dienen zu können, und die Gesamtheit der Logiken gilt als zu komplex, um eine einzige Antwort geben zu können – das Problem bleibt ungelöst.

E) Als ich 1929 nach Genf zurückgekehrt und ordentliches Mitglied der naturwissenschaftlichen Fakultät geworden war (zu der die Experimentalpsychologie seit 1890, d.h. seit der Begründung des Lehrstuhls und des damit verbundenen Laboratoriums durch Théodore Flournoy, gehörte), fühlte ich mich aus dem Bann der Philosophie befreit und immer fester entschlossen, mich auf die Erforschung epistemologischer Probleme zu konzentrieren und mich dabei historisch-kritischer, logischer (sofern möglich) und vor allem psychogenetischer Verfahren zu bedienen. Ich begann, die operativen Strukturen in der geistigen Entwicklung zu studieren (zusammen mit A. Szeminska, später vor allem mit B. Inhelder), und arbeitete eine den von uns gefundenen Tatsachen entsprechende logische Formalisierung aus (*Classes, relations et nombres*, Vrin 1942). Diese verschiedenen Arbeiten wurden von den Psychologen mit Interesse aufgenommen. Deshalb fühlte ich mich nicht mehr wie früher als eine Art Freischärler, der wohl Beunruhigung auslöste, aber geduldet wurde*, und als ich Nachfolger des 1940 verstorbenen Claparède wurde, benutzte ich die Einrichtungen seines Laboratoriums zur Durchführung einer Reihe von Forschungen über die Entwicklung der Wahrnehmung, die meine Arbeiten über die Psychologie des Kindes ergänzten.

Gleichwohl unterhielt ich zu meinen Kollegen von der Philosophie die besten Beziehungen. H. Reverdin hatte eine Dissertation über James geschrieben, bewunderte Hoeffding und

* Man muß nämlich wissen, daß ich – abgesehen vom Abitur und dabei im Fach Philosophie – niemals in meinem Leben eine Prüfung in Psychologie gemacht habe.

sympathisierte mit meiner Richtung (in meinen Anfängen in Genf war er es gewesen, der mich anregte, ein Buch über *Das moralische Urteil beim Kinde* zu schreiben). Ch. Werner hatte nichts gegen die Experimentalpsychologie, glaubte jedoch, als notwendige Ergänzung philosophische Psychologie treiben zu sollen. In deren Mittelpunkt stellte er Probleme der Freiheit und der Unsterblichkeit der Seele; von Tatsachenfragen und Fragen der Epistemologie hielt er sich in stolzer Entsagung fern.

Nach dem Zweiten Weltkrieg wurde die philosophische Psychologie – die mir immer der deutschen *Naturphilosophie* des neunzehnten Jahrhunderts vergleichbar erschien – in neuer, von der Phänomenologie und dem Existentialismus geprägter Gestalt wieder lebendig. Ich spreche hier nicht von Husserl, denn ich habe erst später erkannt, daß er größte Anerkennung verdient, selbst dann, wenn man seinen von Frege inspirierten Logizismus in eine ganz andere Sprache übersetzt. Was mich an der phänomenologischen Psychologie seiner Nachfolger, für die er nicht verantwortlich ist, zunächst erstaunte, war die Analogie dieser Nachkriegsströmungen zu den Strömungen, die nach dem Ersten Weltkrieg aufgekommen waren. Es gab wieder das Bedürfnis nach einer philosophischen Anthropologie, das zwar andere soziale Ursachen hatte, aber *mutatis mutandis* doch demjenigen vergleichbar, das 25 oder 30 Jahre früher vom Bergsonismus befriedigt worden war. Sah man, wie Sartre sich darüber freute, durch Loslösung vom »Brunschvicgschen Idealismus« endlich zum Realen zu kommen, ohne daß er zu ahnen schien, daß dieser »Idealismus« in erster Linie eine zugleich nicht aprioristische und nicht empiristische Theorie der Wissenschaft darstellte, konnte man wohl den Eindruck haben, daß dieser Durchbruch zum Realen und zur Existenz auf ganz andere als kognitive Ziele gerichtet war (Gott sei Dank, denn Sartre ist ein hervorragender Stückeschreiber). Merleau-Pontys *Phänomenologie der Wahrnehmung*, diese Äußerung reiner Reflexion, die sich im Hinblick auf Tatsachen nur auf bereits bekannte Arbeiten stützt (Gestaltpsychologie), löste Bestürzung in mir aus, die noch stärker wurde, als ich später im *Bulletin de Psychologie* las, wie dieser Autor in seinem Seminar an der Sorbonne meine Forschungen über die Wahrnehmung verstand und diskutierte* – wie ist es möglich, daß ein Autor, der die »Ambiguitäten« des Bewußtseins und der Subjektivität so hervorragend analysiert, nicht darauf kommt, diese Subjektivität methodisch hinter sich zu lassen, daß er nicht wenigstens erkennt, in welchem Maße die von ihm untersuchten Erfahrungen stets Produkt von Geschichte sind, welche die Subjektivität umfaßt und nicht aus ihr entspringt?

Einige Jahre später, als Merleau-Ponty ans Collège de France ging, wurde ich als sein Nachfolger auf den Lehrstuhl berufen, den er an der geisteswissenschaftlichen Fakultät der Sorbonne innegehabt hatte. Dies war, neben der Freude über die mir erwiesene Ehre, eine der größten Überraschungen meines Lebens. Ich spreche nicht vom freundlichen Empfang der Studenten, von denen einige sich fragten, ob dieser Schweizer wohl französisch spreche (auch nicht von der Korrektur der ersten bei mir abgelieferten Examensarbeiten; einige Kandidaten, denen entgangen war, daß der Professor gewechselt hatte, erklärten, mit der Theorie Piagets sei es nicht weit her, »wie Merleau-Ponty gezeigt hat« – ich habe diese Arbeiten übrigens besser benotet). Ich spreche vielmehr von den Gründen, die zu dieser Berufung geführt haben; ich habe niemals erfahren, ob sie auf einem Mißverständnis beruhten oder nicht. Meine neuen Kollegen von der Sektion Philosophie empfingen mich aufs Herzlichste und Bewegendste, aber so, als sei ich ein typischer Vertreter der Spezies Psychologe-Philosoph! Und das,

* Ein einziges Beispiel im Hinblick auf die Reihenbildung: Merleau-Ponty wirft mir vor, ich fasse sie »als eine *Summe*« auf, während sie in Wirklichkeit »eine neue *Totalität*« darstelle (*Bull. de. Psychol.*, 1965, S. 185). Nun ist dies genau das, was ich immer wieder wiederhole; im Zentrum meiner Interpretation steht bekanntlich der Begriff der – den perzeptiven Totalitäten übergeordneten – operativen Totalitäten.

obwohl ich meine Lehrveranstaltungen an der naturwissenschaftlichen Fakultät in Genf beibehielt und außerdem gerade meine *Introduction à l'épistémologie genetique** veröffentlicht hatte, drei Bände, in denen ich die These entfalte, daß die Epistemologie eine von jeder Philosophie unabhängige Disziplin sei. Doch Gaston Bachelard schien sich darüber nicht zu ärgern, und die anderen Kollegen hatten das dicke Werk offenbar nicht gelesen.

Ich bin jedoch nicht wieder Philosoph geworden; im Gegenteil, während meiner Jahre an der Sorbonne habe ich auf ganz neue Weise erfahren, welche Gefahren für die psychologische und wissenschaftliche Forschung von der Philosophie ausgehen. Darüber kann ich ohne Bedenken und rhetorische Behutsamkeit sprechen, denn der Ausgangspunkt der Gefahren, derer ich hier, in einem der schönsten Unterrichtszentren Europas, gewahr wurde, lag nicht mehr in den – übrigens vortrefflichen – Menschen, sondern in den Institutionen. Ich fand in Frankreich eine sozusagen soziologische Bestätigung meiner sich bis dahin nur auf individuelle Beobachtungen stützenden Hypothesen.

Die französische Psychologie hat eine ruhmreiche Vergangenheit und auch gegenwärtig kommt ihr große Bedeutung zu. Ihr Glanz wird vor allem in der »Internationale Vereinigung für wissenschaftliche Psychologie« sichtbar, einer Vereinigung von Psychologischen Gesellschaften aus der ganzen Welt, deren erster Präsident H. Piéron war. Vergleicht man jedoch die offizielle Stellung der Psychologie in Frankreich und ihre Stellung an den französischen Universitäten mit der entsprechenden Situation in Ländern wie Großbritannien, Deutschland, Italien, Belgien usw. (ganz zu schweigen von den Vereinigten Staaten oder der Sowjetunion), wo jede Universität ein großes Psychologisches Institut mit allen dazugehörigen Forschungseinrichtungen besitzt, muß man – ebenso wie Piéron vor etwa

* Deutsch: *Die Entwicklung des Erkennens.* Stuttgart 1972/73

fünfzehn Jahren in einem einleuchtenden Vortrag zur Fünfzigjahrfeier der Französischen Gesellschaft für Psychologie – feststellen, daß die französische Psychologie sich nur am Rande der offiziellen Institutionen und in ständigem Kampf gegen die Machtpositionen der Philosophie hat entwickeln können. Trotz aller Fortschritte ist es heute immer noch so, daß die Philosophie in keinem anderen Land eine so große Rolle in der Erziehung (Erziehung im doppelten Sinne: als Institution und als Bildung oder Formung der Menschen) spielt wie in Frankreich. Das Entsprechende gilt für die Psychologie, die nirgendwo sonst so weit reduziert worden ist wie in Frankreich.

Seit kurzem gibt es zwar eine Lizentiatur in Psychologie, die dank der Bemühungen der Psychologen in der geisteswissenschaftlichen *und* naturwissenschaftlichen Fakultät erworben werden kann (für die Philosophie müßte das gleiche gelten; in den Niederlanden ist das auf Initiative des Logikers Beth – ein Freund, den ich seit seinem Ableben sehr vermisse – neuerdings der Fall). Aber dieser akademische Grad führt praktisch zu nichts: auf dem Wege zum Schuldienst gibt es keine Staatsprüfung in Psychologie, und für praktische Karrieren bleibt dieser Grad wertlos, wenn man nicht zusätzlich das Diplom eines Psychologischen Instituts erwirbt, das, neben den Lehrstühlen entstanden, nicht denselben offiziellen Status genießt wie eine Fakultät. Von den Fakultäten in der Provinz haben nur sehr wenige einen systematischen Lehrplan für Psychologie aufgestellt (Aix-Marseille und Lille), weil dies zum großen Teil von den Interessen der Philosophieprofessoren abhängt. Rennes – mit Bourdon – und Montpellier – mit Foucault – waren Zentren der Forschung, von denen nur das erste noch besteht.

Die Ursachen für diese Situation sind komplex, aber dennoch offenkundig. Einerseits ist Frankreich das Land, in welchem der Philosophieunterricht in der Schule am weitesten geht (die berühmte »Philosophiestunde«); in der ersten Zeit der konfessionslosen Schule hat dieser Unterricht, ohne sich zur aktuellen Situation äußern zu wollen, einem tiefsitzenden sozialen und vitalen Bedürfnis nach der Koordinierung von Werten entsprochen. Die Célèbres leçons von Jules Lagneau und die Resonanz des Unterrichts von Alain sind eindeutige Indizien für die moralische Bedeutung des Philosophieunterrichts. In der öffentlichen Meinung oder im allgemeinen Bewußtsein ist eine Aura von Prestige und Autorität entstanden, die alles umgibt, was irgendwie mit Philosophie zu tun hat; und es hat sich eine Art soziales Korps von Philosophen gebildet, dessen Mitglieder nicht nur eine sichere Karriere erwartet – darüber hinaus genießen sie das Ansehen, das bei sozialen und administrativen Entscheidungen auf allen Ebenen eine so große Rolle spielt. Andererseits – und das geht nicht zu Lasten der Philosophie – ist Frankreich nicht nur das am stärksten zentralisierte Land, sondern auch dasjenige, in dem die intellektuelle Gerontokratie am schlimmsten wütet. Das gegenwärtige System der französischen Staatsprüfungen für das Lehramt an höheren Schulen (in erster Linie ein Test der sprachlichen Ausdrucksfähigkeit), das beinahe jedermann für absurd hält, das anzutasten man sich jedoch sehr wohl hütet, weil es den Ehemaligen eine beträchtliche Macht verleiht, die Bedeutung der »Patrone« für die Karriere, die merkwürdige Institution intellektuellen Konservativismus, die sich im »Institut« repräsentiert, die Sitte, daß ein in den Ruhestand tretender Professor sich um seine Nachfolge kümmert – alle diese Faktoren und noch viele andere mehr sorgen im großen und ganzen für eine erstaunliche Kontinuität der Doktrinen und bieten dem Philosophen Möglichkeiten geistigen und materiellen Einflusses zur Lenkung des Denkens der jungen Generation, die er nirgendwo sonst findet.

Es liegt auf der Hand, daß in einem solchen sozialen Kontext (die Theorie Durkheims ist nicht zufällig in Frankreich entstanden!) die Philosophie nicht auf der Stufe einer individuellen oder kollektiven »Einsicht« stehenbleibt; ihre Tendenz, sich als eine Erkenntnisform zu begreifen – und zwar als die höchste – wird hier in jeder Hinsicht verstärkt. Für denjenigen, der schon an der Mutterbrust die Milch der Philosophie getrunken hat, ist dies nicht im mindesten problematisch und vom Studienanfänger bis zu den großen Lehrern herrscht die Überzeugung, die Initiation in die Philosophie gestatte, über alles zu reden. Man begegnet daher Studenten, die, ohne jemals eine Analyse durchgeführt zu haben, bereits zu Spezialisten der Synthese geworden sind, oder die, da sie jede Empirie ignorieren, mit Leichtigkeit in die Welt des Transzendentalen eintreten. Und in dem einzigen Gebiet, in dem sie relativ mühelos lernen könnten, was eine experimentelle Verifizierung ist, ziehen sie die Psychologie von Sartre und die von Merleau-Ponty, bei denen wissenschaftliche Überprüfung durch Dekrete des Genies ersetzt ist, der wissenschaftlichen Psychologie vor, deren Arbeit in ihren Augen anscheinend nichts mit den großen Problemen der Philosophie zu tun hat.

Wenn ich auf die Psychologie zurückkomme, so nicht, um sie in den Mittelpunkt der Betrachtung zu stellen – dieses Buch hat die Philosophie zum Thema –, sondern um zu zeigen, wie bestimmte, durch die Philosophie bedingte Überzeugungen des allgemeinen Bewußtseins die Entfaltung einer experimentell arbeitenden Disziplin hemmen können, wenn diese sich das menschliche Denken zum Gegenstand nimmt und darüber hinaus Probleme anfaßt, über welche die Philosophen seit je gesprochen haben (die meisten Philosophen haben indes *vor* der Entwicklung unserer Wissenschaft gelebt, und ein großer Teil derjenigen, die danach ihre Werke veröffentlicht haben, hat die experimentelle Psychologie mehr oder weniger bewußt ignoriert): Natur der Wahrnehmung (die kein Abbild der Realität liefert, sondern diese strukturiert), die Rolle der Erfahrung und der Aktivität des Subjekts bei der Begriffsbildung, Natur der intellektuellen Operationen und der natürlichen logisch-mathematischen Strukturen, Schematismus des Gedächtnisses, Entscheidungstheorie, symbolische Funktion der Sprache usw.

Diese bitteren Überlegungen stellte ich während einer Sitzung der Sektion Philosophie an, in der es unter unendlichen Schwierigkeiten schließlich doch gelang, einen Lehrstuhl für Experimentalpsychologie zu gründen und den einzigen verfügbaren hervorragenden Kandidaten zu berufen – meinen Freund Paul Fraisse, der zudem Spezialist für Probleme der Zeit ist, die keinem Metaphysiker gleichgültig sein können.

Mit einem Wort: den der Autorität der französischen Universität immanenten Prinzipien zufolge ist die Psychologie ein Teil der Philosophie. Jeder Philosoph ist in der Lage, Psychologie zu unterrichten, aber das Umgekehrte trifft nicht zu; wer Psychologie lehren will, braucht keine entsprechende Prüfung, denn wer die Prüfung in Philosophie bestanden hat, weiß alles. Experimentelle Forschungen macht man nach Bedarf, d. h. in dem Maße, in dem sich an ihnen Interessierte dieser Arbeit widmen wollen. – Das hatte u. a. zur Folge, daß das *Laboratoire de Psychologie de la Sorbonne* mehr als fünfzig Jahre lang (bis zur Berufung von Fraisse, der endlich eine Brücke schlug) eine Institution am Rande war, die trotz der berühmten Arbeiten, die dort entstanden sind, keine Beziehungen zu den Fakultäten hatte: Binet war nicht Professor, Piéron war am *Collège de France*, ebensowenig gehörte Wallon dem Institut an, usw.

Lange Zeit, und das gilt zum Teil noch heute, bedurfte es also eines gewissen Maßes an Heroismus, um sich in Frankreich als Zwanzigjähriger, der nicht Arzt werden oder eine andere praktische Richtung einschlagen will, für die Psychologie zu entscheiden. In dem Alter, in dem der menschliche Geist am leichtesten neue Ideen zu entwerfen vermag, in dem man sich daher der vollkommensten Geistesfreiheit erfreuen können sollte, wird man zu zahlreichen Prüfungen (den *concours*) gezwungen und muß vor allem den schrecklichen Zwang des Prüfungsprogramms (*Agrégation*) in Philosophie erleiden*. Danach

* Jedesmal, wenn in der Fakultät auf der Qualität der *Agrégation* eines Kandidaten für einen Lehrstuhl bestanden wurde – was in diesem Fall völlig

gilt der angehende Psychologe als ein Verräter, der sich mit minderwertigen Aufgaben abgibt, und er geht seinen Weg mit einem *Minimum* an Protektionen und ohne jede Garantie für eine sichere Karriere. In der letzten Zeit, nach der Gründung einer autonomen Sektion Psychologie am *Centre national de la Recherche scientifique*, hat sich die Situation glücklicherweise gebessert. Doch hing die Stellenvergabe zunächst immer noch von der Sektion Philosophie und dann von einer Sektion Psychologie und Soziologie ab.

F) Ich komme zum letzten Teil meines Berichts über die Erfahrungen eines Menschen, der ursprünglich Philosoph werden wollte und es auch eine Zeitlang war. Ich messe diesen Erfahrungen die größte Bedeutung zu, denn sie haben mir gezeigt, daß es möglich ist, eine wissenschaftliche Epistemologie, von der ich immer geträumt hatte, zu erarbeiten. Erinnern wir uns daran, daß die Grenze zwischen der Philosophie und den Wissenschaften stets veränderlich ist, weil sie nicht von den Problemen als solchen abhängt, von denen keines ein für allemal entweder ein wissenschaftliches oder ein metaphysisches ist, sondern allein vom jeweils möglichen Grad der Abgrenzung der Probleme sowie von der Wahl von Methoden, die es erlauben, an eine abgegrenzte Frage mit den Mitteln des Experiments oder der logisch-mathematischen Formalisierung – oder beiden gleichzeitig – heranzugehen. Ich träumte also von einer »genetischen Epistemologie«, welche die Probleme der Erkenntnis dadurch eingrenzt, daß sie sich auf die Frage »wie vermehren sich die Erkenntnisse« konzentriert, eine Frage, die sich gleichzeitig auf die Bildung von Erkenntnissen *und* ihre historische Entwicklung bezieht. – Der Erfolg einer wissenschaftlichen Disziplin hängt von der Zusammenarbeit der Gei-

sinnlos ist, da es sich bei dieser Prüfung um eine für das Lehramt an höheren Schulen handelt – dachte ich bei mir, daß ich diese große Prüfung mit Sicherheit nicht bestanden hätte, weil ich mich den Programmen nicht unterworfen hätte, und ich dachte hochmütig an meine kleine Doktorarbeit über die in den Alpen vorkommenden Weichtiere.

ster ab. Seit meiner Dekonversion von der Philosophie wurde ich immer fester davon überzeugt, daß jeder rein individuellen Produktion ein verdeckter Fehler anhaftet und daß, sollte man je von einem »System Piagets« sprechen, dies ein sicheres Zeichen meines Scheiterns wäre.

Neben der Psychologie habe ich in Paris und Genf weiterhin Vorlesungen über genetische Epistemologie gehalten, aber meine Grenzen wurden mir immer deutlicher bewußt; denn um eine solche Disziplin zu betreiben, genügt es nicht, Psychologe zu sein und ein bißchen von Philosophie und Biologie zu verstehen, man muß außerdem Logiker, Mathematiker, Physiker, Kybernetiker und Wissenschaftshistoriker sein, um nur das Wesentlichste zu nennen. Ich habe zwar eine Abhandlung über Logik veröffentlicht (»Traité de Logique« – ein schlechter Titel, aber manchmal ist man von seinem Verleger abhängig), in der es hauptsächlich um die Entwicklung von Strukturen geht; doch die Aufnahme dieser Arbeit durch die Logiker gab mir einmal mehr das Gefühl, zwischen zwei oder sogar vier Stühlen zu sitzen. Ich mußte also Hilfe finden.

Wenn die genetische Epistemologie möglich ist, muß sie notwendigerweise interdisziplinär sein. Von dieser Überzeugung getrieben, versuchte ich, die Probe aufs Exempel zu machen, und schickte der *Rockefeller Foundation* ein schönes Forschungsprogramm. Nach einem herzlichen Empfang sagte mir J. Marshall, die Kollegen, die er um ihre Meinung über mein Forschungsprogramm gebeten habe, hätten darin nichts gefunden, was den in den Vereinigten Staaten laufenden Forschungen entspräche. Ich antwortete mit dem Vorschlag, ein angelsächsischer Epistemologe solle drei Monate in Genf verbringen und anschließend einen Bericht darüber schreiben, welche Konvergenzen oder Divergenzen er in unseren Forschungen und den amerikanischen und englischen Arbeiten sah. Die Stiftung akzeptierte diesen Vorschlag; W. Mays aus Manchester kam nach Genf und schrieb einen sehr intelligenten Bericht, dem ich den Durchbruch verdanke. Da mein ehrgeiziges Projekt alle Abteilungen interessierte, mußte ich mich den üblichen Prüfungen unterziehen; sie bestanden in einem oder zwei ausgezeichneten Mittagessen auf der letzten Etage des *Rockefeller Building* in New York mit den Präsidenten der einzelnen Abteilungen, die ihre Prüfungsfragen vorbereitet hatten. Fast alle diese Fragen waren bemerkenswert treffend. Ich erinnere mich an praktische Fragen: Wie gedenken Sie Leute zu finden, die gleichzeitig intelligent genug sind, um sich auf eine echte Zusammenarbeit einzulassen, und dumm genug, ein Jahr lang ihre Arbeiten auf dem Gebiet der Mathematik oder Logik usw. liegen zu lassen, um das Abenteuer eines Dialoges mit »Kinderpsychologen« zu suchen? Vor allem aber erinnere ich mich an die theoretischen Fragen von Wheaver, dem Mathematiker der Informationstheorie, der damals die naturwissenschaftliche Abteilung der Stiftung leitetete: Wie wollen Sie z. B. zu für die Relativitätstheorie bedeutsamen epistemologischen Ideen gelangen, wenn Sie unwissende Kinder untersuchen, die außerdem in jedem Falle in der von Newton ausgehenden geistigen Tradition aufgewachsen sind? Was denken Kinder über die Mengenlehre und die zweieindeutigen Korrespondenzen, mit denen Cantor arbeitet? Auf die erste Frage konnte ich antworten, daß Einstein selbst mir im Jahre 1928 geraten hatte, die Bildung der Intuitionen der Geschwindigkeit zu untersuchen, um herauszufinden, ob sie von den Intuitionen der Dauer abhängen oder nicht. Weiter konnte ich berichten, wie derselbe Einstein, als ich ihn in Princeton wiedertraf (ich verbrachte drei Monate am Oppenheimer Institut, wo er fest angestellt war), über die Reaktionen der Nicht-Erhaltung der Kinder zwischen vier und sechs Jahren begeistert war (Kinder dieses Alters bestreiten, daß die Menge einer Flüssigkeit erhalten bleibt, wenn man sie von einem Glas in ein anders geformtes gießt: »Es ist mehr zu trinken als vorher« usw.), und wie erstaunt er darüber war, daß die elementaren Begriffe der Erhaltung erst im Alter von sieben oder acht Jahren gebildet werden. Auf die zweite Frage konnte ich Wheaver antworten, daß die Kinder die Stück-für-Stück-Korrespondenz verstehen und das Studium dieses Problems zeigt, wie Whitehead und Russell in den *Principia mathematica* den Übergang von der logischen Klasse zur Zahl falsch vereinfacht haben. Kurz, ich bemühte mich, meine Sache klar zu vertreten; einige Monate später erhielt ich die zur Gründung eines »Internationalen Zentrums für genetische Epistemologie« an der naturwissenschaftlichen Fakultät der Universität Genf notwendigen Zuschüsse.

Der Anfang war nicht leicht. Es arbeitete eine Gruppe Genfer Psychologen mit zwei Logikern und einem Mathematiker zusammen, und zunächst mußte eine gemeinsame Sprache gesucht werden – es dauerte einige Monate, bis wir uns verstanden. Besonders schwierig war die Verständigung zwischen Logikern und Psychologen. Der Mathematiker war übrigens weder so intelligent noch so dumm, wie der hohe Funktionär der *Rockefeller Foundation* es sich bei seinen pessimistischen Voraussagen vorgestellt hatte. Er kam nach Genf, aber – um seine eigenen Arbeiten in einer ruhigen Umgebung fortzuführen. Zwar gab er uns auch einige gute Ideen, insgesamt aber war ihm das Schicksal der genetischen Epistemologie recht gleichgültig; nur beim abschließenden Symposium zeigte er sich sehr aktiv. (Inzwischen habe ich erfahren, daß diese Gleichgültigkeit gegenüber allem, was nichts mit seiner Arbeit zu tun hat, keine spezifische Reaktion auf unser im Entstehen begriffenes Zentrum war, sondern ein beständiges Element seiner Arbeitsweise darstellt.) Die Arbeit ging dennoch allmählich voran; sie bezog sich auf Themen wie »Logik und Gleichgewicht«, die Beziehungen zwischen Logik und Sprache usw. Im Laufe des Jahres schlug W. Mays vor, das berühmte Problem der synthetischen und analytischen Relationen – das zentrale Problem des logischen Empirismus, das die Anhänger dieser Schule in heftige Dispute mit Quine, dem großen Logiker von Harvard, verwickelte – experimentell zu untersuchen. Ferner hatte ich in diesem ersten Jahr den belgischen Logiker L. Apostel eingeladen, um unsere Ansichten mit denjenigen eines Anhängers des logischen Positivismus (den Apostel damals noch für richtig hielt) zu konfrontieren. Dahinter stand die Absicht, herauszufinden, ob zwischen Vertretern verschiedener Richtungen, die zwar die Tatsachen anerkannten, aber in wesentlichen Punkten – ausschließliche Rolle der Erfahrung oder strukturierende Aktivität des Subjekts usw. – gegensätzlicher Auffassung waren, eine Zusammenarbeit möglich sei. Apostel, Mays, Morf und ich machten uns mit Begeisterung an die Arbeit. Der erste glaubte, daß wir von der Kindheit an einen klaren Gegensatz zwischen synthetischen oder empirischen und analytischen oder logisch-mathematischen Urteilen finden würden; der letztere war überzeugt, daß wir alle möglichen Zwischenstufen und Verbindungen finden würden.

Es war ein erregendes Experiment, einmal, weil es eines der – von Quine so genannten – »Dogmen« des logischen Empirismus in Zweifel zog, und außerdem, weil es für uns das erstemal war, daß zwei von ihren einander widersprechenden Thesen gleichermaßen überzeugte Epistemologen sich bereit fanden, das Verdikt derselben Tatsachen gelten zu lassen. Im Hinblick auf die Tatsachen war ich allerdings der Überzeugung, daß es keine *reinen* Tatsachen gibt, sondern, wie Duhem, Poincaré und viele andere gezeigt haben, jede Tatsache mit einer Interpretation in Einklang steht (was allein schon eine Widerlegung des Positivismus oder logischen Empirismus darstellt). Würden wir uns über die Interpretationen einigen können? Das war der – für mich beträchtliche – Einsatz bei diesem ersten Experiment wirklicher Zusammenarbeit. Die Tatsachen schienen zu liefern, was ich erhoffte: neben den eindeutig empirischen synthetischen Beziehungen und den eindeutig analytischen logischen Beziehungen (unser Kriterium war: braucht das Subjekt, um zu einer Entscheidung zu gelangen, Bestätigungen oder braucht es keine) fanden wir Beziehungen, die gleichzeitig logisch-mathematisch und synthetisch waren. Zum Beispiel: 5 aneinandergereihte Spielmarken sind nicht mehr 5, wenn die Reihe in 3 + 2 Elemente zweigeteilt wird, und die Beziehung

5 = 3 + 2 wird erst nach einer Konstruktion (die ihrerseits einer »Gruppe« entspricht) notwendig. Allein, Apostel war weit davon entfernt, unserer Interpretation zuzustimmen. Mit bewundernswerter Subtilität vervielfachte er die möglichen Interpretationen der natürlichen Zahlen – die Zahlennamen dienten bloß dem Messen – und der mathematischen Zahlen. Im nächsten Arbeitsschritt mußten wir also Begriffe definieren und Kriterien formulieren, indem wir sie auf die gemeinsam gesammelten Tatsachen anwandten, und es bedurfte dann noch dreier aufeinanderfolgender Überarbeitungen, wobei jede vom anderen Autor erheblich verändert wurde, bevor wir unsere Arbeit abschließen konnten. Sie ist erschienen* und zeigt, daß zwar keine vollständige, aber doch eine beinahe vollständige Übereinstimmung erreicht worden ist: Apostel gibt die Existenz von Zwischenstufen zwischen dem Analytischen und dem Synthetischen zu, nimmt jedoch eine genetische Folge an, die von den empirischen Beziehungen zu den logisch-mathematischen Beziehungen führt (zwei Thesen, die dem logischen Empirismus, zumindest in seiner orthodoxen Form, widersprechen), während ich behaupte, die Unterscheidung zwischen dem Empirischen und dem Logisch-Mathematischen gelte für alle Altersstufen und überall Übergänge zwischen dem Synthetischen und dem Analytischen annehme.

Das Experiment war also beweiskräftig. Eine ehrliche Prüfung der Tatsachen kann zusammen mit einer teilweise formalisierten Darstellung der Interpretationen Epistemologen gegensätzlicher Auffassungen dazu bewegen, ihre Hypothesen zu revidieren und zu präzisieren, so daß sie zu einer annähernden Übereinstimmung gelangen, die den anfänglichen Gegensätzen in jedem Falle weit überlegen ist. Wie würden die großen Autoren reagieren? W. V. Quine hatte es bei der Gründung des Zentrums aus verständlicher Vorsicht abgelehnt, Mitglied

* L. Apostel, W. Mays, A. Morf und J. Piaget, *Les liaisons analytiques et synthétiques dans les comportements du sujet*, »Etudes d'épistémologie génétique«, Bd. IV, Paris, Presses Universitaires de France.

des Komitees des Zentrums zu werden. Als er das Heft über *L'analytique et le synthétique* (dessen von Apostel stammende Einleitung in einer energischen Kritik zahlreicher Thesen zeitgenössischer Autoren deutlich zeigt, daß wir die Frage nicht nur in der Sprache der reinen Logik, sondern immer auch in der Sprache der Tatsachen gestellt haben) gelesen hatte, schrieb er uns einen sehr ermutigenden Brief, in dem er die Tragweite der gesammelten Tatsachen anerkannte, gleichzeitig aber Vorbehalte gegen unsere Art des Definierens geltend machte. Außerdem war er jetzt bereit, Mitglied des Komitees des Zentrums zu werden.

Andererseits stand noch die Begegnung mit zehn bedeutenden Gästen bevor, die wir zu einem abschließenden Symposium eingeladen hatten, auf dem die im Laufe des Jahres vollendeten Arbeiten diskutiert und die Arbeiten für das folgende Jahr vorbereitet werden sollten (ein solches Symposium mit nicht mehr als zehn Teilnehmern veranstalten wir seither jedes Jahr). An diesem ersten Symposium sollten u. a. E. W. Beth, F. Gonseth, A. Naess und J. Bruner teilnehmen, also Logiker, Mathematiker und Psychologen, die alle an Epistemologie interessiert waren. Wir hatten keine klare Vorstellung, was dabei herauskommen könnte, wenn Spezialisten, die in der Regel selbst keinen Vortrag halten, eine Woche lang unsere Arbeiten diskutieren.

Von einem der Eingeladenen ging eine besondere Beunruhigung für mich aus: von dem Amsterdamer Logiker Beth, der auf Aufforderung von P. Bochenski einen wahrhaft blutigen Verriß meines *Traité de logique* in der Zeitschrift *Methodos* veröffentlicht hatte. Ich schrieb daraufhin eine mehrseitige Antwort, die zu veröffentlichen Bochenski jedoch rundweg ablehnte (müßig, über eine solche Auffassung von philosophischer Objektivität ein weiteres Wort zu verlieren.) Er gestand mir nur einige Zeilen zu, so daß ich mich darauf beschränkt habe zu sagen, ich verstünde sehr gut, daß ein reiner Logiker auf den Versuch, bestimmte Strukturen des natürlichen Denkens zu formalisieren, heftig reagiere; hier liege aber ein Problem vor, und die einzige Möglichkeit, sich darüber zu verständigen, bestehe in einer gemeinsamen Arbeit über Fragen, die weder der Logiker noch der Psychologe allein lösen könnten. Im selben Sinne schrieb ich einen langen Brief an Beth; ich schlug vor, von unser beider »Ich« zu abstrahieren und uns ernsthaft an die Arbeit zu begeben. Beth, der ein wirklicher Ehrenmann war, zeigte sich von meiner Reaktion überrascht und berührt; er lehnte die vorgeschlagene Zusammenarbeit nicht ab, bat jedoch um Bedenkzeit. Daher war ich sehr gespannt darauf, was er dachte und auf dem Symposium sagen würde.

Nun, das Symposium gab uns volle Befriedigung. Beth fand bereits in der ersten Sitzung den mit überraschenden topologischen Überlegungen geführten Beweis für eine These, die Apostel im Bereich der Beziehungen zwischen Sprache, Logik und Information zu rechtfertigen suchte. Arne Naess, der in Oslo, wenn man so sagen darf, experimentelle Epistemologie mit erwachsenen Versuchspersonen betreibt, quoll von suggestiven Bemerkungen, vor allem über analytische und synthetische Beziehungen, über und unterstrich die Bedeutung der genetischen Dimension in bezug auf Erwachsene. Mein alter Freund Gonseth, dessen Philosophie der Wissenschaften prinzipiell »offen« ist, nahm lebhaftes Interesse an unseren Thesen. Kurz, bei diesen Diskussionen handelte es sich wirklich um »Arbeit« und nicht um unkoordinierte Improvisationen, wie es auf so vielen Kongressen der Fall ist (eine unerläßliche Voraussetzung für das Gelingen eines solchen Unternehmens ist ein Maximum von zehn Teilnehmern). Am Ende dieses Symposiums hatte ich den deutlichen Eindruck, daß es die genetische Epistemologie gab, und Beth – ein ermutigendes Zeichen – hatte denselben Eindruck*.

* Unsere geplante Zusammenarbeit führte zu einem gemeinsam veröffentlichten Buch: *Epistémologie mathématique et psychologie*, Bd. XIV der »Etude d' épistémologie génétique«. Wegen der geographischen Entfernung kam es nicht

In den ersten sieben Jahren wurde das Zentrum von der *Rockefeller Foundation* subventioniert, danach vom Schweizer Nationalfonds für wissenschaftliche Forschung. Unsere Arbeit hat sich in bisher etwa zwanzig Bänden niedergeschlagen, die in der Reihe »Etudes d'épistémologie génétique«, Presses Universitaires de France, erschienen sind. Die Themen: Bildung, Erlernen und Genealogie der logischen Strukturen; Interpretationen der Erfahrung; Probleme der Zahl und des Raumes; die Begriffe der Funktion, Zeit, Geschwindigkeit und Kausalität. Demnächst wollen wir uns den Problemen der biologischen Epistemologie zuwenden.

Unter dem Gesichtspunkt einer sich als Wissenschaft verstehenden Epistemologie ist es wichtig zu bemerken, daß wir unsere Resultate in erster Linie einer kontinuierlichen interdisziplinären Zusammenarbeit verdanken. Nach bescheidenen Anfängen im ersten Jahr ist diese Zusammenarbeit immer umfangreicher geworden, so daß man sagen kann: in dieser Hinsicht ist das Zentrum erfolgreich gewesen. Das Verdienst daran gebührt natürlich den hervorragenden Mitarbeitern, die ich nicht alle aufzählen kann, von denen ich aber doch einige als Beispiele erwähnen möchte.

Pierre Gréco war an der Sorbonne zunächst mein Assistent (bei der *Agrégation* in Philosophie hatte er als Bester abgeschnitten, aber das war nicht der Grund, weshalb ich ihn als Assistent nahm), dann mein Arbeitsleiter; später wurde er beurlaubt, damit er am Zentrum arbeiten konnte. Er hat sich auf das Gebiet der genetischen Psychologie spezialisiert, ist aber an epistemologischen Problemen – die er als Schüler der *Ecole Normale Supérieure* gut kennt – ebenso interessiert wie ich es bin. Er hat ausgezeichnete Studien über die Zahl, das Erlernen

zu einer Zusammenarbeit im einzelnen; jeder schrieb einen Teil, der vom anderen sorgfältig durchgesehen wurde. Die gemeinsamen Schlußfolgerungen sind zum größten Teil von Beth verfaßt worden und, was die notwendige Zusammenarbeit von Logikern und Psychologen auf dem Gebiet der Epistemologie angeht, zu meiner vollen Zufriedenheit ausgefallen.

logischer Strukturen, den Raum, die Zeit und die Kausalität durchgeführt und in jeder von ihnen außerordentliches Geschick bei der Einrichtung und Kontrolle seiner Experimente bewiesen.

J.-B. Grize ist ein Logiker, der vor seiner Weiterbildung bei belgischen Logikern eine Dissertation über das Verschwinden der Zeit in der Geschichte der mathematischen Begriffe geschrieben hatte. Seine doppelte Qualifikation als Logiker und als Mathematiker (zur Zeit lehrt er in Neuchâtel an der geisteswissenschaftlichen Fakultät und in Genf an der naturwissenschaftlichen Fakultät) hat ihn keineswegs daran gehindert, sich schnell und präzise in genetische Fragen hineinzudenken (was sicherlich auf sein Interesse an historischen Fragestellungen zurückzuführen ist). Zu unserem großen Nutzen hat er sich darauf spezialisiert, die natürlichen Strukturen verschiedener Entwicklungsstufen zu formalisieren, und außerdem hat er meine Vorstellungen über die Konstruktion der Zahl zurechtgerückt.

L. Apostel ist ein weiterer Logiker. Er kommt aus der Tradition des logischen Positivismus, ist aber genetischen und vielen anderen Fragen gegenüber sehr aufgeschlossen. Seine erstaunliche Dynamik manifestiert sich in einer beständigen Fruchtbarkeit und, gemessen an seinen ursprünglichen Tendenzen, der Einnahme immer persönlicherer Positionen.

S. Papert hat zwei Doktorarbeiten in Mathematik geschrieben (die eine, über die Grundlagen der Topologie, in Cambridge), er hat am Institut Poincaré gearbeitet und in London am Laboratorium für Physik Kybernetik studiert. Vielseitig wie er ist, hat er sich außerdem in Johannesburg (mit Taylor) mit Wahrnehmungsexperimenten beschäftigt (Experimente mit verzerrenden Brillen). Durch seine Vielseitigkeit ist er davon überzeugt worden, daß es ein Subjekt gibt, und seine Epistemologie dreht sich um die Konstruktionen dieses Subjekts, die er – je nach der eingenommenen Perspektive – in die Sprache der Psychologie, der Logik (Papert hätte beinahe den Lehrstuhl für Logik in

Cambridge bekommen) oder der Kybernetik übersetzt, ohne dabei seine ausgeprägten neurologischen Interessen zu vergessen. Papert war also der ideale Mitarbeiter für das Zentrum, dessen Ideen er mit Begeisterung verteidigt und bereichert hat. Er hat zahlreiche Arbeiten geschrieben, u. a. eine Kritik des logischen Reduktionismus, er hat ein kybernetisches Modell der Entwicklung («génétron») ausgearbeitet (das Spezifische daran ist, Gleichgewichtsstufen wie in der realen Entwicklung zu postulieren, anstatt eine im Falle des Scheiterns wieder von Null beginnende Äquilibration – also alles oder nichts, wie im Homöostaten von Ashby – anzunehmen), ferner hat er Forschungen über die Funktionen und die Zeit getrieben.
Andere haben uns bei der Arbeit über Spezialprobleme viel geholfen: F. Bresson, der sich mit einem bemerkenswerten Sinn für abstrakte und konkrete »Modelle« mit dem Schematismus der Wahrnehmung und der Kausalität beschäftigt hat; G.-Th. Guilbaud, dessen unerschöpfliche Gelehrsamkeit uns über manche Frage aufgeklärt hat, u. a. über die Erklärung in der Mathematik; C. Nowinski, ein versierter Kenner der Dialektik und der polnischen Logik; Gruber, New York, ein Experte für Fragen der Wahrnehmung und der biologischen Epistemologie; F. Meyer, Aix-en-Provence, dessen schönes Buch über *La problématique de l'évolution* uns sehr beeindruckt hat, usw. An unserem jährlich wiederkehrenden Symposium haben W. V. O. Quine, der Logiker von Harvard, W. McCulloch, der berühmte Entdecker der »Logik der Neuronen«, die Physiker Halbwachs, D. Rivier und O. Costa de Beauregard sowie G.-G. Granger, der Epistemologe der Humanwissenschaften mitgearbeitet – nicht zu reden von den alten Mitarbeitern, die bei diesen Zusammenkünften immer dabei sind, insbesondere von L. Apostel.
Die Arbeiten des Zentrums für genetische Epistemologie sind bei den Kollegen von der naturwissenschaftlichen Fakultät, die die mögliche Bedeutung von Forschungen der Art, wie wir sie betreiben, für die Theorie des wissenschaftlichen Denkens

erkannt haben, auf Sympathie gestoßen, u. a. bei dem Mathematiker G. de Rham und dem Biologen F. Chodat. Demgegenüber hat die neue Philosophengeneration an der geisteswissenschaftlichen Fakultät ein Mißtrauen gezeigt, das mir als Symptom der Folgen der Phänomenologie interessant erscheint. Welch Gegensatz zwischen dieser Generation, die keine Ahnung von der Wissenschaft hat, und der Generation meiner Lehrer Reymond, Brunschvicg und Lalande, die doch wahre Philosophen waren! Jeanne Hersch, die niemals über Epistemologie mit mir geredet hatte, fragte mich eines Tages: »Glauben Sie immer noch, daß die Psychologie eine Wissenschaft ist? Ich muß Ihnen erklären ...« Ich fürchte, ich habe meine starke innere Belustigung erkennen lassen, denn die Erklärung habe ich niemals erhalten; wir werden gleich sehen, was sich statt dessen ereignete. Zuvor möchte ich noch die Einstellung R. Schaerers zu unserer Arbeit kennzeichnen, eine Einstellung, die für fast alle gegenwärtigen Mitglieder der *Société romande de Philosophie* (die von Grize eine Darstellung unserer Methoden erbeten hat) charakteristisch ist: er lobt unsere Forschungen über das Kind und versucht gleichzeitig zu zeigen, daß sie in bezug auf den Erwachsenen und vor allem in bezug auf die Erkenntnis nichts besagen. Eine Probe seiner Gedanken über dieses Thema hat er anläßlich der *Rencontres internationales* gegeben; in Kapitel V werde ich auf die Triftigkeit seiner Argumente zurückkommen. Doch am deutlichsten haben sich die Intentionen von J. Hersch und R. Schaerer in einem Projekt offenbart, dessen Tragweite auf der Hand liegt: zur Ergänzung der Psychologie, wie sie an der naturwissenschaftlichen Fakultät vertreten wird, wollten sie an der geisteswissenschaftlichen Fakultät einen Lehrstuhl für philosophische Psychologie gründen, den F. Mueller einnehmen sollte, dessen *Histoire de la psychologie* (nach philosophischem Brauch ist in dieser Geschichte die Kenntnis von Texten wichtiger als die von Tatsachen) zu dem Schluß gekommen war, daß die wissenschaftliche Psychologie unfähig sei, die »philosophische Anthropologie« zu erarbeiten, derer wir bedürfen. Auf den einmütigen Protest der Psychologen hin hat die geisteswissenschaftliche Fakultät den Lehrstuhl in einen für »Geschichte der philosophischen Psychologie« umbenennen wollen – was ein wirklicher Fortschritt ist, denn es könnte durchaus sein, daß eine solche Disziplin bereits der Geschichte angehört. Nun, wir wissen das nicht und sollten uns jeder Vorhersage enthalten. Sollte ich jedoch recht haben und sollte die genetische Epistemologie irgendeine Zukunft haben, dürfte es interessant sein festzuhalten, daß in dem Augenblick, in dem unser Zentrum diese Zukunft vorbereitete, die Philosophen der geisteswissenschaftlichen Fakultät der Universität Genf bemüht waren, die philosophische Psychologie wieder zum Leben zu erwecken... Mit dieser stolzen Bemerkung beende ich den Bericht über meine Dekonversion und diese lange Konfession, die sicherlich nicht frei von subjektiven Illusionen, ansonsten aber aufrichtig sind.

Kapitel II

Wissenschaft und Philosophie

Die Philosophie ist eine vernünftige Einstellung zur Totalität des Realen. Der Begriff »vernünftig« unterscheidet die Philosophie von rein praktischen oder affektiven Einstellungen wie auch von ohne Reflexion einfach angenommenen Anschauungen wie z. B. einer reinen Moral oder einem Glauben usw. Das Konzept »Totalität des Realen« enthält drei Elemente. Es bezieht sich erstens auf alle höheren Aktivitäten des Menschen, nicht nur auf die Erkenntnis, sondern auch auf die Moral, die Ästhetik, den (religiösen oder humanistischen) Glauben usw. Unter erkenntnistheoretischem Gesichtspunkt impliziert es zweitens, daß hinter den Phänomenen oder Erscheinungen und den besonderen Erkenntnissen eine letzte Realität, ein Ding an sich, ein Absolutes usw. existiert. Drittens kann die Reflexion über die Totalität des Realen die Gesamtheit der Möglichkeiten eröffnen (Leibniz, Renouvier, usw.).

A) Es gibt Philosophien, denen zufolge das Ding an sich existiert, aber unerkennbar ist. Die Einstellung dieser Philosophien zum Ding an sich stützt sich auf die praktische Vernunft; daher beziehen sie sich trotz der Unerkennbarkeit des Dings an sich auf die Totalität des Realen. Andere Philosophien wie der dialektische Materialismus scheinen diese Totalität auf das sinnlich wahrnehmbare oder räumlich-zeitliche Universum zu begrenzen. Der Begriff des Materialismus impliziert einerseits die Überzeugung von der Existenz eines vom Subjekt oder von der Erkenntnis unabhängigen Objekts – nicht die Überzeugung einer unabhängig vom Subjekt möglichen Erkenntnis des Objekts –, so daß der »Materialist« das Objekt häufig als so etwas wie einen mathematischen Grenzwert auffaßt, als etwas, dem man sich durch allmähliche Approximation annähert, das man aber niemals ganz erreicht. Andererseits: wenn der dialektische Materialismus den Idealismus vernichtend kritisiert, so legen seine Argumente den Akzent stets auf die Aktion, auf gesellschaftliche *Praxis* wie auf die Rolle der Tätigkeit in der individuellen Erkenntnis (Marx kritisierte den Sensualismus Feuerbachs bekanntlich mit dem Argument, die Wahrnehmung beruhe auf einer »Tätigkeit« der menschlichen Sinne). Folglich kann man sagen, daß auch der dialektische Materialismus unter die vorgeschlagene Definition fällt, zwar hat er die wesentliche Besonderheit, daß er das Statische durch das Dialektische ersetzt, doch weist er alle Merkmale einer vernünftigen Einstellung zur Totalität des Realen auf, ja, der Begriff der Totalität spielt im Marxismus eine zentrale Rolle.

Es gibt nur eine Philosophie, die, wenngleich sie ihr formal genügen mag, nicht voll von unserer Definition erfaßt wird: der Positivismus, nicht derjenige von Comte, der die Metaphysik verbannte, um sie durch eine »subjektive Synthese« zu ersetzen, sondern der »logische Positivismus« der Gegenwart, für den sich die Totalität des Realen auf physikalische Phänomene und eine Sprache reduziert. Mag diese Auffassung der »Totalität des Realen« auch eine Auffassung neben anderen sein und insofern in den Rahmen einer Definition fallen, die alle philosophischen Systeme umfassen will, können wir im folgenden doch von ihr absehen, weil ihr erklärtes Ziel darin besteht, nicht nur die Methoden zu verfeinern, sondern die Zahl der *Probleme* zu begrenzen. Gegen eine solche, von Oppenheimer einmal als »Philosophie ohne Humor« bezeichnete Doktrin sind zunächst drei Vorbehalte geltend zu machen.

Erstens und unter dem Gesichtspunkt der Wissenschaft selbst ist es unmöglich, die Wissenschaft auf einen Satz von Problemen zu begrenzen und zu behaupten, diese und nur diese Probleme dürften als »wissenschaftlich« gelten. Die zeitgenössische Wissenschaft ist prinzipiell »offen« und frei, jedes neue Problem zu untersuchen, vorausgesetzt nur, sie findet entsprechende Methoden. Im Bereich der Physik kann man leicht die Kausalität abschaffen und vorschreiben, statt an kausale Erklärungen solle man sich an Gesetze halten – die Erforschung der Kausalerklärung bleibt mehr denn je ein wesentliches Bedürfnis des menschlichen Geistes. Im Bereich der Psychologie kann man leicht den »Mentalismus« verurteilen, und Bloomfield hat leicht spotten, unter den Syntagmen der Sprache »Konzepte« zu suchen, sei Sache von Theologen und Literaten – die sowjetische Psychologie beschäftigt sich gleichwohl mit dem Problem des Bewußtseins und die Interiorisation von Aktionen oder Handlungen in das Denken bleibt das zentrale Problem einer Psychologie der kognitiven Funktionen.

Zweitens ist es selbst unter erkenntnistheoretischem Gesichtspunkt unmöglich, metaphysische Probleme als »bedeutungslose« Probleme zu bezeichnen; nicht, weil man die Geltung einer metaphysischen Erkenntnis ohne weiteres unterstellen könnte (das werden wir im folgenden in Zweifel ziehen), sondern weil man ein Problem nicht ein für allemal der Klasse der wissenschaftlichen oder der Klasse der metaphysischen Probleme zuordnen darf – man kann allenfalls sagen, ein umstrittenes Problem sei »ohne aktuelle (kognitive) Bedeutung«. Die Frage, ob die physikalische Realität auf der makroskopischen Ebene von einem unerkennbaren Determinismus beherrscht werde oder ob das makrophysikalische Geschehen durch einen Indeterminismus charakterisiert sei, wäre gegen Ende des vergangenen Jahrhunderts einmütig als eine »metaphysische« Frage angesehen worden; heute ist diese Frage ein aktuelles Problem in der Physik, das L. de Broglie und die Kopenhagener Schule in Gegensatz zueinander gebracht hat. Was das Problem der menschlichen Freiheit angeht, so kam ihm bisher keine *wissenschaftliche* Bedeutung zu, weil es keine Technik zur Verifizierung der vorgeschlagenen Lösungen gab, so daß es unmöglich war, sich »wissenschaftlich« für oder gegen eine dieser Lösungen zu entscheiden, und weil ein sich auf den inneren Sinn stützender Beweis in diesem Bereich ganz besonders dem

Verdacht der Parteilichkeit unterliegt. Heute ist es indes der Fall, daß die Kybernetik – aufgrund einer Erweiterung des Goedelschen Theorems von der Unmöglichkeit, die Widerspruchsfreiheit eines Systems (das reich genug ist) mit dessen eigenen oder mit schwächeren Mitteln zu beweisen – das Problem des Determinismus in begrenzterer, aber präziser Weise neu stellt: eine Maschine, die komplex genug ist, um Tätigkeiten des menschlichen Gehirns simulieren zu können, und die im Hinblick auf ihren Mechanismus und ihre Außenbeziehungen einem strengen Determinismus unterworfen ist, vermag nicht, in einer Zeit t zu berechnen, was sie in einer Zeit $t + 1$ sein wird; das gelingt ihr nur in dem Maße, in dem ihre eigene – unvollständige – Determination derjenigen einer Maschine höherer Ordnung untergeordnet ist, einer Maschine, die ihrerseits aber auch nicht vollständig aus sich determiniert ist; usf. Dies ist ein weiteres Beispiel dafür, daß ein Problem ohne aktuelle Bedeutung plötzlich und mit den unvorhergesehensten Rückwirkungen eine solche erlangen kann.

Drittens – und um jedes Mißverständnis auszuschließen, möchte ich diesen Punkt mit Nachdruck hervorheben – kann ein Problem ohne aktuelle kognitive Bedeutung in vielen Fällen sehr wohl ein Problem von stets aktueller Bedeutung für das menschliche Leben und Zusammenleben und somit ein legitimes philosophisches Problem sein. Nehmen wir als Beispiel das ohne Zweifel zentralste Motiv aller Philosophie: die Frage nach dem Sinn des Lebens, die oft auch als das Problem der »Finalität« der Existenz gestellt wird. Um mit der Finalität zu beginnen: dieses Konzept ist der Prototyp der Begriffe, die der Positivismus als metaphysisch und nicht als wissenschaftlich ansieht. Darin hat er recht, denn es handelt sich um eine anthropozentrische Vorstellung, die subjektive Gegebenheiten des Bewußtseins und den Kausalmechanismus des Handelns in sich vereinigt und in Gestalt der *causa finalis* (Zweckursache) eine Determination der Gegenwart durch die Zukunft beinhaltet. Gleichwohl trifft dieses illusorische Konzept die objektiven

Beziehungen funktioneller Zweckmäßigkeit, der Anpassung, antizipierender Regulation usw., so daß das Problem bestehen bleibt und in der Kybernetik Lösungen gefunden hat, die häufig als »mechanische Äquivalente der Finalität« bezeichnet werden: Rückkopplungssysteme oder *feedbacks* und neuerdings *feedforwards* oder Regulationen zweiten Grades. Es gibt heute also einen wissenschaftlichen und nicht mehr nur einen metaphysischen Begriff der Finalität (das hatte der Positivismus nicht vorausgesehen, denn an der Begrenzung von Problemen interessiert, hatte kein Positivist jemals eine entsprechende Hypothese aufgestellt), und dieser wissenschaftliche Begriff bildet den Gegenstand der »Teleonomie«; böse Zungen sagen, die Teleonomie sei im Verhältnis zur Teleologie das, was die Astronomie im Verhältnis zur Astrologie sei. Ist also das Problem des Sinnes oder der Finalität des Lebens von aktueller kognitiver Bedeutung und läßt es sich insbesondere durch Begriffe der Teleonomie fassen? Sicherlich nicht, denn dem Begriff einer Finalität des Lebens einen intellektuellen oder kognitiven Ausdruck geben hieße, Finalität als Resultat eines feststehenden göttlichen Planes aufzufassen, eine immanente Finalität oder einen Marsch zum Fortschritt usw. zu unterstellen. Hypothesen dieser Art, die nicht jedermann überzeugen, wollen wir nicht als unbeweisbar (das wissen wir nicht), sondern als unbewiesen bezeichnen; von ihnen als von »metaphysischen Wahrheiten« zu sprechen, hieße sagen, daß es keine wirklichen Wahrheiten sind, jedenfalls keine »Wahrheiten« im vollen Sinne des Wortes. Wir stimmen mit dem Positivismus also darin überein, daß ein solches Problem ohne (aktuelle) kognitive Bedeutung ist. Nach wie vor aber gilt – und dies ist unabhängig von Möglichkeiten der Verifizierung –, daß hier ein für die menschliche Existenz und das denkende Subjekt zentrales Problem vorliegt, denn wofür soll der Mensch sich entscheiden: für ein Leben ohne Werte, für ein Leben mit relativen und unstabilen Werten oder für ein Leben, das Werten gewidmet ist, die als absolut und das ganze Sein verpflichtend empfunden werden? Ein solches Problem zu leugnen, weil es ein vitales Problem ist, für das es keine sicheren kognitiven Lösungen gibt, ist einfach absurd, weil es sich immer stellt und eine Stellungnahme verlangt, auch wenn man nicht weiß, wie man sie intellektuell formulieren soll. Dasselbe gilt für zahlreiche andere Probleme.

Ein unversehrter Mensch wird es ablehnen, die Dinge zu verwechseln und Hypothesen als bewiesene Wahrheiten anzuerkennen; ebenso wird er eine Zerteilung oder Zerstückelung seiner Persönlichkeit ablehnen, die dazu führte, daß er sich einerseits auf Feststellen, Argumentieren und Verifizieren beschränkt und sich andererseits mit dem Glauben an Werte begnügt, die ihn verpflichten und ihm eine Orientierung geben, die er aber nicht begreift. Es versteht sich vielmehr von selbst, daß ein denkendes Subjekt, das Erkenntnisse und Werte hat, diese notwendigerweise in einer Gesamtauffassung miteinander in Einklang zu bringen sucht: eben das ist die Aufgabe der Philosophie als vernünftiger Einstellung zur Totalität des Realen. Jeder denkende Mensch nimmt eine Philosophie an oder macht sich selber eine, auch dann, wenn seine Gesamtauffassung von der Realität und sein Verständnis der Werte in seinen Augen approximativ und persönlich bleiben. Wir haben nun die Frage zu untersuchen, warum die Philosophie zu einem Spezialfach geworden ist und welche Bedeutung diese Spezialisierung hat.

B) Die philosophische Einstellung impliziert eine Gesamtauffassung der Realität; da diese sich natürlich auch auf die Erkenntnisse bezieht, gibt es einen doppelten Grund für die Tendenz der Philosophie, sich selbst als eine Form der Erkenntnis zu verstehen. Dieser Satz gilt indes nur für den modernen Menschen, für den zwischen Philosophie und Wissenschaft ein mehr oder weniger deutlicher und zwischen Philosophie und den sogenannten exakten Wissenschaften ein sehr deutlicher Unterschied besteht. Der Hauptgrund dafür, daß die Philosophie in der abendländischen Kultur fast immer als eine Form der Erkenntnis gegolten hat, ist ein historischer Grund: Philosophie und Wissenschaft hingen lange Zeit aufs engste miteinander zusammen; so eng, daß es für die ersten griechischen Denker keinen Unterschied zwischen ihnen gab. Als die Vorsokratiker nicht mehr nur in der symbolischen Sprache des Mythos vom Realen redeten, sondern es intellektuell zu begreifen versuchten, haben ihre Weltauffassungen Philosophie und Physik – in der Schule von Milet –, Philosophie und Mathematik – in der pythagoreischen Lehre –, Philosophie und Kosmologie usw. in sich vereinigt. Für unsere Zwecke ist es wichtig festzuhalten, wie lange dieser Zusammenhang mit der Wissenschaft lebendig gewesen ist. Ferner ist es wichtig, sich vor einer näheren Betrachtung dieses Punktes in Erinnerung zu rufen, daß der Unterschied zwischen Philosophie und Wissenschaft im abendländischen Denken sehr viel ausgeprägter ist als im östlichen Denken. Es ist zweifellos kein Zufall, wenn sich die östliche Philosophie in weit stärkerem Maße als die westliche als »Einsicht« darstellt; aufgrund einer geringeren Entwicklung der Wissenschaften und der Technik war keine sehr systematische Polarisierung von Werten und Erkenntnissen notwendig.

Im allgemeinen stellt man den ursprünglichen Zusammenhang von Philosophie und Wissenschaften so dar, als ob die Philosophie zunächst die Wissenschaften »umfaßt« hätte und diese sich dann allmählich von ihr abgelöst hätten. Unter dem Gesichtspunkt statischer Beschreibungen, die man nach ihrer historischen Reihenfolge anordnet, ist das nicht falsch. Das entscheidende Problem besteht indes darin, die bewegende Kraft zu erkennen, die die zu immer neuen Systemen führende Entwicklung angetrieben hat. Wenn es richtig ist, daß die Aufgabe der Philosophie in der Koordinierung der Werte besteht und die konkrete Form dieser Aufgabe sich hinsichtlich der Evolution der Erkenntnisse nur wenig verändert, stellt sich die Frage, ob es der Fortschritt der von der Philosophie angestrebten Gesamterkenntnis war, der die Fortschritte der besonderen

Erkenntnisse bedingt hat, die sich dann als Einzelwissenschaften vom gemeinsamen Stamm ablösen konnten, oder ob es umgekehrt die Fortschritte wissenschaftlicher Natur waren (ob innerhalb oder außerhalb der Philosophie spielt keine Rolle), die, indem sie zu einer neuen Reflexion des neuen Wissens nötigten, die Entwicklung der philosophischen Systeme ausgelöst haben. Wenn ich sage, es spiele keine Rolle, ob die wissenschaftlichen Fortschritte, die der zweiten Hypothese zufolge die philosophische Reflexion herausfordern, sich dank eines Autors vollzogen haben, der heute als Mathematiker bezeichnet wird, oder dank eines Autors, der heute als Philosoph gilt, provoziere ich offenbar die Entgegnung, zumindest im zweiten Fall hätten die Philosophen die Bewegung angeführt. Zu sagen, Wissenschaften und Philosophie seien ursprünglich nicht unterschieden gewesen, hilft uns natürlich nicht weiter, weil wir eben den Faktor in dieser Ununterschiedenheit suchen, der die Fortschritte der Erkenntnis und den Prozeß der Unterscheidung von Wissenschaft und Philosophie ausgelöst hat: hat eine Bewegung in der Gesamterkenntnis zum Gewinnen besonderer Erkenntnisse geführt oder hat umgekehrt eine Bewegung in den besonderen Erkenntnissen zu neuen Anstrengungen der Reflexion und zum Aufbau neuer philosophischer Gesamtsysteme geführt? Nun gibt es, und daran zu erinnern, ist hier angebracht, keinen prinzipiellen Unterschied zwischen kognitiven Problemen philosophischer und wissenschaftlicher Art, sondern nur einen Unterschied im Hinblick auf ihre Abgrenzung und vor allem im Hinblick auf die Methoden, mit denen an sie herangegangen wird: bloß reflektierende Methoden oder Methoden, die sich in bezug auf Tatsachen auf systematische Beobachtung oder Experimente und in bezug auf die Deduktion auf strenge Algorithmen stützen. Hat man sich dies klargemacht, ist es relativ leicht oder zumindest in großen Zügen möglich zu erkennen, wo ein Philosoph Wissenschaft getrieben oder sich in dieser Richtung bewegt hat (denn es handelt sich hier in erster Linie um eine Frage der Richtung und nicht um eine

fester Grenzen) und wo er Philosophie getrieben hat. Zwei Beispiele sollen uns genügen.
Wenn Aristoteles die Arbeit von dreihundert Assistenten leitete, die das für seine Biologie erforderliche Material sammelten, und dabei Tatsachen entdeckte wie z. B. die, daß die Wale keine Fische, sondern Säugetiere sind, kann wohl kaum bezweifelt werden, daß er als Wissenschaftler gearbeitet hat. Wurde diese Arbeit auch von allgemeineren Reflexionen geleitet (das ist zweifellos bei allen kreativen Geistern der Fall), hat er sich doch nicht damit begnügt, diese Reflexionen in einsamem Nachdenken weiterzuführen, sondern ist zum Studium der Tatsachen in Zusammenarbeit mit anderen übergegangen. Wenn er hingegen sein System, seine Ideen über Potenz und Akt oder seine allgemeine Interpretation der Formen – die er nicht mehr wie Plato in die Welt der Ideen verlegte, sondern als der Materie immanent auffaßte – entwickelte, war er Philosoph. Es ist daher nicht sinnlos anzunehmen, daß der wesentliche Unterschied zwischen den Systemen Platos und Aristoteles' in der mathematischen Orientierung des einen und der biologischen Orientierung des anderen begründet ist, es ist sogar recht banal. Dagegen ist es wichtig, sich zu fragen, ob diese großen Geister nicht gerade deshalb groß sind, weil sie sich auf logisch-mathematischem Wege oder durch methodische Beobachtung gewonnene *Resultate* und nicht *ausschließlich* auf Ideen gestützt haben, wie notwendig diese auch immer gewesen sein mögen. Vergleicht man diese beiden mit Plotin, der noch glaubt, daß die Berge genauso wie die großen Pilze wachsen, wird ein kleiner Unterschied deutlich, und genau diesen Unterschied vergessen unsere Unterrichtsprogramme, wenn sie glauben, jede Menge Philosophen ohne wissenschaftliche Vorbildung produzieren zu können.
Das beste Beispiel aus einer Epoche, in der Wissenschaften und Philosophie bereits unterschieden sind, ist Descartes – nicht, weil er Leibniz überlegen wäre, der unter dem Gesichtspunkt, der uns hier interessiert, dieselbe Position einnimmt wie er,

sondern weil er sich mit größter Klarheit über das von ihm für richtig gehaltene Verhältnis zwischen wissenschaftlicher und philosophischer Aktivität geäußert hat. Nach seiner Ansicht sollte man höchstens einen Tag im Monat der Philosophie widmen (ein weiteres Detail, das von unseren Unterrichtsprogrammen vergessen worden ist) und sich an den übrigen Tagen mit Mathematik oder Sezieren beschäftigen. Wenn nun Descartes die analytische Geometrie entdeckt hat, welche die Koordination numerischer und räumlicher Größen ermöglicht, ist ihm das dann aufgrund seiner allgemeinen Lehre über das Denken und die Ausdehnung – zwei Substanzen, die er nur mit der allergrößten Mühe als zugleich getrennt und unauflöslich verbunden denken konnte – gelungen, oder kann man annehmen, daß die Forschungen, die 29 oder 30 Tage seiner Monate in Anspruch nahmen, einen gewissen Einfluß auf die in dem einen verbleibenden Tag ausgearbeiteten Anschauungen gehabt haben?

C) Wenn man diese methodischen Aspekte anerkennt, scheint es unbestreitbar zu sein, daß die großen Systeme in der Geschichte der Philosophie, das heißt diejenigen, die den Anstoß zur Entwicklung weiterer Systeme gegeben oder selbst einen nachhaltigen Einfluß ausgeübt haben, alle aus der Reflexion über die wissenschaftlichen Entdeckungen ihrer Autoren oder über eine wissenschaftliche Revolution in ihrer oder der dieser unmittelbar vorausgehenden Epoche hervorgegangen sind: das gilt für Plato in bezug auf die Mathematik, für Aristoteles in bezug auf die Logik und die Biologie, für Descartes in bezug auf die Algebra und die analytische Geometrie, für Leibniz in bezug auf die Infinitesimalrechnung, für den Empirismus von Locke und Hume in bezug auf ihre Antizipationen der Psychologie, für Kant in bezug auf die Newtonsche Physik und ihre Verallgemeinerungen, für Hegel und den Marxismus in bezug auf die Geschichte und die Soziologie und für Husserl in bezug auf die Logistik von Frege. Als Gegenprobe können wir auf die Systeme ohne Verbindung mit den Wissenschaften hinweisen: sie haben keine eigene Epistemologie entwickelt, sondern – so in der transzendenten Theologie Plotins, in der streng immanenten Theologie Spinozas oder im radikalen Idealismus deutscher Kantianer – ausschließlich auf die Verteidigung und Interpretation von Werten Gewicht gelegt.

Geht man von diesem epistemologischen Aspekt aus, unter dem die Philosophie einer Erkenntnis im strengen Sinne am nächsten kommt, ist es nicht uninteressant zu bemerken, daß die großen Systeme der besonderen Wissenschaft, aus deren Reflexion sie hervorgegangen sind, nicht nur die Bedeutung ihrer Epistemologie verdanken – das versteht sich von selbst –, sondern auch – und das ist lehrreicher – die besondere Form von Epistemologie, die sie angenommen haben. Wir unterscheiden sechs solcher Formen:

1. Zunächst gibt es den platonischen Realismus, der darin besteht, die als unabhängig von einem menschlichen oder transzendentalen Subjekt aufgefaßten Strukturen der Erkenntnis in eine übersinnliche Welt zu projizieren. Das Subjekt ist nach dieser Anschauung in der Erkenntnis also nicht aktiv tätig, sondern darauf beschränkt, durch Anamnesis (Wiedererinnerung) an den ewigen Ideen teilzuhaben, die gleichzeitig die höchsten moralischen, ästhetischen und religiösen Werte darstellen. Dieser transzendente Ideenrealismus war die einzige Epistemologie, die mit dem aktuellen Stand der griechischen Mathematik vereinbar war. Zwar war diese seit Pythagoras rational und operationell, maß aufgrund bekannter psychologischer Gesetze jedoch nicht der Funktionsweise, sondern ausschließlich dem Resultat dieser Operationen Bedeutung zu; die Bewußtwerdung geht vom sichtbaren oder oberflächlichen Resultat der Aktionen aus und bezieht sich erst später auf deren inneren Mechanismus, den sie niemals ganz erfaßt. Diese Situation hat zu einem systematischen und im wesentlichen statischen Realismus geführt, der Pythagoras glauben ließ, die Zahlen seien als räumliche Atome in den Dingen, eine Anschauung, die weitreichende und dauerhafte Konsequenzen gehabt hat: Euklids Widerstand, die Bewegung zu berücksichti-

gen; Bedenken, mit dem Unendlichen zu arbeiten; Schwierigkeiten bei der Analyse des Kontinuums; Verbannung der sogenannten mechanischen Kurven, die wie die Figuren, zu denen man nur mit Hilfe von Lineal und Zirkel gelangt, als nicht zum Realen gehörende Kunstprodukte des Menschen aufgefaßt wurden; Bedenken hinsichtlich der Algebra, die als einfaches Rechenverfahren und nicht als eine Wissenschaft wie die Geometrie galt; und schließlich die Unfähigkeit, eine dynamische mathematische Physik zu begründen, weil es an einer operationellen Behandlung der Bewegung und der Zeit (Zenon) sowie am Begriff einer gerichteten Zeit selbst fehlte. Ein solcher systematischer und statischer Realismus konnte nicht an die sinnliche Welt gebunden bleiben und hat sich seit der durch die Entdeckung der irrationalen Zahlen im Pythagoreismus ausgelösten Krise von ihr abgelöst: wenn es mathematische Größen gibt, die sich nicht auf eine einfache Beziehung zwischen zwei ganzen Zahlen reduzieren lassen, dann bedeutet das, daß die Zahl nicht »in« den Dingen und auch nicht in uns ist. Die Genialität Platos bestand nun darin, die Epistemologie zu formulieren, welche dieser Situation entsprach. Wir sehen also, daß man die Arbeit der Vorsokratiker ebenso als wissenschaftlich oder vorwissenschaftlich wie als philosophisch bezeichnen kann und die erste große Philosophie der abendländischen Kultur sich der Reflexion auf eine bereits vorhandene Wissenschaft verdankt.

2. Aristoteles war kein Mathematiker; er hat die Logik begründet und die Biologie entwickelt. In diesen beiden Bereichen hat er Formen gefunden, die an die platonischen Formen oder Ideen erinnern, nach seiner Auffassung aber in der menschlichen Sprache bzw. in der Struktur des Organismus verkörpert sind. Hätte er die Aktivitäten des erkennenden oder operierenden Subjekts und nicht nur die des individuellen Subjekts* in seinen Wahrnehmungen oder Sinnesorganen er-

* Wir stellen »erkennend« und »individuell« natürlich nicht im Sinne des Gegensatzes von »transzendental« und »psychologisch« gegenüber: beide beziehen sich auf die Psychologie wie auf die Epistemologie. Das erkennende

kannt und hätte er eine Vorstellung von der Evolution der Arten gehabt, wie sie der »neue Aristoteles« Leibniz gehabt hat, so hätte er zweifellos eine Theorie des allmählichen Aufbaus der logischen Formen aus den organischen Formen entwickelt. Doch er ist demselben systematischen und statischen Realismus verhaftet geblieben wie Plato und das griechische Denken insgesamt, obwohl er die Formen wieder in die physikalische oder räumlich-zeitliche Realität zurückgeholt und damit eine zweite Form von Epistemologie begründet hat, die wir als immanenten Realismus bezeichnen können. Dem griechischen Denken ist die Vorstellung eines aktiven Erkenntnissubjekts fremd geblieben; Aristoteles schreibt dem Subjekt nur zwei Kräfte zu: eine Erkenntnis der Formen und eine von den Wahrnehmungen ausgehende Abstraktion, die den Formen einen Inhalt gibt. Die von Dupréel rehabilitierten Sophisten haben zwar eine bestimmte Form von Subjektivität ins Spiel gebracht, aber in einem Zusammenhang, der in erster Linie auf Kritik abzielte und nicht das Erkenntnissubjekt betraf. Wenn Protagoras sagt, der Mensch sei das Maß aller Dinge, geht er nicht über das individuelle Subjekt hinaus oder, mit anderen Worten, es schwebt ihm ein von der Idee der Konstruktion noch weit entfernter epistemologischer Relativismus vor. Die Idee der Evolution ist dem griechischen Denken noch fremder als die Begriffe der mathematischen und physikalischen Transformationen; Heraklits universelles Werden entspricht nicht der Vorstellung einer gerichteten Zeit, weil es, wie er selbst und seine Schüler sagen, durch ewige Wiederholung gekennzeichnet ist. Aristoteles' Theorie der Formen bewegt sich also nicht in Richtung auf einen dialektischen Konstruktivismus, sondern läuft auf eine statische Hierarchie hinaus, in der die oberen Stufen die unteren erklären und deren Finalität zusammen mit der Vorstellung eines Übergangs von der Potenz zum Akt jede

Subjekt bezieht sich auf die für die Logik konstitutive allgemeine Koordination von Aktionen (vereinigen, ordnen usw.), das individuelle Subjekt auf für das einzelne Individuum spezifische Aktionen oder Handlungen.

Epistemologie ausschließt, die von der Aktivität des Subjekts ausgeht. Gleichwohl hat diese große Lehre sich von den Problemen der beiden Wissenschaften inspirieren lassen, denen heute die größte Bedeutung zukommt: Logik und Biologie.

3. Das charakteristische Merkmal der Philosophie von Descartes ist die Entdeckung des Erkenntnissubjekts, die ohne drei bedeutsame Neuerungen im mathematischen und physikalischen Wissen, die dazu nötigten, die aristotelische Epistemologie zu revidieren und die Bedingungen der Erkenntnis neu zu durchdenken, unerklärbar wäre. Erstens hat die Entwicklung der Algebra die Möglichkeit einer auf den Operationen des Subjekts und deren freien Kombinationen – und nicht mehr allein auf als äußerlich aufgefaßten Figuren oder auf als unabhängig von den Operationen, die sie erzeugt haben, aufgefaßten Zahlen – begründeten Wissenschaft aufgezeigt. Zweitens hat Descartes' eigene Entdeckung in der analytischen Geometrie ihm die Möglichkeit einer genauen Entsprechung zwischen der Algebra – dem Bereich der Operationen des Denkens – und der Geometrie – dem Bereich der Ausdehnung – vor Augen geführt: daher das große cartesische Thema von den Beziehungen zwischen Denken und Ausdehnung, die gleichzeitig unauflöslich miteinander verbunden und doch völlig verschiedenartig sind. Drittens sind Galileis Entdeckung der Fallgesetze, seine Methode, die von nun an als gerichtet geltende Zeit als unabhängige Variable aufzufassen, und die Möglichkeit, die Mathematik auf physikalische Transformationen anzuwenden (durch die deduktive Koordination von Veränderung und einer Invariante wurden diese Transformationen rational), Neuerungen von beträchtlicher Tragweite gewesen, welche die cartesische Auffassung der Kausalität als logisch-mathematische Ursache der Transformationen, die Verwerfung der Finalität sowie die (zu weit gehende) Verwerfung der Idee der Kraft, die Aristoteles als eine substantielle und nicht als eine akzidentelle Eigenschaft der Körper begriffen hatte, erklären (Theorie der zwei bewegenden Kräfte, die in

der inneren Kraft das noch beinahe animistisch verstandene Äquivalent eines durch Antriebsqualitäten ausgezeichneten animalischen Instinkts sieht).

Doch obgleich Descartes unter dem Einfluß dieser drei bedeutsamen Ereignisse das Erkenntnissubjekt und dessen Fähigkeit entdeckt, vermittels logisch-mathematischer Instrumente die physikalische Realität rational zu assimilieren, bleibt er doch – wie noch Leibniz – bei einer Anschauung stehen, die zwischen dem Nichtvorhandensein des Subjekts bei Plato und Aristoteles und dem strukturierenden Subjekt des Kantischen Apriorismus angesiedelt ist. Diese dritte Form von Epistemologie können wir als Lehre von einer »prästabilierten Harmonie« bezeichnen, wenn dieser Begriff auch von Leibniz stammt und bei ihm erklären soll, wie die in sich eingeschlossene Monade dennoch Ideen haben kann, die der äußeren Realität entsprechen. Für Descartes sind die für die Vernunft konstitutiven Ideen angeboren; wenn man die Entsprechung zwischen den angeborenen Ideen und der Realität nicht als eine *apriorische* Strukturierung versteht, kann man (in einer Anschauung, die den Menschen als festgelegtes Wesen und nicht evolutionistisch betrachtet) natürlich nur auf eine prästabilierte Harmonie rekurrieren. Indes, die große Bedeutung der Position Descartes' liegt darin, daß sie nicht alles auf angeborene Ideen reduziert, sondern neben diesen und den erworbenen Ideen, die von den Sinnen herrühren *(ideés adventices)* auch die Existenz von Menschen gemachter Ideen (*ideés factices*) anerkennt, von Ideen, die aus den operationellen Tätigkeiten des Geistes hervorgehen: eben das gilt für die Begriffe der Algebra, an deren Bedeutung und Rolle für die Entdeckung des Erkenntnissubjekts wir erinnert haben. In dieser Position zeigt sich also die historische Bewußtwerdung der »Operationen« (sie steht dadurch in Gegensatz zum griechischen Denken); gleichzeitig ist sie ein beredtes Beispiel für die Tatsache, daß eine introspektive Bewußtwerdung die objektive und genetische psychologische Forschung nicht ersetzen kann: die Analyse der Entwicklung der logisch-mathematischen Operationen beim Kinde zeigt nämlich einerseits, daß selbst die Begriffe, die auf die Wahrnehmung zurückzugehen scheinen, eine sehr viel stärkere operationelle Strukturierung erfahren haben, als es den Anschein hat, und andererseits, daß die großen, von Descartes als angeboren aufgefaßten Kategorien ein von dieser operationellen Strukturierung gereinigtes Produkt darstellen.

4. Ebenso wie dasjenige von Descartes ist auch das System von Leibniz von den eigenen wissenschaftlichen Entdeckungen seines Autors direkt beeinflußt worden. Aus der Infinitesimalrechnung hat er die Prinzipien der Kontinuität und der ununterscheidbaren Größen abgeleitet, deren Anwendung ihn auf philosophischer Ebene zum Prinzip des zureichenden Grundes geführt hat. Im Übergang von der Algebra endlicher Größen zur Algebra unendlicher Größen, dem von ihm entwickelten neuen Zweig der Mathematik, hat er besser als jeder andere die operationelle Dynamik der Intelligenz erfaßt, und er hat Locke entgegenhalten können, sein Empirismus sei unfähig, den *intellectus ipse* zu erklären. Obgleich er von der unbegrenzten Ausdehnung der physikalischen Berechnungen, die durch die von ihm gefundene Infinitesimalrechnung möglich wurden, überzeugt war, hat er sich nicht in Richtung auf einen Idealismus bewegt, dem er hätte erliegen können, wenn er auf die neuen Kräfte zentriert geblieben wäre, die er in den Aktivitäten des erkennenden Subjekts entdeckt hatte. Statt dessen hat er, da er diese Aktivitäten als in sich geschlossen auffaßte – was ebenso dem Geist des mathematischen Strukturalismus wie den Beweisführungen der Logistik entspricht, für die er die ersten Beispiele geliefert und deren Zukunft er zum Teil vorweggenommen hat (s. die schönen Studien von B. Russell und von Couturat über seine Logik) –, aber gleichzeitig eine Übereinstimmung zwischen der logisch-mathematischen Erkenntnis und der physikalischen Realität annahm, in der Hypothese von den Monaden, deren Funktionskreis als geschlossen und doch allen Ereignissen im Universum entsprechend vorgestellt

wird, einen Kompromiß gefunden: daher jene prästabilierte Harmonie oder jener »vollkommene Parallelismus«, der von experimenteller Erkenntnis und von Beziehungen zwischen Seele und Leib ebenso zeugt wie von Spuren der Intuition, die man noch in den abstraktesten Ideen findet.

5. Während die Konstruktion neuer logisch-mathematischer Strukturen Descartes und Leibniz zur Entdeckung des erkennenden Subjekts führte, bildete sich in Großbritannien mit den psychologischen Überlegungen des Empirismus – zunächst des Lockeschen, dann des Humeschen – eine vierte Form von Epistemologie heraus. Die Position des Nativismus und der Hypothese einer prästabilierten Harmonie ist in der Tat unhaltbar: entweder ist das Subjekt nur der Reflex (Plato) oder der Sitz (Aristoteles) unabhängig von ihm existierender Strukturen, und es gibt – wie in den Epistemologien (1) und (2) – kein erkennendes Subjekt, oder aber es gibt ein erkennendes Subjekt, das eine aktive Rolle im Prozeß der Erkenntnis spielt, indem es jede Erfahrung *a priori* strukturiert oder allmählich konstruiert, wobei es die für das *Apriori* charakteristische innere Notwendigkeit bewahrt, allerdings nicht mehr in statischer, sondern in dynamischer Form. An angeborenen Ideen festzuhalten bedeutet, diese – ob nun *apriorische* oder dialektische – Konstruktion zugunsten einer Präformation oder Prädetermination einzuschränken, die auf halbem Wege zwischen dem ursprünglichen Realismus und den späteren Errungenschaften stehenbleibt.

Aus diesem Grunde hat der Empirismus die Hypothese vom Angeborensein der Ideen in Frage gestellt. Er hat sich dabei historisch neuer Argumente bedient, und die spätere Entwicklung hat gezeigt, daß sie den Anfang einer neuen unabhängigen Wissenschaft gebildet haben, nämlich die auf methodische Beobachtung und das Experiment gegründete Psychologie. Locke will von den Tatsachen ausgehen und die Fragen nicht mehr durch metaphysische Deduktion lösen, und Hume gibt seiner Abhandlung *Treaties on Human Nature* den Untertitel

An Attempt to Introduce the Experimental Method of Reasoning into Moral Subjects. Während Descartes und Leibniz das Angeborensein der wichtigsten Ideen aus deduktiven Gründen anerkannten – sie sahen in erster Linie die Allgemeinheit und Notwendigkeit der Ideen –, haben sich die Empiristen das große Verdienst erworben, nach Bestätigungen durch die Tatsachen zu suchen, indem sie das Problem in einer Weise stellten, die zwar bei Aristoteles vorgebildet, in ihrer Allgemeinheit und ihrem Verzicht auf jegliche Voraussetzung aber doch neu war: wie bilden sich die Ideen eigentlich, das heißt, wie entwikkeln sie sich zu der Form, in der sie der Beobachtung und im Experiment erscheinen? Sie haben natürlich nur eine allmähliche und zum Teil veränderliche Entwicklung beobachtet, die keine Anzeichen für jene vom Nativismus behauptete Präformation bot. Da sie sich einer empirischen Methode bedienten, haben sie ferner in den für die Genese der Ideen konstitutiven Faktoren nur die Rolle der Erfahrung sowie einen organisierenden Faktor wahrgenommen, den Locke global als »Kräfte unserer Seele« (die durch Reflexion erkannt werden) bezeichnet und den Hume auf die Assoziation der Ideen reduziert hat.

Wohl hat der Empirismus einem riesigen Strom grundlegender und höchst fruchtbarer Forschungen den Weg gebahnt; doch er selbst ist ein bißchen schnell vorgegangen und hat sich dabei mit einem *minimalen* Aufwand begnügt. Die Art von Beobachtung und Experiment, die ihm vorschwebte, ist erst im Laufe des 19. Jahrhunderts methodisch in Angriff genommen worden und im Hinblick auf die meisten großen Fragen noch heute im Stadium der ersten Annäherung. Die Empiristen selbst sind noch, wenn man das so sagen darf, *more philosophico* verfahren, das heißt, sie haben viel nachgedacht und Tatsachen als Beispiele und Rechtfertigungen für ihre Reflexionen eingeführt, so daß die Tatsachen die Hypothesen natürlich immer bestätigten. Wenn man sich ein Urteil über den Wert experimenteller Methoden für das Erkennen der Mechanismen der kognitiven Funktionen bilden will, darf man sich daher nicht, wie viele Autoren es unüberlegt, manchmal jedoch auch durchaus überlegt, tun, auf die empiristische Philosophie beziehen, denn in der empiristischen Bewegung sind zwei sehr verschiedene Aspekte zu unterscheiden: einerseits der Wille, sich methodisch den durch Beobachtung und Experiment gewonnenen Tatsachen zu unterwerfen, der indes ein oder zwei Jahrhunderte vor der Etablierung einer kollektiv organisierten experimentell arbeitenden Disziplin nicht mehr als ein frommer Wunsch war; andererseits eine systematische Interpretation der Bedeutung und Reichweite der Erfahrung, die ihrerseits zwei sehr verschiedene Aspekte hat, nämlich den der Erfahrung, die der Beobachter (oder Psychologe) macht, und den der Erfahrung, die das seine Erkenntnisse konstruierende Subjekt macht. Der klassische Empirismus zeichnet sich dadurch aus, daß er ein oder zwei Jahrhunderte vor den ersten Ansätzen einer echten Experimentalwissenschaft von der Wahrnehmung und der Intelligenz eine philosophische Interpretation der Erfahrung in diesem doppelten Sinne sowie ihrer Rolle bei der Bildung der Erkenntnisse geliefert hat. Wenn viele Psychologen der Gegenwart weiterhin an der empiristischen Philosophie festhalten, so sind die Gründe dafür in erster Linie in der ideologischen Tradition der angelsächsischen Länder zu suchen; das gleiche gilt für die Psychologen in der UdSSR, die alle Dialektiker sind, usw. Indes, es gibt zahlreiche Beispiele, die zeigen, daß man ein streng experimentell arbeitender Psychologe sein, die Bildung der Erkenntnisse aber doch antiempiristisch oder unabhängig von der empiristischen Philosophie interpretieren kann, denn die Erfahrung kann den Beobachter lehren (sie hat es mich immer wieder gelehrt), daß die vom Subjekt konstruierten Erkenntnisse nicht allein aus der Erfahrung stammen und die Erfahrung immer bereits in einem Maße strukturiert ist, das die empiristische Philosophie nicht gesehen und dessen Bedeutung sie nicht begriffen hat.

Mit einem Wort, während Descartes und Leibniz ihre Epistemologie mehr oder weniger deduktiv entwickelten und dabei auf bereits vorhandene Wissenschaften rekurrierten, hat der Empirismus die seinige ebenfalls noch mehr oder weniger deduktiv entworfen, sich dabei aber auf eine Wissenschaft bezogen, die es noch gar nicht gab und deren Bedeutung er nur ahnen konnte. Das hat gewisse Lücken in seiner Theorie zur Folge gehabt, die kurz in Erinnerung zu bringen, mir im Hinblick auf das Ziel, welches dieses Buch verfolgt, wie auch im Hinblick darauf, daß viele seiner Leser dazu neigen werden, seinen Autor den Empiristen oder den Positivisten zuzuordnen, nicht unwichtig erscheint.

Erstens ist die Argumentation von Locke und Hume nicht in jeder Hinsicht triftig, denn es kann sein, daß ererbte Strukturen sich nicht schon bei der Geburt, sondern erst in einem allmählichen Reifungsprozeß manifestieren (man erkennt sie dann daran, daß sie zu einem bestimmten Zeitpunkt in Erscheinung treten), und daß derartige Strukturen bei der Bildung der Begriffe und Operationen eine Rolle spielen können – nicht in dem Sinne, daß sie diese bereits in sich enthalten, sondern dadurch, daß sie bis dahin verschlossene Möglichkeiten eröffnen (Möglichkeiten, die sich dann durch Erfahrung aktualisieren können, usw.).

Zweitens hat der klassische Empirismus die Bedeutung der Logik unterschätzt. Der »logische Empirismus« der Gegenwart hat sie zwar erkannt, aber auf die einer Sprache reduziert, während die Logik in Wirklichkeit der formalisierte Ausdruck der allgemeinen Koordinationen der Aktionen des Subjekts ist, also auf die Rolle des erkennenden Subjekts zurückweist, durch welche die Bedeutung der Erfahrung im gewöhnlichen Sinne des Begriffs (empirische bzw. physikalische oder introspektive Erfahrung) eingeschränkt wird.

Drittens zeigt eine genauere Analyse der »Lektüre der Erfahrung« und der Mechanismen des Lernens aufgrund von Erfahrung*, daß diese »Lektüre« immer an einen logisch-

* Siehe die Bände v bis x der *Etudes d'épistémologie génétique* (Presses Universitaires de France).

mathematischen Rahmen gebunden ist, der nicht nur die Formulierung der Erfahrung ermöglicht, sondern auch wesentlich zu ihrer Strukturierung beiträgt; ferner zeigt diese Analyse, daß jegliches Lernen bereits eine Logik voraussetzt, und sie zeigt vor allem, daß das Erlernen logischer Strukturen seinerseits auf vorgängigen logischen oder prälogischen Strukturen beruht und so fort, in unendlicher Regression. Mit einem Wort, die experimentelle Untersuchung der Erfahrung widerspricht den von der empiristischen Philosophie vorgeschlagenen Interpretationen der Erfahrung. Von dieser Tatsache muß man ausgehen, wenn man zu einem objektiven Urteil über die Verdienste der Empiristen, die darin bestehen, daß sie ihre Philosophie an der Erfahrung zu orientieren versuchten, wie über die Unzulänglichkeiten dieser Philosophie gelangen will.

Viertens und endlich haben sich die Empiristen, als sie darangingen, die Bildung der Begriffe zu untersuchen – und damit die genetische Forschung ins Leben riefen –, mit recht schematischen Genesen zufriedengegeben, die sie in der bzw. durch die Reflexion rekonstruierten. Sie haben nicht gesehen, daß für die genetische Forschung nur solche Methoden brauchbar sind, die sich systematisch der historisch-kritischen Analyse – der Soziogenese oder der Psychogenese – bedienen und zu vergleichenden Studien über historische Epochen, unterschiedliche soziale Umwelten und die Stufen in der geistigen Entwicklung vom Kleinkind bis zum Erwachsenen weiterführen.

6. Wenn es dem Empirismus von Hume mit seiner assoziationistischen Interpretation der Kausalität auch gelang, Kant vom Leibnizschen oder Wolffschen Rationalismus abzubringen, konnte er ihn doch nicht ganz befriedigen, und zwar deshalb nicht, weil er das erkennende Subjekt zugunsten einer Erkenntnis auflöste, die nichts anderes sein sollte als ein Abbild der Realität. Das bedeutsame wissenschaftliche Ereignis, um dessen philosophische Interpretation es Kant ging, war nämlich etwas völlig anderes als ein bloßes Abbilden der Realität: der großartige Erfolg der Newtonschen Lehre von der Gravita-

tion und ihre Übertragung auf andere Bereiche stellten den überzeugenden Beweis für eine bis ins einzelne gehende Entsprechung zwischen logisch-mathematischer Deduktion und Erfahrung dar. Damit war gleichzeitig bewiesen, daß es – einerseits – ein erkennendes Subjekt gibt, dessen Konstruktionen sogar das Material für den Verstand, den Gegenstand der Erfahrung, konstituieren, und daß – andererseits – die Erfahrung als solche immer bereits strukturiert und darüber hinaus unbegrenzt strukturierbar ist und nicht in jener bloß additiven Sammlung von Daten besteht, mit der sich der Empirismus begnügte. Es galt also, einen Begriff des Erkenntnissubjekts zu entwickeln, der die doppelte Funktion erfüllte, dessen Fähigkeit zu unbegrenzter Konstruktion sowie zur Strukturierung der wie auch immer beschaffenen Erfahrung zu erklären.

Kant hat somit eine fünfte Form von Epistemologie begründet, die von der Konstruktion *a priori* ausgeht. Warum *a priori?* Man muß sich zunächst vergegenwärtigen, daß vor Kant die folgende Alternative bestand; einerseits ein noch sehr statischer Präformismus, mit dem die Hypothese vom Angeborensein der Ideen verbunden war, und andererseits ein zögernd beginnender und noch unvollständiger Konstruktivismus, der die Hypothese aufgestellt hatte, die Ideen würden aufgrund von Erfahrung erworben. Kant stellte eine natürliche Synthese dieser beiden Positionen her, wenn er in Gestalt der Hypothese von den synthetischen Urteilen am Begriff der Konstruktion und in Gestalt der Hypothese von ihrer Vorgängigkeit vor der Erfahrung an der Vorstellung vom Angeborensein der Ideen festhielt. So kam er zu der großen Idee der synthetischen Urteile *a priori* und der aus dieser abgeleiteten Idee, daß auch im Falle synthetischer Urteile *a posteriori* die Funktion der Intelligenz nicht darauf beschränkt ist, wie eine *tabula rasa* Eindrücke zu empfangen, sondern daß sie das Reale vermittels der *apriorischen* Formen der Anschauung und des Verstandes strukturiert. Ferner muß man sich vergegenwärtigen, daß die Schöpfer neuer Begriffe diesen oft eine zu reiche Bedeutung verleihen, die von Späteren dann in ihre einzelnen Elemente aufgelöst werden kann: so hat man z. B. die algebraischen Operationen als notwendigerweise kommutativ aufgefaßt, bevor man in der Lage war, Algebren ohne diese Eigenschaft zu konstruieren, usw. Um der Einheit von mathematischer Deduktion und Erfahrung gerecht zu werden – auf der Linie der für die dritte Form von Epistemologie charakteristischen prästabilierten Harmonie, aber ohne deren etwas anstößigen Charakter von statischer Kontingenz – hat Kant also einen zu reichen Begriff entwickelt, der nicht nur, was erforderlich war, die Merkmale der Allgemeinheit und Notwendigkeit enthielt (das zweite hat der Empirismus nicht gesehen oder als gegenstandslos betrachtet), sondern darüber hinaus auch das der Vorgängigkeit vor der Erfahrung: logische Vorgängigkeit als notwendige Bedingung, auch teilweise zeitliche Vorgängigkeit (das *Apriori* kann sich nur im Vollzug der Erfahrung manifestieren, nicht vorher und auf keinen Fall nachher) und vor allem Vorgängigkeit im Hinblick auf das Niveau, das heißt, Vorgängigkeit im Hinblick darauf, daß das Subjekt, das sich der Erfahrung aussetzt, bereits über eine zugrunde liegende Struktur verfügt, die seine Aktivitäten bestimmt. Nun kann man sich dem Geist der Kantischen Philosophie sehr nahe fühlen (und wie mancher Anhänger der dialektischen Methode glaube ich das zu sein) und doch der Ansicht sein, das *Apriori* lasse sich von den Begriffen der zeitlichen Vorgängigkeit und der Vorgängigkeit im Hinblick auf das Niveau ablösen: die für die Synthese spezifische Notwendigkeit wird dann zu einem *terminus ad quem* und hört auf, jener *terminus a quo* zu sein, der noch zu sehr der prästabilierten Harmonie verhaftet ist. Genauer: so reich die für das Erkenntnissubjekt charakteristische Konstruktion in der Perspektive Kants auch erscheinen mag – sie ist noch zu arm, weil sie von Anfang an als etwas Fertiges gegeben ist. Ein dialektischer Konstruktivismus, dessen lebendige Realität die Geschichte der Wissenschaften wie auch die in den Studien über die geistige Entwicklung gesammelten experimentellen Tatsachen zu beweisen scheinen, erlaubt demgegenüber, dem Erkenntnissubjekt eine sehr viel fruchtbarere Konstruktivität zuzuschreiben, obgleich auch sie durch die Merkmale gekennzeichnet ist, die bei Kant den Begriff des *a priori* auszeichnen, nämlich rationale Notwendigkeit und Strukturierung der Erfahrung.

7. Die großen Systeme, deren Zusammenhang mit den Wissenschaften wir uns gerade vergegenwärtigt haben, sind von ihren Autoren in der Reflexion auf eine bereits begründete (vor ihnen oder durch sie) oder auf eine vor ihrer Begründung von ihnen erahnte Wissenschaft (im Falle Aristoteles', der außerdem die Logik begründet hat, die Biologie und im Falle des klassischen Empirismus die Psychologie) entworfen worden. Zu dieser letzteren Gruppe gehört auch die unter dem Einfluß des historischen und soziologischen Geistes entstandene Dialektik von Hegel (die sechste Form von Epistemologie), deren Neuheit im Verhältnis zu dem in erster Linie konzeptuellen Gebrauch, den Kant von der Dialektik machte, deutlich wird. Man kann Hegel natürlich nicht zum Begründer der Soziologie erklären – das ist er so wenig, wie die Empiristen Begründer der Psychologie sind –, doch offensichtlich hat das Interesse an soziologischer Erkenntnis bei ihm dieselbe Rolle gespielt wie das Interesse an psychologischer Erkenntnis bei den Empiristen; wenn seine Dialektik auch dem nachkantischen Idealismus verhaftet blieb, sein Grundbegriff eines konkreten Allgemeinen hat bei der Entwicklung der Dialektik von Marx die bekannte Rolle gespielt. Das System Hegels stellt keine Ausnahme von der Regel dar, der zufolge die großen Lehren in der Geschichte der Philosophie alle durch die Reflexion auf die Möglichkeit einer bereits vorhandenen oder erst antizipierten Wissenschaft entstanden sind; gleichwohl ist das Bedürfnis nach Spekulation, das durch die Kantische Kritik der reinen theoretischen Vernunft eher verstärkt als gebremst worden war und in der idealistischen Interpretation des transzendentalen Subjekts neue Nahrung fand, Hegel nicht fremd geblieben. Obwohl er

im Bereich des Geistes dem konkreten Allgemeinen den Weg gebahnt hat, liefert er im Bereich der Natur eines der schönsten Beispiele für spekulative Reflexion parawissenschaftlichen Charakters, das heißt, für eine Reflexion, die, indem sie das Ideal einer Erkenntnis im eigentlichen Sinne verfolgt, die Wissenschaft auf einem ihrer Gebiete zu verdoppeln versucht: seine *Naturphilosophie* ist ein Beispiel, das zu denken gibt, denn es ist eines, wie die Empiristen in bezug auf die Psychologie, in bezug auf eine noch nicht entwickelte Wissenschaft an reflektierend gewonnenen Einsichten festzuhalten, und es ist etwas ganz anderes, eine bereits vorhandene Wissenschaft zu verdoppeln, wodurch sich das Problem der Dualität der in bezug auf ein und dasselbe Objekt möglichen Erkenntnisse sowie das der Legitimität von Aussagen stellt, die von manchen als Erkenntnisse angesehen, von anderen jedoch nicht als solche anerkannt werden. Im Falle der philosophischen Psychologie der Gegenwart kehrt dieses Problem wieder – nicht in derjenigen, die die wissenschaftliche Psychologie vorbereitet hat, sondern in derjenigen, die den Anspruch erhebt, die wissenschaftliche Psychologie zu verdoppeln oder gar zu ersetzen.

8. Bergson und Husserl behandeln wir nicht hier, sondern in den Kapiteln IV und III; die Epistemologie des ersten ist ohne Folgen geblieben und die des zweiten hat sich mit einem System verbunden, welches das Problem der doppelten Erkenntnis (räumlich-zeitliche oder »weltliche« und »eidetische«), das wir in Kapitel III genauer untersuchen wollen, ganz direkt stellt. Im Augenblick wollen wir nur feststellen, daß diese Epistemologie – die deshalb hochinteressant ist, weil sie auf einen Standpunkt zurückkehrt, der zwischen unseren Formen (1) und (2) angesiedelt ist, dem sie allerdings ein transzendentales Subjekt hinzugefügt hat – wie alle anderen aus den Fortschritten einer Einzelwissenschaft hervorgegangen ist. In seiner *Philosophie der Arithmetik* hatte Husserl mit einem Rekurs auf die Psychologie begonnen, nämlich mit einem Appell an eine Reihe grundlegender Operationen des Geistes (darunter

diejenige der Kolligation). Doch infolge der Kritik der Logistiker und unter dem Einfluß von Frege hat er das Werk dieses Logikers in sich aufgesogen und die Notwendigkeit einer Befreiung vom Räumlich-Zeitlichen erkannt: daher die berühmte phänomenologische »Reduktion«, das »Ausklammern« und der ganze Antipsychologismus, der unter den Logistikern üblich geworden war.

D) Diese etwas schematischen Bemerkungen (deren etwas lokkeren Charakter ich zu entschuldigen bitte, doch für unsere gegenwärtigen Zwecke genügen sie vielleicht) weisen auf zwei große Dominanten in der Geschichte der Philosophie hin, deren eine relativ konstant und deren zweite relativ variabel ist. Die konstante Dominante ist die Gesamtheit all jener Probleme, die sich um die Bedeutung des menschlichen Lebens in bezug auf die Totalität des Realen drehen, und die wir als »Probleme der Koordinierung von Werten« bezeichnen wollen. Wenn man im Hinblick auf sie von relativer Konstanz sprechen kann, so nicht deshalb, weil etwa alle Metaphysiken sich dieselben Lösungen für diese Probleme zu eigen gemacht hätten; gerade über diese Lösungen läßt sich ja aufgrund der Unreduzierbarkeit der Wertvorstellungen, durch welche die verschiedenen Richtungen, wie z. B. der Spiritualismus und der Materialismus, sich unterscheiden, keine Übereinstimmung der Geister erreichen. Jedoch kann man insofern von relativer Konstanz sprechen, als es nur verhältnismäßig wenige metaphysische Grundpositionen gibt und diese im Laufe der Geschichte dieselben geblieben sind; trotz der Versöhnungsbemühungen von Leibniz oder der Eklektizismen unterschiedlichsten intellektuellen Niveaus deutet nichts darauf hin, daß sie einander näherkommen könnten.

Die variable Dominante, von der in den vorausgegangenen Bemerkungen (C) allein die Rede war, ist das Problem des Wissens, denn selbst um dem menschlichen Leben und den theologischen Fragen ihren Ort in der Totalität des Realen zuzuweisen, bedarf es einer kognitiven Einstellung und nicht nur einer praxeologischen: daher eine ursprüngliche Tendenz zur Synthese des Wissens, die sich schon früh auf die entscheidende Frage zentriert hat, nämlich auf die Frage nach der Natur und Tragweite der Erkenntnis. Im Hinblick auf diese epistemologische Dominante kann man in dem Sinne von Variationen sprechen, daß hier unzählige Fortschritte stattgefunden haben, wenn diese auch durch die verschiedenartigsten Umwege und Wiederholungen gekennzeichnet sind. All diese Fortschritte, deren allgemeiner Zug als ein Übergang vom Realismus zum Konstruktivismus erscheint, hängen jedoch mit der Geschichte der Wissenschaften zusammen, gleichgültig, ob sie sich der Reflexion auf eine bereits entwickelte und als solche anerkannte Wissenschaft verdanken, oder der Entdeckung von Lücken und der Antizipation noch zu entwickelnder Wissenschaften (wie, im Gegensatz zur Logik, die er begründet hat, die Biologie für Aristoteles, die Psychologie für den Empirismus und die Soziologie für die Dialektik). Für die großen Geister in der Geschichte der Philosophie gab es also keinen Gegensatz zwischen Wissenschaften und Philosophie, weil sie selbst nicht nur als Philosophen, sondern auch als Wissenschaftler schöpferisch gearbeitet haben (wie mannigfach bei ein und demselben Autor die Übergänge zwischen seiner Tätigkeit als Philosoph und als Wissenschaftler sein können, haben wir unter B gesehen: daher die unter C 5 und C 7 charakterisierten Positionen), oder weil sie eine vorhandene Wissenschaft als solche anerkannt haben.

Es ist also eine relativ junge Erscheinung, deren historische Ursachen wir zu untersuchen haben, daß Systeme entstehen, die auf eine ihrer Natur nach von der wissenschaftlichen Erkenntnis unterschiedene philosophische Erkenntnis *sui generis* abzielen. Das großartige Werk Spinozas, das ganz auf die Koordinierung von Werten zentriert ist, erhebt keineswegs einen solchen Anspruch, und seine *Ethik* verfährt *more geometrico*, ohne daß sie von einem Gegensatz zwischen Geisteswissenschaften und Naturwissenschaften hätte ausgehen müssen. In neuerer Zeit hat Höffding, dessen wissenschaftliches Werk durch einen reinen Immanentismus gekennzeichnet ist und nichts mit dem Problem der Religion zu tun hat, gleichwohl eine tiefgründige Philosophie der Religion entworfen, ohne daß er auf der kognitiven Ebene seine wissenschaftlichen Arbeitsweisen durch die Entwicklung eines spezifischen Modus philosophischer Erkenntnis hätte verdoppeln müssen. Abgesehen von einigen Ausnahmen wie Höffding, Cassirer, Brunschvicg usw. gibt es seit dem 19. Jahrhundert kaum eine Philosophie des Geistes, die – anstatt, was selbstverständlich ist, sich mit der Entwicklung spezieller Methoden zu begnügen – nicht versucht hätte, ihre Prinzipien auf einen Erkenntnismodus zu gründen, der für die Philosophie spezifisch und der wissenschaftlichen Erkenntnis fremd sein soll.

Diesem Vorgang entspricht es (und die beiden Erscheinungen hängen offensichtlich miteinander zusammen, allerdings durch komplexe Wechselbeziehungen ohne einsinnige Kausalität), daß seit einiger Zeit Wissenschaftler ohne jede philosophische Bildung, ohne es zu wissen, ihrerseits Metaphysik betreiben; statt über die epistemologischen Bedingungen ihrer Disziplin (oder des Systems der Wissenschaften im allgemeinen) nachzudenken, glauben sie, aus ihr unmittelbar einen dogmatischen Materialismus oder andere Philosophien ableiten zu können.

Diese verschiedenen Symptome einer tragischen Spaltung der Erkenntnisse und in vielen Hinsichten auch des menschlichen Geistes selbst zeugen von der seit dem 19. Jahrhundert wachsenden Bedeutung ein und desselben Gesamtphänomens: bei der immer schnelleren Differenzierung der Wissenszweige kann ein Autor sich nicht nur nicht mehr auf allen Gebieten auf dem aktuellen Erkenntnisstand halten, es gelingt ihm auch nicht mehr (und dessen ist man sich sehr viel weniger bewußt), sich eine zureichende Vorstellung von den für diese verschiedenen Zweige spezifischen Epistemologien zu verschaffen. Die »Theorie des Erkennens« behält jedoch nur dann einen allgemeinen Wert und den Anspruch, ernstgenommen zu werden, wenn sie allen besonderen Formen von Epistemologie, die infolge der Differenzierung des Wissens entstanden sind, Rechnung trägt. Die doppelte Erscheinung parawissenschaftlicher Metaphysiken und wissenschaftlicher Metaphysiken hat also (ohne mit dieser Bemerkung die besonderen Faktoren, die in Kapitel III diskutiert werden, präjudizieren zu wollen) in der zunehmenden Schwierigkeit der epistemologischen Materie ihren allgemeinen und gemeinsamen Grund. Doch dieser Mangel an epistemologischer Information wird bei anderen immer sehr viel klarer erkannt als im Blick auf das eigene Lager. Jedermann sieht, daß, hätten Haeckel oder Le Dantec über die Epistemologie der Mathematik nachgedacht, ihr Materialismus weniger naiv ausgefallen wäre; daß Husserl, wären ihm die Möglichkeiten der genetischen Psychologie nur genügend bewußt geworden, zur Lösung des Problems, wie die zeitlosen Strukturen zu erkennen seien, nicht auf eine »eidetische« Erkenntnis hätte rekurrieren müssen, wird dagegen viel weniger gesehen. Bei den Philosophen wird die Rückbezogenheit jedes Autors oder jeder Schule auf sich selbst noch dadurch verstärkt, daß sie nicht interdisziplinär zusammenarbeiten, eine Übung, die sich unter Wissenschaftlern zu verbreiten beginnt und das wichtigste Gegenmittel gegen wissenschaftliche und vor allem gegen epistemologische Abkapselung darstellt: es ist beinahe unglaublich, daß das hervorragende kleine Buch von R. Daval und G.-Th. Guilbaud über *Le raisonnement mathématique*, das aus der Zusammenarbeit zwischen einem Philosophen und einem äußerst scharfsinnigen und an den Humanwissenschaften interessierten Mathematiker entstanden ist, nicht Schule gemacht hat – als ob die philosophische Reflexion die Zentrierung auf das Ich erzwänge.

E) Demjenigen, dem wirkliche Erkenntnis wichtiger ist als philosophische oder wissenschaftliche Etiketten und der überlegt, mit welchen Mitteln das aktuelle Chaos gemildert und eine größere Übereinstimmung der Geister erreicht werden könnte, scheinen sich zwei komplementäre Richtungen als solche Mittel aufzuzwingen: eine Rückkehr zu den Quellen, die zu den vor der tragischen Spaltung von Wissenschaft und philosophischer Reflexion im Werden begriffenen Tendenzen zurückführt, sowie eine organisierte oder organische Differenzierung der Probleme, derart, daß ihre spezifische Abgrenzung die Synthese herausfordert – also das genaue Gegenteil globaler oder synkretistischer Gesamtauffassungen, die auf die Totalität hinauswollen, tatsächlich aber auf eine Vermehrung der Schulen hinauslaufen, die nicht mehr dieselbe Sprache sprechen. Eine derartige Abgrenzung der Probleme scheint nun genau den Tendenzen zu entsprechen, die sich bei den großen Philosophen jener Epochen beobachten lassen, in denen die professionelle Philosophie nicht jedermann, sondern nur denjenigen zugänglich war, die sich als Forscher ausgewiesen hatten, die also zunächst gelernt hatten, spezifische Probleme zu lösen.

Die klassischen Probleme der Philosophie lassen sich nach fünf Hauptgesichtspunkten einteilen: 1. Suche nach dem Absoluten oder Metaphysik; 2. nicht kognitive normative Disziplinen wie die Ethik oder die Ästhetik; 3. Logik oder Theorie der formalen Normen der Erkenntnis; 4. Psychologie und Soziologie; 5. Epistemologie oder allgemeine Theorie des Erkennens. Fragen wir nun, unter welchen Bedingungen es möglich sein könnte, in diesen verschiedenen Zweigen nicht zu einem *Konsensus* – der stets Gefahr läuft, nur durch Ansteckung, Autorität usw. bedingt zu sein –, aber zu einem Fortschritt in der Zusammenarbeit von Forschern zu kommen, die zunächst unterschiedliche Auffassungen vertreten. Das ist zwar nur ein der Erkenntnis äußerliches Zeichen, aber die Analyse der Verfahren, derer man sich bedient hat, um diesen Fortschritt in der Übereinstimmung zu erzielen – Argumentationstechniken, wie sie Ch. Perelman so hervorragend analysiert hat, oder gemeinsame Kontroll- oder Verifizierungsverfahren – kann zu mehr intrinsischen Zeichen führen.

1. Zusammen mit der wissenschaftlichen Psychologie und So-

ziologie besitzt die Metaphysik das zweifelhafte Privileg, daß manche daran glauben, während andere nicht daran glauben. Ferner wird auch eine Gesellschaft von Metaphysikern zu einer Übereinstimmung über einige sehr allgemeine Prinzipien gelangen können, z. B. darüber, daß es zwischen den metaphysischen und den sonstigen Problemen eine Grenze gibt, wenn die Übereinstimmung auch bei der Frage der Lokalisierung dieser Grenze und bei der Frage, ob sie fest oder beweglich sei, aufhören wird. Weiter geht die Analogie nicht. Wenn zwei Psychologen im Hinblick auf ein bestimmtes Problem verschiedener Ansicht sind, was natürlich immer wieder vorkommt, können sie, wenn sie nicht durch charakterliche Faktoren daran gehindert werden, nur an einer klaren Nichtübereinstimmung interessiert sein, weil sich dadurch etwas über die Tatsachen oder ihre Interpretation lernen läßt. Wenn zwei Metaphysiker, wie ehrlich und wohlwollend sie auch sein mögen, nicht übereinstimmen, so bezieht sich diese Nichtübereinstimmung, wenn es sich nicht um ein Mißverständnis handelt, auf Fragen der Überzeugung und nicht auf solche der Feststellung von Tatsachen oder der Logik. Die Nichtübereinstimmung kann allenfalls durch geschicktes Argumentieren, das an gemeinsame Werte appelliert, gemildert werden; sie kann aber nicht – durch eine Verifizierung von Tatsachen oder einen formalen Beweis – reduziert werden, denn gäbe es in bezug auf die sogenannten metaphysischen Fragen geeignete Kontrollverfahren, die jeden überzeugen könnten, wäre nicht mehr von Metaphysik die Rede, sondern von Wahrheit. Descartes hielt den Satz »Ich denke, also bin ich« für unangreifbar, und mein Lehrer Reymond sah im *Cogito* die Verifizierung einer metaphysischen Hypothese. Doch was wird hier verifiziert? Sowie man versucht, die metaphysische Bedeutung von »denken« und »existieren« zu präzisieren, werden die Verifizierungen unklar. Etwas ganz anderes ist die Rechtfertigung des Satzes, daß jegliche Erkenntnis von der Existenz eines Subjekts abhängt: hier ist die große Entdeckung des erkennenden Subjekts zu verifizieren – aber das ist Epistemologie und nicht mehr Metaphysik.

Es würde wohl schlecht aufgenommen, wenn ich den Metaphysikern einen Rat geben wollte; nehmen wir aber einmal an, man bäte mich als ehemaligen Präsidenten der »Internationalen Vereinigung für wissenschaftliche Psychologie«* oder als Mitglied des »Internationalen Instituts für Philosophie« (und auf diese Zugehörigkeit bin ich stolz), um Beteiligung an einem Projekt, bei dem Vertreter aller metaphysischer Schulen zusammenarbeiten, die unter dem Gesichtspunkt einer möglichst breiten und vollständigen Repräsentation der verschiedenen Richtungen ausgewählt worden sind. Ich würde dann das folgende Programm vorschlagen:

a) Jeder soll so explizit wie möglich (in Form einer Liste von Hypothesen oder Axiomen) die drei bis zehn Thesen vorlegen, die die nach seiner Ansicht wichtigsten Prinzipien seiner Metaphysik ausdrücken.

b) Bei jeder These soll angegeben werden, ob der Autor glaubt, sie sei beweisbar, intuitiv erkennbar oder beruhe auf inneren Überzeugungen, die den Bereich der Erkenntnis überschreiten.

c) Bei derartigen Überzeugungen angeben, ob es sich um solche moralischer, sozialer oder religiöser usw. Natur handelt.

d) Bei der Intuition die Ebene genau angeben: unmittelbar, transzendental usw.

e) Wenn eine These für beweisbar gehalten wird, die Art des Beweises angeben und explizit zwischen (1) Berufung auf Tatsachen, (2) Rekurs auf rationale Normen (deren Natur angeben) und (3) logischer Deduktion unterscheiden.

f) Schließlich sollen diese Listen unter allen Teilnehmern zirkulieren und jeder soll in bezug auf jeden Punkt der Thesen der anderen seine kurz begründete und einem differenzierten qualitativen Maßstab gemäß eingestufte Übereinstimmung oder

* Weil diese Vereinigung sich die Zusammenarbeit zur Regel gemacht hat und gegenwärtig in verschiedenen Ländern und verschiedenen kulturellen Umwelten Projekte vergleichender Psychologie verfolgt.

Nichtübereinstimmung angeben: gültig, mehr oder weniger wahrscheinlich (oder plausibel), unentscheidbar und unannehmbar.

Diese Listen führten natürlich nicht zu einem Werturteil über die Thesen selbst, aber zu nützlichen Angaben über die vorliegenden Konvergenzen und Divergenzen und vor allem über die Wahrheitsgrade, die das Bewußtsein der Autoren eigenen oder fremden metaphysischen Urteilen beimißt. Ein solcher Vergleich könnte dann zum Ausgangspunkt weitergehender vergleichender Studien werden, die einerseits auf eine Erweiterung der Forschungen von Ch. Perelman über das Argumentieren (es ginge speziell um die metaphysische Argumentation) und andererseits auf eine epistemologische Analyse abzielten. Diese letztere führte sicherlich weiter zur Unterscheidung von Erkenntnisgraden (so wie viele Logiken eine Reihe von zwischen dem Wahren und dem Falschen angesiedelten Wahrscheinlichkeits- und Entscheidbarkeitswerten einführen) und insbesondere von Graden in bezug auf nicht kognitive Werte (moralische usw.), die aber gleichwohl als gesichert oder wahrscheinlich usw. gelten. Auf diese Weise könnte es möglich werden, ohne dabei irgendwelche persönlichen Überzeugungen zu verletzen, von der Erkenntnis im strengen Sinne des Wortes das zu unterscheiden, was man als »Einsicht« (σοφία) bezeichnen könnte: ein Ensemble von Erkenntnissen, die unter dem Gesichtspunkt einer allgemeinen Koordinierung von Werten angeordnet sind.

Im übrigen versteht es sich von selbst, daß eine derartige epistemologische und vergleichende Analyse von soziologischen Untersuchungen der Art, wie sie L. Goldmann über Kant und über den Jansenismus angestellt hat – Studien, welche die Beziehungen zwischen einer Philosophie bzw. einer Theologie und den sozialen Strukturen, die sie zum Teil reflektieren, aufzeigen –, nur profitieren könnte. Unter einem solchen Gesichtspunkt erscheint der für eine »Einsicht« charakteristische Modus zu denken einem symbolischen Denken verwandt zu sein, anstelle dessen mythischer und bildhafter Elemente jedoch Konzepte getreten sind, die, obwohl alle durch einen bestimmten Grad von Abstraktheit ausgezeichnet, doch mit in ihrer kognitiven Definition nicht enthaltenen individuellen und sozialen Werten beladen sind.

2.1 Die Ethik ist ein Zweig der Philosophie, dessen verschiedene Richtungen von einer eindeutigen Unterordnung der Ethik unter die Metaphysik bis zu einer auf dem Studium der »moralischen Erfahrung« im Sinne Frédéric Rauhs begründeten autonomen Position reichen. Diese letztere Position ist außerordentlich fruchtbar und hat – für denjenigen, der glaubt, daß die fortschreitende Übereinstimmung der Geister das einzige Korrektiv ist, das als Medium der Überprüfung der Äußerungen des individuellen Genies dienen kann – den Vorzug, ein Instrument für die Analyse jeglicher Moral, einschließlich jeder Form von Metaphysik, an die Hand zu geben.

Der große Unterschied zwischen den beiden genannten Gesichtspunkten besteht darin, daß die Methode von Rauh auf die Untersuchung der Moral des Subjekts hinausläuft: Normen, die an ein autonomes System oder an eine Offenbarung usw. gebunden sind. Die Situation der Ethik scheint daher mit derjenigen der Logik vergleichbar zu sein, denn auch dort kann man (man muß es sogar) zwischen der Logik des Subjekts und der des Logikers (oder der Logik) unterscheiden. Allerdings sind im Falle der Logik die Normen des Subjekts inkonsistent, und die »natürliche Logik« ist recht arm. Die Frage, ob die Logik der Logiker ursprünglich aus den geistigen Operationen des Subjekts abgeleitet ist, obgleich sie sich dann dank der axiomatischen Methode konstruktiv zu einer fruchtbaren und autonomen Disziplin weiterentwickelt hat, geht indes die Psychologie und die Epistemologie an und ist für die Logik als solche uninteressant. Denn ist die Logik erst einmal axiomatisch begründet, wird sie völlig unabhängig von den geistigen Tatsachen (abgesehen von der Erklärung ihrer Grenzen, z. B. der »Grenzen der Formalisierung«). Demgegenüber ist im Falle der

Ethik die Moral des Subjekts das oberste Kriterium – die großen ethischen Systeme der Geschichte sind aus der »moralischen Erfahrung« außergewöhnlicher Persönlichkeiten wie Christus oder Buddha hervorgegangen.

Muß man daraus schließen, daß das Werk jedes Moralisten, der Regeln aufzustellen versucht, vergebens ist, wenn man von seiner Funktion als ein Medium, durch das er seine persönliche moralische Erfahrung mitteilen oder propagieren kann, absieht? Und muß man ferner schließen, daß die Unterlegenheit des Moralisten gegenüber dem Logiker, der Beweise führt (und der durch die bloße Tatsache, daß er Beweise führt, Regeln aufstellt – ohne daß er sich damit aufhielte, Ratschläge zu geben) endgültig und unwiderruflich ist? Keineswegs, denn sein Gebiet stellt ein weites Feld für Forschungen dar, die heute noch in den allerersten Anfängen stecken. Aus der »moralischen Erfahrung« von Rauh läßt sich eine Tabelle von Normen des Subjekts ableiten, und zwar von variablen Normen, denn es gibt eine große Zahl individueller und kollektiver Moralen. Einer Formalisierung dieser Normen in einer Logik der Werte steht ebensowenig im Wege wie der Formalisierung verschiedener Strukturen des natürlichen Denkens, die man mit den Strukturen der Logik (der Logiker) vergleichen will. Da im Falle der Moral die Moral der Subjekte und nicht die des Moralisten die interessanteste Realität ist, könnte ein Vergleich der verschiedenen formalisierten Moralen der Subjekte zu lehrreichen Resultaten hinsichtlich der Mechanismen führen, die den verschiedenen Strukturen und den Übergängen von einer Struktur zur anderen gemeinsam sind. Außerdem, und dies ist von unmittelbarer Bedeutung für die allgemeinen Probleme, wird es durch eine Formalisierung, selbst durch eine elementarer Art, möglich, zwischen dem Bereich der interindividuellen, spontanen und nicht normativen Beziehungen aufgrund qualitativer Werte (Sympathie, Achtung, Prestige usw.) und den Beziehungen, die eine notwendige Erhaltung der Werte (normative Reziprozität usw.) implizieren, eine Grenze zu

ziehen; die letzteren entsprechen dem, was man gewöhnlich als moralische Beziehungen oder Interaktionen bezeichnet*.
Formalisierungen dieser Art wären natürlich für die Fragen der Struktur von Bedeutung, und sie wären zu den für die Moral des Subjekts so bedeutsamen Problemen der Entscheidung in Beziehung zu setzen. Braithwaite, der bedeutende Professor für Moralphilosophie an der Universität Cambridge, hat in diesem Zusammenhang ein äußerst anregendes kleines Werk über die *Theory of Games as a Tool for a Moral Philosopher* vorgelegt: diese von dem Ökonomen Morgenstern und dem Mathematiker von Neumann entwickelte mathematische Theorie wird bekanntlich auch als Entscheidungstheorie bezeichnet und liefert Wahl- und Entscheidungsmodelle (die gleichzeitig sehr konkret und sehr allgemein sind), deren Beziehungen zu den moralischen Problemen der englische Philosoph aufgezeigt hat.

2.2 Die Moralphilosophie weist zahlreiche Verbindungen zur Rechtsphilosophie auf. Auf einer allgemeinen Ebene lassen sich die Wertbeziehungen zwischen den Menschen in vier große Kategorien unterscheiden. Zunächst gibt es die spontanen und nicht normativen Beziehungen, die zwei Kategorien implizieren: qualitative soziale Werte, von denen gerade die Rede war, und quantifizierte Werte, die die ökonomischen Beziehungen charakterisieren. Die normativen Beziehungen implizieren ebenfalls zwei Kategorien: die moralischen Beziehungen und die rechtlichen Beziehungen; einer ihrer Unterschiede besteht darin, daß letztere auf allen Ebenen kodifiziert sind, vom Vertrag zwischen zwei Individuen bis zu den allgemeinen Gesetzbüchern.

Aus Gründen der Symmetrie wollen wir kurz daran erinnern, daß es auch eine lange Stufenleiter von Rechtsphilosophien gibt, die – wie die der Moralphilosophien – von der Unter-

* Genau dies habe ich in einem *»Essai sur la théorie des valeurs qualitatives en sociologie statique«*, der in den *Etudes sociologiques*, Genf 1965, neu erschienen ist, zu zeigen versucht.

ordnung unter die Metaphysik bis zur vollständigen Autonomie reicht. Im Hinblick auf die Rechtsmetaphysiken, von denen einige mit einer religiösen Position verbunden sind, ist es interessant zu bemerken, daß der Begriff des »natürlichen Rechts«, der ursprünglich in Reaktion gegen das göttliche Recht der Könige usw. konstruiert worden war, heute – in Reaktion auf das positive Recht – zu einem eindeutig metaphysischen Begriff geworden ist, der manchmal eher den Namen eines übernatürlichen Rechts verdiente. Und was die autonomen Rechtstheorien angeht, so ist hier ebenso wie in den entsprechenden Moraltheorien die Gefahr eines Psychologismus oder eines Soziologismus zu beobachten, welche die normativen Merkmale aufzulösen droht. Hält man hingegen, wie in der Logik und der Moral, an deren entscheidender Bedeutung fest, findet man in der bewunderungswürdigen normativistischen Konstruktion von H. Kelsen eine Lösung, die nicht nur unter den Juristen immer mehr Anerkennung findet, sondern darüber hinaus dem Epistemologen eine außergewöhnliche Gelegenheit zu möglicher Formalisierung rechtlicher Strukturen sowie deren Parallelisierung mit moralischen und logischen Strukturen bietet.

2.3 Jedermann weiß, daß die Ästhetik es mit analogen Problemen zu tun hat und daß neben der philosophischen Ästhetik eine wissenschaftliche Ästhetik entstanden ist, die auf eine Analyse der objektiven und subjektiven Bedingung abzielt, welche in die ästhetischen Urteile eingehen.

3. Die Logik bietet das bemerkenswerte Beispiel eines Zweiges der Philosophie, der fast schon am Anfang seiner Geschichte von der Metaphysik unabhängig geworden ist. Sie hat sich reibungslos und autonom entwickelt (mit wachsenden Anleihen bei der Philosophie fremden Wissenschaften wie der Mathematik) und wird, wie sie es seit je getan hat, trotz oder vielmehr wegen ihrer autonomen Fortschritte allen Zweigen der Philosophie in immer stärkerem Maße von Nutzen sein.

Obwohl sie in einem ebenso sehr metaphysischen wie biologischen Klima zusammen mit der Philosophie von Aristoteles entstanden ist, hat die peripatetische Logik nur wenig unter Einmischungen der Metaphysik zu leiden gehabt, weil die Syllogistik sich von Anfang an als gültig erwiesen hat (ein sehr seltenes Beispiel einer schnellen Geburt). Indes hat die aristotelische Theorie der Substanz und ihrer Attribute den trotzdem schnellen Aufschwung der Logik insofern gehemmt, als sie die Bewußtwerdung der Logik der Relationen zu ausschließlichen Gunsten der Logik der Klassen und der syllogistischen Einschachtelungen verhindert hat.

Nach Aristoteles hat sich die Logik trotz einiger lokaler Fortschritte (Logik der Stoa, Entdeckung der Disjunktion durch Buridan, der Intuitionen durch Leibniz usw.) bis zu ihrer Renaissance unter dem Einfluß von Hamilton, Jevons, Boole, de Morgan usw., das heißt, bis zu ihrer Mathematisierung und der Entdeckung der Booleschen Algebra, der Grundlage des Aussagenkalküls, kaum weiterentwickelt. Von diesem Augenblick an konnte man zwar von einem Gegensatz zwischen der der scholastischen Tradition treu gebliebenen philosophischen Logik und der wissenschaftlichen oder mathematischen Logik sprechen – man hat das auch oft getan –, aber diese Redeweise betraf keinen wirklichen Konflikt wie zum Beispiel den heute aktuellen Gegensatz zwischen wissenschaftlicher und philosophischer Psychologie. Einerseits konnten die Philosophieprofessoren die neue Logik nicht für falsch erklären: sie ignorierten sie einfach – dasselbe taten die Handbücher mit ihren klassischen Verspätungen – und konnten gegen ihre gewissermaßen erzwungene Autonomie nichts sagen. Andererseits erklärten die Logiker die Syllogistik nicht für falsch (abgesehen von ein oder zwei offensichtlichen Irrtümern aufgrund mangelhafter Erklärung) und konnten ihr nur ihre unzureichende Formalisierung und Generalisierung vorwerfen.

Gleichwohl hat die Logik trotz oder später sogar wegen dieser Autonomie, der für ihre Fortschritte seit dem 19. Jahrhundert unbedingt notwendigen Bedingung, der Philosophie unschätzbare Dienste erwiesen: dadurch, daß sie das Beispiel für eine kohärente normative Disziplin abgab, sowie dadurch, daß sie bei allen Formalisierungen technische Hilfe leistete. Die an absoluten Normen interessierten Metaphysiker ließen sich von der Logik inspirieren, ohne sie dabei irgendwie einzuschränken, denn bei der technischen Arbeit der Axiomatisierung spielen diese Normen keine Rolle. Auch der Antipsychologismus Husserls und einiger anderer ist von der Logik beeinflußt, doch auch dieser schränkt sie nicht ein, weil seine moderne Methode mit einem Rekurs auf geistige Tatsachen usw. prinzipiell nichts zu tun hat.

Kurz, die Logik stellt für die Epistemologie eine unentbehrliche Quelle dar, denn nur in ihr findet sie die für formale und deduktive Kohärenz notwendigen Präzisierungen; Tatsachenfragen hängen dagegen von der Aktivität des Subjekts ab.

4. Die Psychologie, eine Tatsachenwissenschaft, hat im Vergleich zur Logik, einer deduktiven Wissenschaft, erst mit beträchtlicher Verspätung ihre Autonomie erworben – aus denselben Gründen, aus denen die experimentelle Physik sich erst einige Jahrhunderte später als die Mathematik entwickelt hat. Der erste dieser Gründe besteht darin, daß die Normen, die Antecedentien und Konsequenzen eines Schlusses, die Implikationen usw. dem Denken, das sie analysieren kann, relativ direkt zugänglich sind, während eine experimentell gewonnene Tatsache im Gegensatz dazu eine Sonderung der einzelnen Faktoren voraussetzt, die nicht auf deduktivem Wege erzielt werden kann, sondern, anders als das der unmittelbaren Erfahrung zugängliche, aber fast immer irreführende *factum brutum*, nur durch kontrollierte Erfahrung erreichbar ist. Der zweite Grund: eine wissenschaftliche Tatsache ist in jedem Falle an eine Interpretation gebunden, zunächst deshalb, weil sie eine Antwort auf eine heuristische Frage darstellt und bereits eine solche Frage eine ganze Theorie voraussetzt, und außerdem deshalb, weil ihre Interpretation und Formulierung eine Strukturierung implizieren, die einerseits dem System von

Hypothesen entspricht, aus dem die Frage hervorgegangen ist, sowie andererseits aufgrund der Antworten mehr oder weniger grundsätzlich revidierbar ist. Im Gegensatz zur Meinung des gesunden Menschenverstandes ist es also sehr viel schwieriger, Tatsachen festzustellen und zu analysieren, als zu reflektieren oder zu deduzieren. Dies ist der Grund, weshalb die experimentellen Wissenschaften sehr viel später als die deduktiven Disziplinen entstanden sind, die einen für jene notwendigen Rahmen und eine für sie notwendige Bedingung, aber keineswegs zureichende Voraussetzungen darstellen.

Das hat zunächst die Folge gehabt, daß die Psychologie lange Zeit in zerstreuten Beobachtungen und Analysen bestanden hat, die von Philosophen je nach ihrer Position durchgeführt worden sind – zweifellos eine der Quellen der wissenschaftlichen Psychologie. Neben trügerischen Eindrücken von der Seele und Spekulationen über sie findet man bei den großen Autoren zahlreiche fruchtbare Ideen, die inzwischen systematische Forschungen angeregt haben. Doch trotz der grundlegenden Ausführungen von Kant über das Ich als Einheit der Apperzeption, die jeden Substantialismus ausschließen, liegt es gleichermaßen auf der Hand, daß diese vorwissenschaftliche Psychologie oft in den Dienst spiritualistischer Spekulationen gestellt worden ist. Das hat dazu geführt, daß die wissenschaftliche Psychologie nach ihrer Konstituierung als autonome Disziplin sich lange Zeit vor der direkten Untersuchung der höheren Funktionen gehütet und sich zunächst ganz auf die psychophysiologische Erforschung von Problemen der Empfindung, der Wahrnehmung, der Assoziation usw. verlegt hat. Diese Situation hat einen verständlichen Konflikt ausgelöst, der Ursache immer größerer Absurditäten ist. Ich meine den Konflikt zwischen Autoren, die interessante Probleme sehen, sie jedoch in der Vogelperspektive und ohne Beachtung von Regeln der Verifizierung behandeln, und solchen Autoren, die experimentell arbeiten, aber ihr Feld übermäßig einschränken. Nur in diesem Zusammenhang konnte die – in bezug auf andere Bereiche unvorstellbare – Idee entstehen, eine philosophische Psychologie könne die wissenschaftliche Psychologie verdoppeln oder gar ersetzen; eine zusätzliche Motivierung erfuhr sie natürlich durch das legitime philosophische Bedürfnis nach einer Koordinierung der Werte (als ob eine »philosophische Anthropologie«, wie man oft sagt, sich mit Erkenntnissen minderer Qualität zufrieden geben könne).

Dieses Problem ist zu wichtig, als daß man es mit einigen Bemerkungen abhandeln könnte; wir werden ihm deshalb das ganze Kapitel IV widmen.

5. Es bleibt die Theorie des Erkennens, die große Erwerbung des philosophischen Denkens von Plato bis zu fast allen zeitgenössischen Philosophen. Die Frage, die wir hier zu untersuchen haben, lautet, ob sie aufgrund der Natur ihrer Probleme notwendigerweise der Metaphysik verhaftet bleiben muß, oder ob sie – rechtmäßig oder faktisch, eine nicht ausschließende Disjunktion – wie die Logik und die Psychologie Tendenzen zur Autonomie aufweist.

Unter dem Gesichtspunkt des Rechts erscheint es evident, daß die Epistemologie autonom ist, denn will man eine Metaphysik entwerfen, müssen die Vorfragen klären, *ob* und *unter welchen Bedingungen* eine metaphysische Erkenntnis möglich ist. Gleichwohl war es erst Kant, der diese Fragen in ihrer ganzen Breite gestellt hat. Bekanntlich hat er die erste, sofern die reine theoretische Vernunft betroffen ist, negativ beantwortet und die dogmatische Metaphysik durch eine auf der reinen praktischen Vernunft begründete »Einsicht« ersetzt – eine übrigens so ephemere Einsicht, daß die Nachkantianer nichts eiligeres zu tun hatten, als die kritische Instanz in ein absolutes Ich zu verwandeln, usw.

Unter dem Gesichtspunkt ihrer tatsächlichen Entwicklung weist die Epistemologie alle üblichen Merkmale einer Tendenz zur Autonomie auf: Abgrenzung der Probleme, Ausarbeitung spezifischer Methoden der Verifizierung und Anleihen bei anderen, bereits etablierten Wissenschaften.

Die Abgrenzung der Probleme hat mit Descartes, Leibniz und Kant begonnen. Letzterer hat eine erschöpfende und endgültige Tafel der *apriorischen* Formen der Anschauung und des Verstandes, der *apriorischen* Kategorien, aufstellen wollen. Aus diesem Versuch haben sich zahlreiche Spezialprobleme ergeben, die zu immer weitergehenden Abgrenzungen geführt haben. Erinnern wir zum Beispiel an Kants Lösung des Problems der Zahl, die er auf die Zeit und nicht allein auf die Kategorien der Quantität gründete und die Brouwer wieder aufgenommen hat, um daraus ein Instrument des Widerstandes gegen die logistische Reduktion von Frege, Whitehead und Russell zu machen (übrigens ein Beispiel für den Übergang eines Problems der allgemeinen Epistemologie in eine immer spezialisierter werdende mathematische und logistische Epistemologie). Erinnern wir ferner daran, daß Kants Interpretation des Raumes als *apriorischer* Form der Anschauung der Ausgangspunkt für zwei große Klassen von Untersuchungen ist. Die der einen Klasse sind von den ersten Experimentalpsychologen durchgeführt worden, die von den großen philosophischen Problemen gar nicht so wenig Ahnung hatten, wie es gemeinhin heißt: da es sich um »Anschauung« handelte, war Überprüfung möglich, und große Psychophysiologen wie Müller und Hering haben unter dem Namen »Nativismus« die kantische These ausdrücklich gegen den »Empirismus« von Helmholtz verteidigt (der übrigens bis in die Wahrnehmung hinein unbewußte Schlüsse annahm). Das Problem ist auch späterhin experimentell untersucht worden, und der räumliche Konstruktivismus, der es zu lösen scheint, ist einem dynamisch gewordenen Kantianismus sehr viel näher als dem reinen Empirismus. Andererseits hat die Entdeckung nichteuklidischer Geometrien wohl dem Buchstaben, doch nicht dem Geist des kantischen Apriorismus widersprochen (bekanntlich hat Poincaré trotz seines Konventionalismus den Begriff der »Gruppe« als eine Struktur *a priori* aufgefaßt) und den Anstoß zu einer speziellen Epistemologie der Geometrie gegeben.

Diese immer weiter vorangetriebene Spezialisierung der Probleme (man denke zum Beispiel an das Werk von E. Meyerson, das allein der Epistemologie gewidmet ist) hat natürlich eine zunehmende Präzisierung der Methoden mit sich gebracht, was darauf hinausläuft, die bloße Reflexion durch Verifizierungen zu ersetzen. Auf dem Feld deduktiven Beweisens war dieser Fortschritt beträchtlich, auf dem der Tatsachen war er weit geringer, aber trotzdem bemerkenswert. In beiden Fällen hat sich der Fortschritt unter anderem in immer wichtigeren Beiträgen aus den Wissenschaften selbst manifestiert und nicht nur in solchen, die von Philosophen stammen.

Auf dem Feld der deduktiven Analyse hat die autonome Entwicklung der Logik zwei große Gruppen von Arbeiten nach sich gezogen, die sich als grundlegend für die mathematische Epistemologie erwiesen haben und deren sich immer weiter verfeinernde Technik letztere sogar zu einem Zweig der Mathematik gemacht hat, dessen Gegenstand die Grundlagentheorie ist (heute widmet sich auf fast jedem mathematischen Kongreß eine ganze Sektion diesem neuen Zweig). Die erste Gruppe dieser Arbeiten bezieht sich auf das Problem der Reduktion der Mathematik auf die Logik. Diese Möglichkeit, die unter anderem und mit glänzenden Argumenten in den *Principia mathematica* von Whitehead und Russell behauptet, von anderen jedoch bestritten worden ist, ist unter allen Aspekten untersucht worden. Die Arbeiten einer zweiten Gruppe von Autoren, darunter vor allem Hilbert, Ackermann und Bernays, haben versucht, die Widerspruchsfreiheit grundlegender Teile der Mathematik wie der Arithmetik zu beweisen. Diese verschiedenen Forschungen haben um 1930 zu der – von Goedel gemachten – Entdeckung von Theoremen geführt, die einen entscheidenden Wendepunkt in der mathematischen Epistemologie darstellen: sie besagen, daß es unmöglich sei, die Widerspruchsfreiheit einer Theorie mit ihren eigenen oder schwächeren Mitteln zu beweisen. Daraus ergibt sich die bedeutsame Idee eines Konstruktivismus, dem zufolge man, um die Kohärenz der Ausgangstheorien zu sichern, auf den jeweils höheren Stufen immer stärkere, sich auf die vorhergehenden Stufen stützende, Theorien konstruieren muß. Die epistemologische Bedeutung einer solchen Konzeption ist klar: zugunsten eines Kontruktivismus, den Philosophen wohl geahnt haben, der aber jetzt durch eine sehr viel reichere und genauere spezifische Epistemologie gestützt wird, widerspricht sie sowohl dem Platonismus als auch dem positivistischen Reduktionismus.

Die im französischsprachigen Raum entwickelte Epistemologie hat sich schon relativ früh Tatsachenfragen zugewandt, während der angelsächsische Empirismus mit anderen Problemen beschäftigt war. In der Folge der bemerkenswerten und lange verkannten Arbeiten von Cournot, die in einer gewissermaßen synchronischen Perspektive das wissenschaftliche Denken analysieren, haben Autoren wie G. Milhaud, L. Brunschvicg, P. Boutroux und A. Reymond begriffen, daß die epistemologische Bedeutung einer wissenschaftlichen Theorie nur dann voll erkennbar wird, wenn sie in historischer Perspektive betrachtet wird, denn sie antwortet auf die Fragen der früheren Theorien und bereitet – durch fortgesetzte Verzweigungen oder durch die Herausforderung von Gegenpositionen – die späteren vor. Mit anderen Worten, da das wissenschaftliche Denken in fortwährender Entwicklung begriffen ist, kann die Frage, was Erkenntnis eigentlich sei, nur in sehr begrenzten Formen, die darauf abzielen zu analysieren, in welcher Weise sich die Erkenntnisse in ihrem Kontext realer Konstruktion vermehren oder entwickeln, gelöst werden: daher die historisch-kritische Methode, eine der Methoden der Wahl der wissenschaftlichen Epistemologie.

Auf den verschiedensten Gebieten sind von zahlreichen Autoren Tatsachenfragen gestellt worden. Auf dem Gebiet der mathematischen Epistemologie hat F. Enriques die verschiedenen Strukturen in den Operationen des Denkens sowie die verschiedenen Geometrien zu erklären versucht; H. Poincaré hat die Gruppe der Verschiebungen auf die sensomotorische

Organisation zurückgeführt. Auf dem Gebiet der Physik haben, während die Physiker ihre eigenen epistemologischen Probleme in der Frage der Beziehungen zwischen Beobachter, Realität und Beobachtbarem diskutierten, die Nachfolger des klassischen Empirismus, die »logischen Positivisten«, eine Theorie des synthetischen Urteils ausgearbeitet, die im Gegensatz zu den auf der logisch-mathematischen Sprache usw. begründeten analytischen Urteilen auf der von der Wahrnehmung abhängigen Feststellung begründet ist.

Aus zwei Gründen hat sich schließlich die Idee aufgedrängt, das Problem der Entwicklung und Vermehrung der Erkenntnisse durch den Rückgang auf ihre psychogenetische Bildung zu analysieren. Einerseits ist die psychogenetische Analyse eine natürliche Verlängerung der historisch-kritischen Methode. Als zum Beispiel P. Boutroux die Geschichte der Mathematik rekonstruierte, indem er zeigte, wie das Denken von der »kontemplativen« Phase der Griechen zu einer »synthetisierenden« Phase operativer Kombination und dann zu einer Phase übergegangen ist, in der man die »intrinsische Objektivität« dieser operativen Strukturen entdeckt hat, war zunächst das Problem zu klären, ob diese Strukturen natürliche Wurzeln besitzen und allgemeinen Strukturen der Intelligenz entsprechen, oder ob sie auf rein technische Konstruktionen zurückgehen – ein Problem, das allein im Rahmen der Psychogenetik behandelt werden kann, denn die Introspektion des Erwachsenen bleibt hier stumm. Andererseits: seit die Empiristen oder ihre Nachfolger sich zu Recht oder zu Unrecht zur Erklärung bestimmter Aspekte der Erkenntnis auf psychologische Mechanismen berufen – auf perzeptive Erfahrung für die physikalische Erkenntnis, auf die Sprache für die logisch-mathematischen Strukturen usw. – ist es an der Zeit zu prüfen, welche Geltung diesen Behauptungen prinzipiell sowie in den Bereichen, in denen sie von ihren Autoren angesiedelt worden sind, zukommt – auch hier kann allein die Psychogenetik Aufklärung geben.

So ist also die genetische Epistemologie entstanden, eine ihrem

Wesen nach interdisziplinäre Forschung mit dem Ziel, die Bedeutung der Erkenntnisse, der operativen Strukturen oder der Begriffe zu untersuchen, indem sie einerseits auf ihre Geschichte und ihre aktuelle Funktion in einer bestimmten Wissenschaft (diese Gegebenheiten werden von den Spezialisten dieser Wissenschaft und ihrer Epistemologie zur Verfügung gestellt), andererseits auf ihren logischen Aspekt (wobei Logiker mitarbeiten) und außerdem auf ihre psychogenetische Bildung oder auf ihre Beziehungen zu den geistigen Strukturen (dieser Aspekt regt Forschungen von an der Epistemologie interessierten Psychologen an) rekurriert. So aufgefaßt, ist die Epistemologie nicht mehr Sache bloßer Reflexion; sie bemüht sich, die Erkenntnis in ihrer Entwicklung zu begreifen (denn die Bildung von Erkenntnissen ist selbst ein Entwicklungsmechanismus ohne absoluten Anfang), und nimmt an, daß diese Entwicklung stets Fragen stellt, die sich sowohl auf Tatsachen als auch auf Normen beziehen, und versucht deshalb, die für die Entscheidung solcher Fragen wesentlichen Techniken miteinander in Einklang zu bringen: die Logik, die in ihrer spezialisierten Form nicht mehr in Frage gestellt wird, die Geschichte der Ideen und die Psychologie ihrer Entwicklung, auf die man sich im Hinblick auf Fragen der Intelligenz im strengen Sinne ständig implizit oder explizit beruft – allerdings fast nie auf ihre experimentelle oder spezialisierte Form.
Diese höchst schematischen Hinweise genügen, um zu zeigen, daß die aus der philosophischen Reflexion entstandene Epistemologie sich von sich aus sowie durch ihre eigenen technischen Fortschritte auf eine Unabhängigkeit von der Metaphysik hinbewegt hat. Anders als diejenige der Psychologie ist diese Autonomie ohne Lärm und ohne Erklärungen von Schulen erworben worden; in dieser Hinsicht läßt sich die Epistemologie eher mit der Evolution der Logik vergleichen. Die wissenschaftliche Epistemologie ist ein ganzes Stück weniger weit in dieser Richtung vorgeschritten, weil in den letzten Jahrzehnten die bedeutenden Arbeiten über Probleme aus ihrem Bereich das

Werk von Wissenschaftlern waren, die sich wegen ihrer sonstigen Arbeit nicht ausschließlich auf die epistemologische Analyse konzentrieren konnten, und vor allem, weil eine ausschließliche Spezialisierung auf epistemologische Forschungen notwendigerweise eine interdisziplinäre Zusammenarbeit voraussetzt.

Aus diesen Punkten 1. bis 5. läßt sich die allgemeine Schlußfolgerung ziehen, daß abgesehen von der Metaphysik alle philosophischen Forschungen über abgrenzbare Probleme die Tendenz haben, sich in Formen zu differenzieren, die sich immer mehr der wissenschaftlichen Forschung annähern, weil der Unterschied zwischen den Wissenschaften und der Philosophie nicht in der Natur der Probleme begründet ist, sondern in deren Abgrenzung und der zunehmenden technischen Verfeinerung der Prüfverfahren. Doch dieser Ansicht sind nicht viele und ganz gewiß nicht die große Mehrheit der Philosophen. In den Kapiteln III und IV wollen wir deshalb versuchen, die anderen Ansichten über diese zentralen Probleme der Methode zu untersuchen.

KAPITEL III

Das falsche Ideal einer suprawissenschaftlichen Erkenntnis

Das vorausgegangene Kapitel hat die Epochen vor Augen geführt, in denen es noch keine Konflikte zwischen Wissenschaft und Philosophie gab, sowie an einige seit langem angewandte oder noch im Werden begriffene Mittel erinnert, die es – durch Abgrenzung der Probleme – erlauben, wieder Eintracht herzustellen. Jetzt müssen wir eine sehr viel schwierigere Aufgabe in Angriff nehmen: wir haben eine im 19. Jahrhundert entstandene Quelle echter Konflikte zu untersuchen, nämlich die Vorstellung bestimmter Philosophien, sie verfügten über einen dem der Wissenschaften überlegenen Erkenntnismodus *sui generis*. Den Geltungsanspruch dieser sich als suprawissenschaftlich darstellenden parawissenschaftlichen »Erkenntnis« gilt es nun zu prüfen.

A) Nehmen wir ein Beispiel wieder auf, das sich auf den Problemzusammenhang der Finalität bezieht (vgl. Kap. II, A). Ich kenne höchst intelligente und keineswegs dogmatische Philosophen, denen zufolge es für »die Wissenschaft« ausgeschlossen sei, das Konzept der Finalität in die Analyse und Erklärung organischer Prozesse einzuführen, während es für »die Philosophie« ausgeschlossen sei, sich ohne Einbeziehung des Konzepts der Finalität eine adäquate Vorstellung vom organischen Leben zu verschaffen. Es geht hier keineswegs um moralische oder sonstige Werte, sondern um einen Begriff der biologischen Philosophie (im Unterschied zur Biologie). Einer dieser Philosophen hatte keinerlei Bedenken, unter Berufung auf Merleau-Ponty zu behaupten, daß die Wissenschaft niemals eine ausreichende Erklärung des Konzepts »Gesamtstruktur« des Organismus liefern könne.

Beziehen wir uns zunächst noch nicht auf die Phänomenologie, sondern bleiben auf der Ebene des common sense: was bedeutet die heute verhältnismäßig weit verbreitete Ansicht, die je nachdem, ob von Wissenschaft oder von Philosophie die Rede ist, die Finalität bestreitet oder anerkennt, eine Ansicht, die einen Descartes oder Leibniz zweifellos verwundert hätte? Das eigentliche Problem ist hier nicht die Finalität, sondern vielmehr die Dualität der Erkenntnismodi in bezug auf die Finalität. Die Frage ist also nicht, ob das Konzept der Finalität Unklarheiten überdeckt oder nicht – Newtons Konzept der Gravitation erschien zunächst noch sehr viel dunkler als die Behauptungen über Finalität, aber es schien selbst eine Tatsache oder eine so gut wie unumgängliche Interpretation einer Tatsache zu sein (und man zog sich nicht aus der Affäre, indem man sagte, philosophisch gesehen sei es wahr, wissenschaftlich gesehen sei es falsch – oder umgekehrt). Die Frage ist: wie ist es möglich, einen Begriff, der sich auf dieselben Objekte bezieht, je nachdem, ob man diese wissenschaftlich oder philosophisch betrachtet, gleichzeitig als unannehmbar *und* als annehmbar oder sogar notwendig anzusehen? Offensichtlich werden hier zwei Erkenntnismodi postuliert, deren einer dem anderen überlegen sein soll, weil er das Wesen erfaßt, während der andere, weil er nur zu unvollständiger Erkenntnis führt, die durch bestimmte Grenzen (das Räumlich-Zeitliche usw.) oder durch bestimmte Prinzipien (positivistische usw.) eingeschränkt ist, dem einen unterlegen sein soll. Nehmen wir einmal an, es gäbe eine höhere Erkenntnis, die alles, auch das Niedere, umfaßt, und eine in höchstem Maße beschränkte niedere Erkenntnis – warum sollte die erste die zweite nicht aufklären? Nun, das geschieht bereits, und es gibt zahlreiche Biologen, die philosophieren und an die Finalität glauben. Doch im Hinblick auf sie stellt sich die ernste Frage: warum bringt sie das keinen Schritt vorwärts?

Die Schwierigkeit dieses Problems liegt darin, daß der Begriff »Wahrheit« in zwei unterschiedlichen Bedeutungen aufgefaßt wird. Zuzugeben, daß es zwei Arten von Wahrheit gibt, ist dem Denken unerträglich, denn die Logik verlangt ihre Koordinierung. Wenn man sagt: für die Wahrnehmung dreht sich die Sonne um einen sichtbaren Ausschnitt der Erde, und für das Denken dreht sich die Erde um die Sonne, so sind dies, wenn man so will, zwei Wahrheiten, zwei Wahrheiten indes, die sich auf leicht koordinierbare Ebenen beziehen. Behauptet man hingegen, die Struktur des Organismus sei nur der philosophischen Intuition zugänglich und sei unter anderem durch Finalität charakterisiert, während der redliche Biologe, der Tag für Tag in seinem Labor arbeitet, davon nichts begreifen könne, weil er mit heuristischer und konzeptueller Blindheit geschlagen sei, die ihm den Zugang zu denselben Intuitionen versperre, so bezieht man sich nicht mehr auf unterschiedliche, doch koordinierbare Ebenen, sondern spaltet das menschliche Denken in zwei heterogene Teile und entwürdigt, indem man ihm zwei miteinander unvereinbare Bedeutungen verleiht, den großen Begriff der »Wahrheit«.

Die gewöhnliche Bedeutung des Begriffs »Wahrheit« bezieht sich auf das von jedermann Verifizierbare. Das Verifikationsverfahren ist nicht entscheidend; es muß nur nachvollziehbar sein und dem Subjekt die Garantie geben, daß es nicht auf sein Ich oder die Autorität seines Lehrers zentriert ist, sondern daß das, was es vorbringt, von allen, die daran zweifeln, überprüft werden kann. Wäre die Finalität des Organismus in diesem Sinne »wahr«, so wäre dies eben, auch wenn man sie nicht unter dem Mikroskop beobachten kann und es, um sie zu erkennen, recht mühsamer Deduktionen und Abstraktionen bedürfte, deren Regeln angebbar sind, eine Wahrheit – eine wissenschaftliche Wahrheit wie viele andere, die faktisch nur von einer kleinen Gruppe von Spezialisten verstanden werden, prinzipiell aber allen zugänglich sind, wenn diese sich nur die notwendige Mühe machen. Behauptet man hingegen, die Finalität dränge sich »der Philosophie« auf, so läßt man bewußt außer acht, daß es viele verschiedene Philosophien gibt und beispielsweise Descartes, Spinoza und die moderne Dialektik keineswegs dieselben Intuitionen haben. Die Bedingung der »Wahrheit« in dieser zweiten Bedeutung des Begriffs ist nicht mehr die Verifizierung vermittels eines prinzipiell allen verständlichen Verfahrens, sondern die Zustimmung aufgrund von Überzeugung oder Bekehrung, das heißt, die Anerkennung eines Systems. Natürlich ist auch die Algebra ein System, ebenso die Biologie usw.: warum dann nicht der Bergsonismus oder die Phänomenologie? Weil jedermann Bedenken hat, etwas zu glauben, bevor er Gewißheit hat, oder etwas als »Wahrheit« zu bezeichnen, in dem noch unbestätigte Vermutungen enthalten sind, selbst wenn diese Vermutungen als evident erscheinen, weil sie für andere – und durch Analogie für einen selbst – »Evidenzen« darstellen.

B) Doch sind dies vielleicht bloß affektive Reaktionen, und in einer Welt, in der die subjektive »Existenz« zu einer Quelle der Wahrheit geworden ist, könnten in irgendeinem Sinne existente Systeme die Wahrheit von morgen sein. Versuchen wir also, die Ursachen zu erkennen, die die Tendenz erzeugt haben, der Philosophie einen spezifischen und der wissenschaftlichen Erkenntnis überlegenen Erkenntnismodus zuzuschreiben, und prüfen wir die Gründe, die für diese Überzeugung angeführt werden – unter anderem die von der Phänomenologie, des bemerkenswertesten der auf einer solchen Überzeugung begründeten Systeme, vorgetragenen Argumente.

1. Der erste Grund ist zweifellos der Versuch, das Absolute zu erkennen. Solange es zwischen Philosophie und Wissenschaft keine Konflikte gab, konnte die Metaphysik als die höchste Synthese erscheinen, die alle Erkenntnis umfaßte und keines speziellen Erkenntnismodus bedurfte, um über die Einzelwissenschaften hinauszugehen. Nach dem durch die kantische Kritik – die der theoretischen Vernunft das Recht absprach, die Grenzen der Strukturierung des Gegebenen zu überschreiten – markierten entscheidenden Wendepunkt hat der Heroismus einer solchen Position nicht mehr genügt, das Bedürfnis nach

dem Absoluten nicht ausschweifen zu lassen: Kants Nachfolger haben in den *apriorischen* Strukturen nicht mehr, der Kantischen Askese gemäß, eine epistemologische Tafel der Bedingungen der Erkenntnis gesehen, sondern den Ausdruck einer Macht des philosophischen Denkens, das, indem es die notwendigen Voraussetzungen der Wissenschaft bestimmt, dieser überlegen ist. Es kam dann noch das Bedürfnis nach dem Absoluten hinzu, so daß – nicht mehr durch Synthese, sondern durch Abgrenzung der Ebenen – eine suprawissenschaftliche Position entstanden ist.

Überflüssig, sich die mannigfachen Formen dieser Tendenz vor Augen zu führen, die alle darauf hinauslaufen, die wissenschaftliche Erkenntnis in bestimmte für das »Phänomen« konstitutive Grenzen einzuschließen und die Grundlagen eines solchen beschränkten Erkenntnismodus aufzuzeigen, um sich selbst zu einem Modus höheren Niveaus zu erheben. Hingegen ist es wichtig festzuhalten, daß ein als solcher völlig legitimer Prozeß sich rein spekulativer oder methodischer und kontrollierter Verfahren bedienen kann. In der letzteren Form ist dieser grundlegende Prozeß der Differenzierung von Stufen den Wissenschaften selbst nicht fremd; man beginge einen schweren Fehler, wenn man annähme, sie seien auf einer einzigen Ebene angesiedelt. Um nur die Physik als Beispiel zu nehmen: die »Phänomene« sind auf zahlreiche Ebenen verteilt, nicht, weil sie vollkommen organisiert bereitliegen und je nachdem, ob man durchs Mikroskop oder durchs Teleskop blickt, verschieden erscheinen, sondern weil, nach einer tiefgründigen Bemerkung von Ch.-Eugène Guye, das Phänomen durch die Perspektive, in der man es betrachtet, erzeugt wird. Mit anderen Worten, die Physik macht Reihen von Strukturierungen, deren jede in bezug auf die vorhergehenden als eine Erkenntnis höherer Stufe angesehen werden kann. Andererseits gibt es von der Aufstellung von Gesetzen bis zu ihrer – für die »theoretische Physik« charakteristischen – kausalen oder deduktiven Erklärung und weiter bis zur reinen und autonomen Deduktion der »mathematischen Physik« (von der A. Lichnerowicz in seinen Werken und S. Bachelard in einer schönen historisch-kritischen Analyse gezeigt haben, wie sehr sie sich von der theoretischen Physik unterscheidet) weitere Veränderungen hinsichtlich der Ebene oder der Stufe: das ursprüngliche »Phänomen« wird schließlich in eine konzeptuelle Totalität integriert, die nicht nur das Wirkliche, sondern auch alle Möglichkeiten umfaßt. Wenn schließlich eine Wissenschaft wie die Mathematik in Gestalt einer systematischen und wissenschaftlichen Analyse ihrer Grundlagen auf ihrem eigenen Boden ihre Epistemologie entwickelt, so ist klar, daß eine derartige Disziplin die Ebenen, auf denen sie Konstruktionen und Reflexionen anstellen kann, aus sich heraus vervielfacht.

Indem sie die Wissenschaften in bestimmte Grenzen einzuschließen suchen, um sich den Glauben an die Möglichkeit eines spezifischen und höheren Erkenntnismodus zu erleichtern, setzen sich die parawissenschaftlichen Philosophien der Gefahr aus, zusehen zu müssen, wie diese Grenzen sich ständig verschieben.

2. Es gibt indes noch einen zweiten, auf dem anderen Feld gewachsenen, allgemeinen Grund, der die parawissenschaftlichen Tendenzen erklärt und dem Bedürfnis zu spekulieren entstammt. Dieses Bedürfnis entspringt aus der menschlichen Natur, und Philosophen, die ihm nachgeben, haben den Vorteil, über eine historische Bildung zu verfügen, die es ihnen erlaubt, vor der Aufstellung neuer Hypothesen alle bereits formulierten durchzugehen. Als jedoch einige Wissenschaftler des 19. Jahrhunderts, vor allem Biologen ohne mathematische, logische und psychologische Bildung, ihre sich entwickelnde Erkenntnis zu einer Metaphysik erweitern wollten, sind sie einem dogmatischen Materialismus verfallen, der (ohne von den sozialen Faktoren zu sprechen) das Publikum um so mehr verführt hat, als es so schien, er sei unmittelbar aus der Wissenschaft abgeleitet. Erstaunlich ist, daß auch die Philosophen dieser Illusion zum Opfer gefallen sind: um dem Materialis-

mus entgegenzuwirken, haben sie die Wissenschaft als solche kritisiert.

Eine Kritik der wissenschaftlichen Erkenntnis heißt Epistemologie, und jede epistemologische Untersuchung, gleichgültig, welche Intentionen sie verfolgt, ist willkommen. In diesem Sinne ist die berühmte Arbeit von E. Boutroux über *La contingence des lois de la nature* als Kritik des Ideals absoluter Deduktion und als Widerlegung des Reduktionismus von großer Bedeutung. Unter diesem Gesichtspunkt hat ihm der spätere Gang der Wissenschaften vollkommen recht gegeben. Es zeigt sich nämlich immer deutlicher, daß die Reduktion des Höheren auf das Niedere oder des Komplexen auf das Einfache in allen Bereichen, in denen man sich ihrer bedient hat, reziprok wird, das heißt, daß das Niedere durch bestimmte Merkmale des Höheren bereichert wird und daß das »Einfachere« immer komplexer wird. Einsteins Reduktion der Gravitation auf die Krümmung des Raumes, die einerseits als eine Reduktion der Physik auf die Geometrie erschien, hat ihn andererseits dazu geführt, diese Krümmung und die Masse in Beziehung zu setzen, so daß die Reduktion reziprok geworden ist. Wenn, so sagte der bereits erwähnte Ch.-Eugène Guye, das Organische eines Tages auf das Physikalisch-Chemische reduziert sein wird, dann wird das Physikalisch-Chemische entsprechend durch heute noch unbekannte Eigenschaften bereichert sein (die moderne Molekularbiologie bringt uns der Verifizierung dieser doppelten Antizipation näher). Doch wie tiefgründig Boutroux' These unter epistemologischem Gesichtspunkt auch sein mag, es ist nur allzu deutlich, daß seine Absicht, die moralische Freiheit gegen den dogmatischen Materialismus zu verteidigen, wohl zu einer Widerlegung dieses Materialismus geführt, aber keineswegs der Philosophie einen spezifischen Erkenntnismodus verliehen hat (wie Bergson, der Nachfolger von Boutroux, geschlossen hat), weil seine Kritik der Wissenschaft in einer Bewußtwerdung eben der Prozesse konstruktiver Deduktion bestand, die die wissenschaftliche Erklärung kennzeichnen,

Prozesse, die der Aufmerksamkeit des Materialismus entgangen waren.

Die nicht weniger berühmte Arbeit Lacheliers über *Les fondements de l'induction* – wozu Lalande feinsinnig bemerkt hat: »Dieses kleine Buch bietet häufiger Anlaß bewundert als benutzt zu werden« – enthält zweifellos anregende Bemerkungen über das induktive Verfahren, möchte es aber mit einem auch das Konzept der Finalität implizierenden Gesamtbegriff der Natur in Einklang bringen. Nähme man dieses Resultat als Indiz für eine über die wissenschaftliche Erkenntnis hinausgehende philosophische Erkenntnis, so ließe sich darauf leicht antworten, daß die Induktion für den Wissenschaftler zweifellos eine Hypothese und somit eine Absicht, einen Plan usw. voraussetze, daß die Induktion im Hinblick auf das Gewinnen von Tatsachen aber ebenso erfolgreich sei, wenn diese Tatsachen in noch so starkem Maße auf Zufälligem beruhten, wie es zum Beispiel bei einer organisierten Struktur in der Biologie der Fall sei: wie die Theomodynamik und die Mikrophysik beweisen, ist die Theorie im ersten Fall sehr viel leichter zugänglich.

Kurz, die Reaktion der Philosophie auf den dogmatischen Materialismus stellt zweifellos einen der Faktoren dar, die das Bedürfnis nach einem spezifischen und suprawissenschaftlichen Erkenntnismodus psychologisch erklären; doch wenn diese Reaktion auch von einem – übrigens leicht errungenen – Erfolg gekrönt war, so beweist dies noch keineswegs die Besonderheit der angewandten Erkenntnismodi, denn sie haben entweder, wie im Falle J. Lacheliers, zu sehr umstrittenen Thesen geführt oder aber zu einer Ausrichtung des Epistemologie auf die sich tatsächlich entfaltenden Tendenzen der Wissenschaft – im Gegensatz zu szientistischen Metaphysiken und zur positivistischen Epistemologie.

3. Der dritte Grund, der hier anzuführen ist, läuft ebenfalls auf Widerstand gegen den Materialismus hinaus, ist aber sehr viel allgemeiner: es ist der Wunsch, der Koordinierung der

Werte und dem vernünftigen Glauben durch einen von der Wissenschaft unabhängigen und ihr überlegenen metaphysischen Erkenntnismodus Gewißheit zu verleihen*. Als Beispiel für die Wirksamkeit dieses allgemeinen Grundes kann man auf die metaphysische Psychologie von Maine de Biran verweisen, eine der Quellen der spiritualistischen Tradition, die von Ravaisson zu Lachelier, Boutroux und Bergson führt, wie auch des Eklektizismus von V. Cousin und Royer-Collard. Das Hauptinteresse Maine de Birans galt der Widerlegung des Empirismus, vornehmlich der Humeschen Interpretation der Kausalität; nach seiner Ansicht sollten das Ich und die willentliche Anstrengung die Realitäten der Substanz, der Kraft und der Kausalität in direktem Zugriff erfassen können. Wir werden in Kapitel IV auf die Irrtümer der Introspektion zurückkommen, die zu diesen Resultaten geführt haben und ein gutes Beispiel für die ausschließliche Berufung auf Introspektion – und nicht auf psychophysiologische, psychopathologische und genetische Methoden – sind (das bedeutet keineswegs, wie wir von vornherein klarstellen wollen, daß diese Methoden das Studium des Bewußtseins oder des Subjekts als solchem vernachlässigen, wie die Anhänger der philosophischen Psychologie glauben oder sagen, indem sie mit der Doppelsinnigkeit der Introspektion spielen, die einerseits nur an das Ich, andererseits aber an die sich im Kontext des Verhaltens vollziehende Bewußtwerdung gebunden ist). Halten wir im Augenblick nur fest, daß das Ideal einer unmittelbar auf dem Ich und seinen Kräften begründeten metaphysischen Erkenntnis und das Ideal einer auf der Kritik der Wissenschaft begründeten metaphysischen Erkenntnis nur den Traum von einer der Wissenschaft »überlegenen« metaphysischen Erkenntnis gemeinsam haben: abgesehen von diesem gemeinsamen Wunsch widersprechen die beiden Positionen einander, wie es Kant in seiner Kri-

* Diese Überlegenheit wird vor allem durch die religiöse Unterscheidung zwischen der Natur und den transzendenten Realitäten nahegelegt bzw. verstärkt.

tik der rationalen Psychologie (derjenigen von Ch. Wolff, der wie Maine de Biran auf Leibniz fußte) sehr klar gesehen hat. Kritik der Wissenschaft heißt, im Ernst aufzuzeigen, daß jede Erfahrung eine Strukturierung des Gegebenen darstellt, an der das erkennende Subjekt aktiven Anteil hat, so daß die Erkenntnis als eine Interaktion zwischen den strukturierenden Operationen des Subjekts und den Eigenschaften des Objekts erscheint. Und wenn dies richtig ist, gibt es nicht den geringsten Grund, es sei denn einen affektiven, anzunehmen, die »innere Erfahrung« unterliege der allgemeinen Regel nicht, denn in der Introspektion betrachtet ein Teil des Ichs den anderen, das heißt, es gibt ein erkennendes Subjekt, das sich auf ein zu erkennendes oder erkanntes Subjekt bezieht. Behauptet man, in der Introspektion gebe es keine solche Trennung und das erkennende Subjekt verschmelze mit dem erkannten oder individuellen Subjekt, leugnete man sowohl die Introspektion (denn wenn die beiden Teile des Subjekts sich vereinigen, kann es keine Introspektion mehr geben, sondern nur noch irgendeine Aktivität) als auch die Universalität sowie die notwendige Aktivität des Erkenntnissubjekts. Aus diesem Grunde hat Kant gezeigt, daß das »Ich« nichts vom Charakter einer Substanz, einer Kraft oder einer Ursache hat, sondern seine Identität der »Einheit der Apperzeption« verdankt, während die metaphysische Psychologie Maine de Birans (neben ausgezeichneten psychologischen Beobachtungen) diese noetische Strukturierung des durch das erkennende Ich erkannten Ichs in ein metaphysisches Ich verwandelt; dies vollzieht sich auf einer bescheideneren Ebene und in einer Weise, die derjenigen sehr ähnlich ist, der Fichte, Schelling, Hegel und teilweise auch Schopenhauer zum Opfer fielen, als sie vom Kantschen *a priori* ausgingen, um die metaphysischen Begriffe des Ichs usw. wieder zur Geltung zu bringen.

4. Ein vierter Grund, bereits bei diesen großen Deutschen deutlich erkennbar und seither nur ärger geworden, ist der Romantizismus, der sich mehr und mehr dem Irrationalismus an-

genähert hat: sobald die Wissenschaften das Ideal der Rationalität verfolgen und die Metaphysik die Totalität des Realen erfassen will, muß, wenn die Metaphysik den Wissenschaften überlegen bleiben will, ein Erkenntnismodus vorausgesetzt werden, der das Irrationale als solches erfaßt. Ein solcher Modus ist die Intuition in dem überrationalen Sinne, den sie von Schelling bis Bergson angenommen hat – ein wesentlicher Nährboden des modernen Existentialismus, der nach dem Zweiten Weltkrieg so en vogue war wie der Bergsonismus nach dem Ersten. Kierkegaard, der ein freier Mensch war und die Philosophien nicht schätzte, hat mit guten Gründen behauptet, seine Existenz füge sich nicht in den Rahmen eines Systems: man hat ihm, wenn auch mit einiger Verzögerung, denselben Streich gespielt wie Kant, das heißt, man hat ihn zum Ausgangspunkt neuer Systeme gemacht!
Doch die Existenz ist eine Sache und die Erkenntnis der Existenz eine andere. Wenn der Philosoph sich von einem Romanschriftsteller unterscheiden will, dessen spezifische Fähigkeit darin besteht, die Realität in der Perspektive seiner Sicht der Welt zu zeichnen, ohne zu fragen, was sie unabhängig von dieser Sicht sei (das gilt auch, wenn er einer realistischen oder naturalistischen Schule angehört – besondere Formen persönlicher Sichtweise), muß er sich eine Epistemologie der Erkenntnis der Existenz verschaffen. Der Existenzphilosoph tut dies, indem er dekretiert, daß seine Weltsicht eine Erkenntnis wie jede andere sei, eine Erkenntnis, die allerdings verlangt, *möglichst wenig* zu denken, um zu erfassen, was vor aller Reflexion im unmittelbaren Erleben »angeboten« wird – als ob es darin eine ursprüngliche Intuition gäbe, die Quelle der (oder aller) Erkenntnis wäre. Wir werden in Kapitel IV auf die große psychologische Illusion zurückkommen, die darin besteht, einen absoluten Anfang der Erkenntnis in einer ursprünglichen Bewußtwerdung zu suchen, während in Wirklichkeit jede Erkenntnis an Aktion gebunden ist; außerdem werden wir die Epistemologie Husserls einer Kritik unterziehen. Im Augenblick wol-

len wir nur festhalten: wenn es – weil, wie Merleau-Ponty sagt, »das ganze Universum der Wissenschaft auf der Lebenswelt aufgebaut ist« – diese Intuition des Erlebten, die einen dem wissenschaftlichen Denken überlegenen Erkenntnismodus der Philosophie darstellen soll, tatsächlich gibt, dann werden die Ziele der Metaphysik recht bescheiden, denn mit einem solchen Irrationalismus (wir sprechen von Merleau-Ponty, Husserl geht weit über diesen von ihm formulierten Gesichtspunkt hinaus) entfernt sich die Metaphysik immer weiter von der Möglichkeit, die Wissenschaft zu begründen und damit zu beherrschen. Wenn das Universum der Wissenschaft auf der Lebenswelt »aufgebaut« ist, dann nicht wie ein Haus auf seinen Fundamenten, da das Spezifische des wissenschaftlichen Denkens darin besteht, sich, indem es ihr widerspricht, anstatt sich auf sie zu stützen, immer weiter von dieser Lebenswelt zu entfernen. Der wahre Ausgangspunkt der Wissenschaft ist in der Welt des Verhaltens und der Handlungen zu suchen, nicht in der aus ihrem motorischen und praktischen Kontext herausgelösten Wahrnehmung, denn die Operation des Denkens setzt das Handeln fort, indem sie es, anstatt ihm zu widersprechen, korrigiert.

5. Ein letzter wichtiger Grund für den Glauben an eine besonders geartete und der wissenschaftlichen Erkenntnis daher überlegene philosophische Erkenntnis ist prosaischer. Er ist soziologischer Natur und spielt vor allem in der öffentlichen philosophischen Meinung eine wichtige Rolle. Seit es die Philosophie als ein angesehenes Fach gibt, das in eine Fakultät eingegliedert ist, die der naturwissenschaftlichen Fakultät immer fremder wird, versteht es sich von selbst, daß die direkte Einführung in diese Disziplin – ohne, abgesehen von der der Gymnasien, irgendeine wissenschaftliche Vorbildung – zu Denkweisen führt, die den Glauben an eine völlige Unabhängigkeit der philosophischen Erkenntnis begünstigen. Angesichts des Fehlens jeglicher Kontrollinstanz für das philosophische Denken und angesichts der Wissenschaftsphilosophie, die als ein spezieller Zweig neben anderen erscheint, bedarf es eines

außerordentlichen philosophischen Mutes, um die epistemologischen Voraussetzungen der philosophischen Reflexion im Verhältnis zu den Bedingungen des positiven Wissens zu klären; sich der Illusion von absoluten Ausgangspunkten der Spekulation hinzugeben, ist demgegenüber nur allzu leicht.

Zusammen gesehen laufen alle diese Gründe auf den Glauben an einen fundamentalen Dualismus der Erkenntnis hinaus: auf der einen Seite steht das »positive« Wissen, dem Grenzen gesetzt werden müssen (unter Punkt C werden wir sehen, welcher Methoden man sich zur Festlegung dieser Grenzen bedient); auf der anderen Seite ein Wissen höherer Art, das als Grundlage der wissenschaftlichen Erkenntnis angeboten wird oder sich auf Bereiche bezieht, in denen die Wissenschaft keine Kompetenzen hat. Am Beispiel der Bergsonschen und der phänomenologischen Intuition (wir wählen dieses Beispiel nicht nur, weil diese beiden Begriffe von Intuition Elemente der beiden bemerkenswertesten parawissenschaftlichen Tendenzen sind, die in diesem Jahrhundert weite Verbreitung gefunden haben, sondern auch, weil ihre Urheber sehr eng an den Problemen der Wissenschaft geblieben sind) wollen wir nun den Geltungsanspruch derartiger Erkenntnismodi analysieren und prüfen: stellt die Intuition, die gleichzeitig das Objekt erfassen und dem Subjekt Wahrheit verbürgen soll – stellt diese Zweiheit in der Einheit tatsächlich eine von der Erfahrung und der Deduktion unterschiedene Erkenntnis dar, oder ist die unterstellte Einheit nur eine scheinbare?

C) Das im 19. Jahrhundert entstandene Ideal einer suprawissenschaftlichen Erkenntnis ist zunächst in der offen spekulativen Form des deutschen Idealismus oder in der bescheideneren und stärker an der Epistemologie interessierten Form einer Kritik der Wissenschaft aufgetreten. Gegen Ende des 19. und im Verlauf des 20. Jahrhunderts hat diese zweite Form zu einem ganz neuen Ereignis geführt, nämlich zu der Idee, auf der Ebene der »Dinge« und der Phänomene gäbe es neben der wissenschaftlichen Erkenntnis – unter der Voraussetzung, daß ihre Grenzen relativ streng festgelegt werden – Platz für eine andere Erkenntnis dieser Objekte und Phänomene, die vollkommen unabhängig und zu einem unendlichen Fortschritt fähig sein könnte. Bergson und Husserl sind diesen neuen Weg gegangen, allerdings haben sie sich dabei zwei sehr unterschiedlicher Methoden bedient: Bergson geht von Gegensätzen innerhalb ein und derselben Realität aus, um zu zeigen, daß, wenn in der einen der beiden möglichen Richtungen das rationale Erkennen auf legitime Weise zu Erfolgen gelangt, die andere einen andersartigen Erkenntnismodus zuläßt; Husserl nimmt im Gegensatz dazu verschieden hohe Ebenen an und sucht unterhalb der Ebene des Räumlich-Zeitlichen oder der »Welt« – doch für dieselben Objekte und in denselben Bereichen – ein Universum von Wesenheiten zu erkennen, zu denen man durch Reduktionen und Ausklammerungen, indem man von der Ausgangsebene aus zurückgehe, gelange. Obgleich die beiden Methoden dieselben Ziele verfolgen – Abgrenzung des wissenschaftlichen Erkennens und Begründung einer spezifischen und autonomen philosophischen Erkenntnis –, decken sie sich keineswegs, da die positive »Welt«, der Husserl entrinnen will, Zeit enthält, während einer der großen Gegensätze des Bergsonismus derjenige zwischen dem der rationalen Wissenschaft vorbehaltenen Raum und der reinen Dauer, der Domäne der metaphysischen Intuition, ist: J.-P. Sartre, ein Nachfolger Husserls, wird später sagen, daß die Intuition Bergsons nicht – wie diejenige Husserls – das Sein erreicht und daß die reine Dauer nur eine empirisch festgestellte kontingente Tatsache ist. Es ist interessant, gleich zu Anfang auf diese Widersprüche zwischen den beiden großen auf der philosophischen Intuition des Seins begründeten Systemen hinzuweisen, denn da die beiden Methoden sich auf dieselben Probleme beziehen, wie zum Beispiel auf das, den Ort der Mathematik oder der Psychologie im Verhältnis zum philosophischen Denken zu bestimmen, hätten sie sich ergänzen können. Wenn in den deduktiven Wissenschaften ein bestimmter Bereich auf sehr verschiedene Weisen analysiert wird, und das kommt häufig vor, so sind die unterschiedlichen Resultate nicht nur immer kompatibel, sondern früher oder später ist es auch möglich, die einen aus den anderen zu deduzieren. Im Fall der parawissenschaftlichen Intuitionen, von denen wir gleich reden werden, hat man hingegen den Eindruck, daß man, weil keine befriedigt hat, nach und nach alle Möglichkeiten versucht hat – so daß man sich im Hinblick auf beide Systeme fragen muß, ob ihre Kritik der Wissenschaften auf dem jeweiligen Arbeitsfeld, das sie gewählt haben, auch heute noch trägt und jenen Übergang zur Metaphysik rechtfertigt, den sie auf verschiedenen Wegen zu vollziehen gemeint haben und dessen einzige Gemeinsamkeit dieser Wille zu einer spezifischen und autonomen philosophischen Erkenntnis ist.

Die Bergsonschen Gegensätze – lebende Organisation und Materie, Instinkt und Intelligenz, Zeit und Raum, inneres Leben und Handeln oder Sprechen usw. – stellen zwei Probleme: handelt es sich wirklich um Gegensätze? Konvergieren sie schließlich aufgrund einfacher Einschachtelungen oder Äquivalenzen oder überschneiden sie sich, je nachdem, in welcher Verbindung sie auftreten? Die Geltung der als spezifisch philosophischer Erkenntnis eingeführten »Intuition« hängt letztlich von der Lösung dieser beiden Probleme ab.

1. Der Gegensatz zwischen dem organischen Leben und der Materie entspricht einem zutage liegenden wissenschaftlichen Problem, nämlich dem des Gegensatzes zwischen der für das Leben charakteristischen sich entwickelnden Organisation und der fortschreitenden Unordnung aleatorischer Natur, der Vergrößerung der Entropie. Deshalb haben sich große Autoren wie Helmholtz und jüngst Ch.-Eugène Guye gefragt, ob die organischen Mechanismen dem zweiten Grundsatz der Thermodynamik gehorchen oder ob man in ihnen nicht vielmehr einen Nicht-Zufall am Werk sehen sollte, der nicht in den Einflußbereich dieses Prinzips fällt. Dieser bis dahin nur mögliche Dualismus ist von Bertalanffy und Prigogyne mit ihrer Theo-

rie der offenen Systeme (deren thermodynamische Formulierung übrigens noch keineswegs klar ist) erneut gründlich studiert worden. Der Bergsonismus kann seinen fundamentalen Gegensatz natürlich durch Berufung auf solche Ideenströmungen rechtfertigen, und der Physiker O. Costa de Beauregard zeigt in einer philosophischen Dissertation über die *Zeit*, in der er exakte Physik mit einer etwas gewagten Metaphysik vermischt, keinerlei Bedenken, die verschiedenartigen Konzepte des Bergsonismus und der Negentropie im physikalischen wie im informationstheoretischen Sinne (bekanntlich spielt der Begriff der Entropie in der Informationstheorie eine zentrale Rolle) miteinander zu verbinden.

Doch wenn der Bergsonsche Gegensatz zwischen dem Leben und der Materie auf dem Feld der Thermodynamik geschlossener und offener Systeme auch gute Argumente findet, mit denen sich das schöne Bild der aufsteigenden Lebensströmung, von der ein Teil immer wieder in Materie zurückfällt, rechtfertigen läßt, ist deshalb nicht evident, daß dieser Dualismus – selbst wenn er bestätigt werden sollte – sich auf *alle* Beziehungen zwischen dem Leben und der Materie verallgemeinern läßt.

Wir berühren hier das Problem des Vitalismus und der physiko-chemischen Erklärung organischer Prozesse und damit eine Methodenfrage, die für unsere Absichten von großer Bedeutung ist: kann bzw. darf der Philosoph sich in die möglichen wissenschaftlichen Lösungen eines Problems einmischen? In der Perspektive Husserls, der verschiedene übereinander liegende Ebenen annimmt, greift der Philosoph grundsätzlich nicht in das Feld der Wissenschaften ein: er läßt sie gewähren – Husserl unter Anerkennung der Geltung ihrer Methoden (selbst in der experimentellen Psychologie), weil er sie kennt, Sartre mit Geringschätzung, weil er die Methoden der Wissenschaften weniger gut kennt –, und er beschränkt sich darauf zu zeigen, daß es andere Ebenen gibt, auf denen die Philosophie im Erfassen der Wesenheiten souverän ist. Allerdings meint Husserl, daß in bestimmten Fällen, zum Beispiel in der Mathematik und in der Physik, der Wissenschaftler selbst zu dieser Intuition der Wesenheiten gelangen oder sich ihrer unbewußt bedienen müßte; in anderen Fällen, wie in der Psychologie, will er den Bereich des Experimentalpsychologen auf ein begrenztes Feld beschränken, auf das Räumlich-Zeitliche, und diese beschränkte Forschung durch eine philosophische Psychologie, ihre notwendige Ergänzung, vervollständigen. Doch in das eigentliche wissenschaftliche Erkennen mischt sich der Philosoph nicht ein. In der Perspektive der Bergsonschen Gegensätze, die den Wissenschaften ein sehr viel weiteres Feld überläßt, greift der Philosoph jedoch auch in die wissenschaftlichen Lösungen ein, was andere Probleme stellt. In Kapitel v werden wir u. a. sehen, wie Bergson, dem es gar nicht gefiel, in der Relativitätstheorie einige wesentliche Merkmale der Bergsonschen Zeit wiederzufinden, die er dem Bewußtsein und dem Leben vorbehalten wollte, den merkwürdigen Versuch unternommen hat, die Einsteinsche Mechanik in Bausch und Bogen zu widerlegen. Auf dem Gebiet der Biologie, das uns hier interessiert, hat er natürlich für den Vitalismus und gegen die physiko-chemischen Interpretationen Partei ergriffen, denn für ihn kam es darauf an, den Gegensatz von Leben und Materie in jedem Punkt aufrecht zu erhalten.

Sieht man einmal von den Fragen der Kompetenz und der Verfahrensregel ab, die F. Gonseth in die Grundprinzipien seiner Philosophie der Wissenschaften einführt, so besteht die Gefahr solcher Parteiergreifungen offensichtlich darin, eine metaphysische Wahrheit (die unabhängig sein soll) mit gerade modischen Theorien oder der Problemstellung dieser modischen Theorien zu verknüpfen. Indes, im Jahre 1907, dem Erscheinungsjahr der *Schöpferischen Entwicklung*, schienen nur zwei Lösungen möglich zu sein: Reduktion des Organischen auf eine als endgültig aufgefaßte Physiko-Chemie, denn die von der Relativitätstheorie und der Quantentheorie ausgelösten Umwälzungen hatten das scheinbar unerschütterliche Gebäude

der klassischen Mechanik in der öffentlichen Meinung noch nicht ins Wanken gebracht, oder Entwicklung einer spezifischen Theorie der organischen Erscheinungen, die den klassischen Vitalismus im Lichte neuer und von der vorhandenen Pysiko-Chemie nicht erklärbarer Tatsachen erneuerte. Daher erschien es durchaus vernünftig, die Partei des Vitalismus zu ergreifen, einmal aufgrund der offenkundigen Unzulänglichkeit der üblichen mechanistischen Erklärungen und außerdem aufgrund der Renaissance des Vitalismus und vor allem der aufsehenerregenden Konversion Drieschs. Driesch hat bekanntlich entdeckt, daß im *Blastula*-Stadium zweigeteilte Seeigelembryonen regenerieren; doch anstatt zu sehen, daß er mit dieser Entdekkung der neuen Wissenschaft der Kausalembryologie, die seither beträchtliche Fortschritte gemacht hat, den Weg gebahnt hatte, war er von der Neuheit dieser Tatsache so stark beeindruckt, daß er alle wissenschaftlichen Erklärungsversuche aufgab und zur aristotelischen Entelechie Zuflucht nahm – so gut, daß er schließlich Philosophieprofessor wurde.
Inzwischen sind jedoch drei bedeutsame Schritte gemacht worden. Der erste besteht in der radikalen Veränderung der Physik, die aufgrund neuer, vorher gänzlich unvorhersehbarer Erklärungsmodi für höhere (Relativität) und niedere Ebenen (Mikrophysik) ihre früheren Resultate zwar nicht verleugnet, aber auf eine bestimmte Ebene verwiesen hat. Aus dieser neuen Flexibilität ergibt sich: sollte man zu einer physiko-chemischen Erklärung des Lebens kommen, so wird dies dadurch geschehen, daß man die bereits erneuerte Physik noch weiter bereichert, so daß man von einer einsinnigen Reduktion zu einer reziproken Assimilation gelangt. Doch so befriedigend eine Interpretation, die die vom Vitalismus immer wieder hervorgehobenen Eigenschaften der Organisation berücksichtigt (die er als unerklärbar ansieht), auch sein mag – sie ist keineswegs eine Bestätigung des Bergsonschen Gegensatzes, denn ihr zufolge besteht Kontinuität und nicht mehr ein radikaler Dualismus.
Zweitens haben die Versuche, die Kontinuitätshypothese zu

bestätigen, mit der Entwicklung der neuen Disziplin der Molekularbiologie und mit der beträchtlichen Erweiterung der Biochemie echte Fortschritte gemacht: vor allem hat man Zwischenformen zwischen dem Physikalischen und dem Organischen entdeckt, die bestimmte allgemeine biologische Eigenschaften – wie die Assimilation – besitzen, während sie andere – wie die Atmung – nicht besitzen.

Drittens, und dieser Punkt muß den Philosophen ganz besonders interessieren, stehen wir seit einigen Jahren nicht mehr vor den klassischen Alternativen Mechanismus oder Vitalismus, Zufall oder Finalität usw., weil sich Erklärungsmodi eines dritten Typs – wie der Organizismus von Bertalanffy und vor allem die Kybernetik, die ihren Ort genau zwischen dem Physikalischen und dem Organischen hat* – entwickelt haben. Diese Konzeptionen suchen die spezifischen Eigenschaften des Organismus – Regulationen finalistischen Charakters, Äquilibration usw. – vermittels streng kausaler Modelle zu erfassen, und diese dritte Perspektive, die, wie immer, in dem Augenblick aufgetaucht ist, als man vor unlösbaren Alternativen stand, stellt zweifellos die für den Bergsonschen Dualismus gefährlichste Antwort dar, weil durch sie das Problem in der von Bergson gestellten Weise überholt erscheint, vor allem aber, weil der Modus des kybernetischen Denkens und die Konstruktion mechanischer Modelle, die Finalität, Lernen und sogar die Entwicklung über Stufen des Gleichgewichts simulieren, jene kongenitale Nichtangepaßtheit der Intelligenz an die organischen Gegebenheiten, die von einer anderen These Bergsons behauptet wird (s. unter 3.), zu widerlegen scheinen.

2. Der Gegensatz zwischen der (vom Organismus oder vom geistigen Subjekt) erlebten Dauer und dem physikalischen Raum ist noch fragwürdiger, weil der Philosoph, der sich, ehe er sich mit der allein seligmachenden Methode der Introspektion der Psychologie zuwandte, zunächst immerhin auf das

* Vgl. z. B. die schönen Interpretationen von C. H. Waddington, der zu einer Art *tertium* zwischen dem Lamarckismus und dem Neodarwinismus kommt.

Studium des mathematischen und physikalischen Erkennens spezialisiert hatte, hier sowohl durch Verkennen der psychogenetischen Gegebenheiten als auch durch offenkundige Irrtümer auf physikalischem Gebiet sündigt.

Was die psychogenetischen Gegebenheiten angeht (in Kapitel IV werden wir unter dem Gesichtspunkt der Kritik der philosophischen Psychologie darauf zurückkommen, hier nehmen wir nur den der Epistemologie ein), so ist die Dauer Bergsons – mit ihrer Eigenschaft, weder metrisch noch räumlich, aber fähig zu sein, sich je nach Inhalt auszudehnen oder zusammenzuziehen, und nichts anderes zu sein, als Konstruktion oder kontinuierliche Schöpfung dieses Inhalts (»die Zeit ist Schöpfung oder gar nichts«) – nur ein Aspekt der erlebten Zeit. Und selbst dieser Aspekt ist nicht »rein« zeitlich, denn wenn die erlebte Zeit Schöpfung ist, muß jene Konstruktion, deren »Stoff« die Zeit ist (die Zeit ist der eigentliche »Stoff« der Wirklichkeit), sich mit einer Geschwindigkeit abspielen, die weder null noch unendlich beträgt. Die Zeit setzt also die Geschwindigkeit voraus, diejenige der wahrgenommenen oder beobachteten äußeren Prozesse oder diejenige der inneren Prozesse der geistigen Tätigkeit; dies ist ein erster wesentlicher Punkt, den die psychogenetische Erforschung der Zeit zu klären scheint. Danach erlangt das Subjekt spontan drei Arten zeitlicher Operationen, die – unabhängig von jeder physikalischen Erkenntnis – diese erlebte Zeit in gewissem Grade strukturieren:

a) Ordnung der Ereignisse nach ihrer Sukzession; *b*) Einschachtelung der Intervalle, so daß im Hinblick auf nach ABC ... angeordnete Ereignisse (innere oder äußere) die Dauer AB für kürzer gehalten wird als die Dauer AC, auch wenn diese Zeiten nach dem Maßstab eines gleichmäßigen Fließens nicht homogen sind; *c)* eine aus der Synthese von *a)* und *b)* gebildete Metrik, der zufolge sich aus der Beziehung der Dauer AB und BC ableiten läßt: AC = 2 AB. Diese Metrik setzt weder eine äußere Uhr, noch den Rekurs auf die Physik voraus – und Bergson, der eine Vorliebe für musikalische Bilder hat, hätte bemerken können, daß selbst die volkstümlichste und spontanste Musik eine derartige Metrik voraussetzt (auch unabhängig von der musikalischen Schrift in ganzen, halben und Achtelnoten). Die erlebte Dauer des Kindes ist zunächst präoperativ oder intuitiv, dann teilweise operativ; beide Modi sind auch noch in der des Erwachsenen wirksam.

Was die Physik angeht, deren Zeit ihm ausschließlich als räumlich und ohne irgendeine Beziehung zur erlebten Dauer erschien, hat Bergson nicht gesehen, daß auch die physikalische Zeit von der Geschwindigkeit abhängt (was vor der Relativitätstheorie durchaus entschuldbar ist; es zeigt indes, daß die philosophische Erkenntnis diese nicht antizipiert hat). Aus seinem Begriff einer räumlichen und sozusagen ihres Inhalts entleerten Zeit hat er eine Konsequenz gezogen, die ihm als Bestätigung seiner Thesen erschien: bei einer Variierung aller Geschwindigkeiten im Universum ändert sich nichts an den zeitlichen Beziehungen, die der Physiker mißt. Praktisch zur selben Zeit aber ist die Relativität entdeckt worden, die dieser These widerspricht – daher Bergsons Versuch, Einstein zu widerlegen, und die Erwiderung von A. Metz, die Fehler in der Argumentation von Bergson aufzeigt.

Vom Gegensatz zwischen der erlebten Dauer und der verräumlichten Zeit oder dem physikalischen Raum bleibt also nichts übrig. Der physikalische Raum hängt ebenfalls von seinem Inhalt ab, und beide hängen von der Geschwindigkeit ab. Hinsichtlich der Beziehungen zwischen diesem Gegensatz und demjenigen von Leben und Materie ist klar, daß die Evolution des Lebens in einer historischen Entwicklung besteht, die eine kontinuierliche zeitliche »Schöpfung« voraussetzt (zweifellos mit Perioden beschleunigter und verlangsamter Entwicklung). Aber das Leben ist ebensosehr räumliche Schöpfung, denn die unglaubliche Mannigfaltigkeit der Formen setzt eine erstaunliche geometrische Kombinatorik voraus, und man hat bei den Übergängen von einer Fisch- oder Muschelform zu phylogenetisch benachbarten Formen wohldefinierte geometrische Transformationen – topologische, affine usw. – gefunden.

3. Wir kommen jetzt zum unter epistemologischen Gesichtspunkt zentralen Gegensatz von Intelligenz und Instinkt, denn Bergson zufolge soll die Intelligenz (oder der Verstand) nur die Materie und den Raum adäquat erkennen können, während der Instinkt, allein oder zur Intuition erweitert, *der* Erkenntnismodus ist, der das Leben und die »reine« Dauer zu erkennen vermag.

Bergsons Vorstellungen über den Instinkt sind von denjenigen Fabres beeinflußt, der ein genialer Beobachter war, dessen Interpretationen jedoch von seiner Theologie nicht unabhängig waren: Unveränderlichkeit des Instinkts im Gegensatz zur Flexibilität der Intelligenz, äußerst präzise, aber begrenzte und blinde Erkenntnis im Gegensatz zu Versuchen, aber auch zum Bewußtsein und zur Intelligenz. Inzwischen haben sich unsere Informationen über die Intelligenz wie über die Instinkte vervielfacht – die Informationen über die Intelligenz aufgrund der psychogenetischen Erkenntnisse, die über die Instinkte aufgrund experimenteller Studien der sogenannten »objektivistischen Schule« (Tinbergen, Lorenz, von Holst usw.) und der französischen Schule von Grassé, Deleurance usw.; das Problem stellt sich daher nicht mehr in der alten Weise.

Um das Problem richtig zu stellen, muß man zunächst sehen, daß es falsch wäre, sich in die in linearen Termini formulierte Alternative Kontinuität oder Diskontinuität einzuschließen, als ob die Intelligenz, einmal auf dem Weg, auf ein und derselben Ebene gradlinig fortschritte. In Wirklichkeit baut sich die Intelligenz über sukzessive Äquilibrationsstufen auf, derart, daß auf jeder dieser Stufen die Arbeit mit einer Rekonstruktion dessen beginnt, was auf der vorhergehenden in freilich begrenzterer Form bereits erreicht worden war. So findet man beim Kind – noch vor der Sprache – eine erste Stufe der Intelligenz, die senso-motorische Intelligenz, die schon relativ weit reicht: Erhaltungspläne mit der Konstruktion des konstanten Objekts, Reversibilität mit der praktischen Gruppe der Verschiebungen, objektivierte und verräumlichte Kausalität usw. Auf der nächsten Stufe, der des anschaulichen Denkens und der konkreten Operationen, müssen alle Erwerbungen der senso-motorischen Stufe auf der Ebene der Anschauung oder der Repräsentation rekonstruiert sein (diese Arbeit nimmt die Periode vom zweiten bis zum sechsten Lebensjahr in Anspruch), ehe sich im Alter von etwa sieben Jahren die ersten repräsentationalen Erhaltungen und die ersten reversiblen Operationen bilden können. Im Alter von etwa elf bis zwölf Jahren beginnt schließlich eine durch formale oder hypothetisch-deduktive Operationen charakterisierte dritte Stufe mit einer Neustrukturierung der konkreten Operationen, die dazu führt, daß sich die neuen Operationen zu die vorhergehenden integrierenden Operationen zweiten Grades entwickeln.

Wenn die Intelligenz sich nicht linear entwickelt, sondern aufgrund von sukzessiven Konstruktionen auf verschiedenen Stufen, so ist klar, daß die untere oder senso-motorische Stufe nicht als ein absoluter Anfang angesehen werden kann; sie muß auf eine noch frühere Stufe, eine organischer Natur, die im System der Reflexe oder Instinkte bestehen könnte, zurückgehen (es gibt keinen prinzipiellen Unterschied zwischen Reflexen und Instinkten; Reflexe sind nichts anderes als Differenzierungen globalerer rhythmischer Aktivitäten). Was den Instinkt angeht, so hat man festgestellt, daß weder seine Unfehlbarkeit noch seine Unveränderlichkeit absolut sind. In bestimmten Fällen (Deleurance) hat man einen kleinen Spielraum für Lernen gefunden, der einen Übergang zur Intelligenz darzustellen scheint. Außerdem hat man, und das ist von höchster Bedeutung, die Existenz erblicher »signifikanter Zeichen« festgestellt, die die motorische Aktivität auslösen. Diese Zeichen werden durch Assimilation erkannt, und die Assimilationspläne (die von mechanischen Assoziationen wohl zu unterscheiden sind) sind generalisierbar (man kann alle möglichen Arten von »Ködern« konstruieren, die das natürliche Zeichen imitieren und den Grad der Generalisierung anzeigen) und vor allem in manchen Fällen relativ flexibel: so ist im Fall der *stigmeries* von Grassé, in deren Verlauf die Termiten sich in verschiedene Formen verwandeln, die zeitliche Ordnung der Operationen nicht konstant, sondern weist beträchtliche Variationen auf. Schließlich, und das ist das Entscheidende, findet man auf allen Ebenen, selbst auf der der Protozoen, neben den Instinkten Lernverhalten, und beim menschlichen Säugling kann man – über kontinuierliche Übergänge – die Stufen verfolgen, die von den (instinktnahen) globalen spontanen Bewegungen und den Reflexen selbst zu konditionierten Verhaltensweisen, zu den ersten Gewohnheiten und – durch Koordinierung der mit den Gewohnheiten verbundenen Assimilationspläne – zu den ersten Akten der Intelligenz im eigentlichen Sinne führen.

Alle diese Tatsachen scheinen eine Interpretation nahezulegen, der zufolge das System der Instinkte eine Art Logik der Organe darstellt (wobei die Logik das Resultat der Koordinierung der Verhaltensakte oder Operationen wäre), aus der auf einer höheren Stufe die Logik der senso-motorischen Verhaltensweisen und der senso-motorischen Intelligenz, deren Vorhandensein bei den Anthropoiden und dem menschlichen Kind so überaus evident ist, abgeleitet wird.

4. Wenn die im vorhergehenden betrachteten Gegensätze sich alle in der Analyse auflösen, wird Bergsons grundlegende epistemologische These – die Intelligenz sei unfähig, das Leben zu begreifen, sie erkenne nur den Raum und die unorganisierte Materie, aber auch diese nur in ihren statischen Aspekten und ohne Zusammenhang – recht fragwürdig.

Das erste Argument des Philosophen lautet, die Intelligenz sei aus der Einwirkung auf die Materie hervorgegangen. Darin liegt eine doppelte Schwierigkeit. Erstens geht die Intelligenz von der Aktion im allgemeinen aus, nicht nur von der, die auf die Materie oder auf unbelebte Körper einwirkt, sondern ebenso von der, die auf die Person eines anderen oder den eigenen Körper einwirkt. Zweitens und vor allem gehen Logik und Mathematik nicht auf die Form der Objekte zurück, auf die sie angewandt werden können – das war die Annahme des klassischen Empirismus –, sondern auf die allgemeinen Koordinationen der Aktion (vereinigen, ordnen, in Beziehung setzen usw.), die von der Natur der betroffenen Objekte unabhängig sind.

Das zweite Argument lautet, die Intelligenz rekonstruiere – einem berühmt gewordenen Vergleich zufolge in einem dem »kinematographischen Verfahren« analogen Prozeß – das Kontinuum vermittels des Diskontinuierlichen, die Bewegung vermittels des Unbeweglichen usw. In bezug auf diesen zentralen Punkt argumentiert Bergson so, als reduziere sich die Intelligenz auf die bildhafte Repräsentation – das innere Bild ist in der Tat seiner Natur nach statisch, unfähig, das Kontinuierliche zu erfassen usw. Bergson vergißt völlig, daß es auch *Operationen* gibt, die sich ihrem Wesen nach auf Transformationen und nicht nur auf Zustände beziehen, die in Akten bestehen und nicht in Bildern und die als solche die Bewegung und die produktive, dynamische Strukturen erzeugende Konstruktion erfassen. In seiner Metapher des kinematographischen Verfahrens sieht Bergson nur die aufeinanderfolgenden Momentaufnahmen, die den bildhaften Repräsentationen entsprechen, doch er vergißt den Motor, der dafür sorgt, daß sie ablaufen – den operativen Motor, in dem die Intelligenz steckt.

In bezug auf die zwischen logisch-mathematischer Intelligenz und dem Leben im allgemeinen unterstellte Heterogenität kann man dem Bergsonismus heute zwei Antworten geben. Einmal: diese Form der Intelligenz ist wesentlich operativ und die grundlegenden Operationen gehen auf die Koordination von Aktionen zurück, eine Koordination, die sich, da sie sich auf die Koordinationen der Nerven stützt, bereits auf der Ebene der Biologie findet (McCulloch und Pitts haben in den synaptischen Koordinationen bekanntlich alle Arten von Beziehungen wiedergefunden, die für die Aussagenlogik charakteristisch sind). Aber die Antwort geht noch weiter. Die psychogenetische Erforschung der Bildung der Operationen zeigt, daß sie die höchste Gleichgewichtsform (weil sie äquilibriert sind, sind die Operationen vollständig reversibel) einer Reihe semireversibler Regulationen, ihren Entwürfen oder Vorbereitungen, darstellen. Die Begriffe der Regulation und der Äquilibration sind in erster Linie biologische Begriffe; es erscheint daher evident, daß zwischen der organischen Autoregulation, dem zweifellos wichtigsten biologischen Prozeß, und jener inneren Autoregulation oder Autokorrektion, welche die Logik ist, eine gewisse Kontinuität besteht. Andererseits ist es, wenn man kein Empirist oder Apriorist (oder Platoniker) ist, schwierig zu begreifen, warum die Mathematik so wunderbar auf die physikalische Realität paßt, wenn die Wurzeln der logisch-mathematischen Strukturen nicht in der biologischen Organisation stecken, die gleichzeitig motorische Quelle des Subjekts und die Ursache der grundlegenden Anpassungen ist.

Die zweite Antwort auf die These von der Heterogenität von Intelligenz und Leben besteht darin, daß das System der organischen Regulationen, aus dem die elementaren geistigen Operationen hervorgegangen zu sein scheinen, heute einer logisch-mathematischen Behandlung zugänglich ist, die sich freilich weder aus der klassischen oder Einsteinschen Mechanik noch aus der Physik der festen Körper usw., sondern aus der Kybernetik ableitet, jener neuen Disziplin, der es gelingt, bestimmte wesentliche Aspekte des »Lebendigen« zu imitieren. Asbhys Homöostat zeigt, wie Probleme durch Äquilibration gelöst werden können, Rosenblatts »Perzeptron« zeigt, wie ein Organismus etwas lernen kann; Paperts »Genetron« zeigt, wie eine Entwicklung sich über sukzessive Gleichgewichtsstufen vollziehen kann. Die Rückkopplungsmodelle oder *feedbacks* liefern eine mögliche allgemeine Erklärung der Regulationen und darüber hinaus sogar das, was man heute als »mechanische

Äquivalente der Finalität« bezeichnet. Es läßt sich also nicht mehr die Ansicht vertreten, die operative Intelligenz sei hinsichtlich der Prozesse des Lebens für immer mit Blindheit geschlagen.

5. Aus diesen verschiedenen Gegensätzen, denen heute, wie wir gesehen haben, keine Bedeutung mehr zukommt, leitet Bergson schließlich seine zentrale These einer nicht auf den Verstand oder die wissenschaftliche Erkenntnis reduzierbaren metaphysischen Erkenntnis *sui generis* ab: Modus dieser Erkenntnis ist der sich selbst bewußt werdende Instinkt oder die Intuition, welche die eigentlichen Realitäten des Lebens, die reine Dauer oder die schöpferische Arbeit des Bewußtseins, direkt erfaßt. Als Mittel zur Erlangung dieser Intuition des Lebens empfiehlt Bergson: in sein Bewußtsein hineinsehen und es von den oberflächlichen und hartnäckigen Schlacken der Gewohnheiten befreien, die aus der Einwirkung auf die Materie, die Sprache und das soziale Leben entstanden sind; zu den dem Traum und dem schöpferischen Unbewußten benachbarten Regionen in sich hinabsteigen, um dort unten das Sprudeln des *élan vital,* seine Spiritualität und sein Werden zu erfassen.

Es ist oft gesagt worden, daß diese persönliche Intuition Bergsons das Produkt einer äußerst differenzierten Intelligenz ist, deren Reflexion nicht behauptet, sie erreiche das Sein unmittelbar, sondern die zunächst aussondert, trennt und abstrahiert, um ein höchst komplexes Modell der Dauer zu rekonstruieren. Sartre wirft Bergson ein wenig grob vor, er nehme die reine Dauer als eine empirische Tatsache oder ein zufälliges Ereignis. Wir sagen genau das Gegenteil: die reine Dauer ist das Produkt einer außerordentlich hoch entwickelten Intelligenz; und die Sartreschen Konstruktionen ordnen wir der Kategorie der konstruierten Introspektionen zu.

Im Gegensatz zum kartesischen oder zum Husserlschen *cogito* postuliert die Intuition Bergsons keinen absoluten Anfang, von dem aus sich das System entwickelt hätte; sie ist vielmehr die

Resultante aus einer Vielzahl reflexiver Analysen. Wenn man sagt, sie habe sie geleitet, spricht man von einer intellektuellen Intuition, das heißt, von globalen Hypothesen, von denen man das »Gefühl« hat, sie könnten zu etwas führen, bevor sie in einzelne Überlegungen zerlegt werden. Es ist also nicht zu sehen, inwiefern es sich bei der Intuition, sei es als Resultante, sei es als leitende Hypothese, um einen für die Metaphysik spezifischen Erkenntnismodus *sui generis* handelt.

E. Le Roy hat die Philosophie Bergsons für revolutionär gehalten, und sie mit den Revolutionen Kants und Sokrates' verglichen, weil beide eine neue Methode hervorgebracht haben. Bergson hat zwar großen Einfluß ausgeübt, allerdings nicht dadurch, und darin liegt gerade ein Unterschied zu Sokrates und Kant, daß seine »Intuition« angewandt wurde. Sein Einfluß geht vielmehr auf den Akzent zurück, den er auf das Werden und die erlebte Dauer legte, obwohl zur gleichen Zeit, als *Zeit und Freiheit* erschien, der Psychologe W. James ebenfalls heftig gegen den Assoziationismus zu Felde zog und vom »Bewußtseinsstrom« sprach (s. Kap. IV, D). Doch das schöpferische Werden vermag weder die Intuition noch die Metaphysik zu rechtfertigen, und man kann folgendes als Gegenbeweis anführen. Mein Lehrer Brunschvicg hegte tiefe Bewunderung für Bergson (und diese ging so weit, daß er, wie mir schien, häufig ungewollt Bergsons englische Aussprache des »t« nachahmte)*.

* Da dieses Buch auch den Charakter einer Konfession hat, will ich mir nicht das Vergnügen versagen, an den Anfang eines Besuches bei Bergson zu erinnern, den ich ihm bei Gelegenheit meines ersten Vortrags vor der Französischen Gesellschaft für Philosophie abstattete. Ich war sehr beeindruckt, den großen Bergson zu sehen, doch nach dem Einfluß, den er in meiner Jugend auf mich gehabt hatte, war mir in diesem Augenblick nicht ganz klar, daß der durch seinen Rheumatismus ans Haus gefesselte alte Herr derselbe Bergson war, den ich in meiner Jugend mit so großer Begeisterung gelesen hatte. Einleitend sagte er freundlich: »Sie haben Diskontinuitäten zwischen dem Kind und dem Erwachsenen eingeführt. Ich halte mehr von der Kontinuität.« Bewegt antwortete ich: »Ich weiß, daß Sie ...« Ich hielt gerade noch rechtzeitig inne, denn ich hatte fortfahren wollen, »daß Sie Bergsonianer sind«.

Bergson hat also sicherlich Einfluß auf ihn gehabt; gleichwohl ist die Entwicklung des Denkens in der Philosophie, gleichgültig ob sie sich auf die Mathematik, die Physik oder die Moral bezieht, nach Brunschvicg ein schöpferischer Strom ohne Finalität, der – erstaunlicherweise – der auf die Geschichte der Intelligenz bezogenen Dauer Bergsons entspricht.

D) Bergsons Antithesen und Gegensätze, die auf der Realitätsebene angesiedelt sind, die auch von den Wissenschaften erforscht wird, laufen also Gefahr, durch deren Fortschritte widerlegt zu werden. Husserls Methode, die verschiedene Ebenen voraussetzt und »Reduktionen« und »Ausklammerungen« vornimmt, birgt diese Gefahr nicht, weil sie den Wissenschaften nicht widerspricht, sondern sie nur durch einen spezifisch metaphysischen Erkenntnismodus ergänzen will; sie ist der komplementären Gefahr ausgesetzt, daß die wissenschaftliche Analyse in ihrem unbegrenzbaren Fortschreiten auf ihre scheinbar voneinander getrennten und geschützten Ebenen übergreift.

Der große Fortschritt der Husserlschen Intuitionen besteht darin, daß sie, anstatt von einem Gegensatz zwischen Subjekt und Objekt auszugehen, unmittelbar an die »Sachen selbst« heranzugehen versuchen. Husserl setzt sich sowohl zum Idealismus oder Kantischen Apriorismus, die alles dem Subjekt zuschreiben, als auch zum Empirismus oder Positivismus, die nur das Objekt sehen und das Subjekt vergessen, in Gegensatz. Die grundlegende Gegebenheit ist für ihn daher das Phänomen, Resultat einer unauflöslichen Interaktion, und diese Unauflösbarkeit ist der Punkt, von dem aus er zum Realen gelangen will. Dies ist auch der Aspekt seiner Theorie, durch den die Phänomenologie die psychologische Gestalttheorie beeinflußt hat, aus der sich später ein vollkommen antihusserlscher Physikalismus entwickelt hat. Ursache dieser Entwicklung war eine immer stärkere Vernachlässigung des Subjekts, die wiederum darin begründet ist, daß die Gestaltpsychologie mit dem Begriff der unauflöslichen Interaktion von der Phänomenolo-

gie auch das geerbt hat, was man als ihren Aktualismus oder ihr völliges Außerachtlassen der historischen oder genetischen Dimensionen bezeichnen könnte.
Die Interaktion oder Unauflösbarkeit von Subjekt und Objekt kann unter zwei Gesichtspunkten analysiert werden. Stellt man sich auf den Standpunkt der Tatsachen, das heißt, des Phänomens, so wie es sich ohne unmittelbare Absicht, es zu transzendieren, darbietet, erscheint diese Interaktion als ein Moment der Geschichte, der Geschichte des Individuums oder der Geschichte der Ideen, also als ein Gegenstand der Psychogenese oder der Geschichte der Wissenschaften, und die Forschungsarbeit muß darin bestehen, die Phasen einer solchen Interaktion zu rekonstruieren. Brunschvicg ist oft wegen seines Idealismus kritisiert worden, weil er dieses Wort liebte, vor allem aber, weil er in seinen philosophischen Untersuchungen über die Mathematik und die Physik die Biologie nicht berücksichtigt hatte; Parodi hat ihm hingegen Positivismus im Sinne von Szientismus vorgeworfen und hatte damit weder mehr recht noch mehr unrecht. In Wirklichkeit war Brunschvicg ebenso wie Husserl ein Gegner des Empirismus wie des Apriorismus und kam ebensooft wie jener auf die Interaktion zwischen Subjekt und Objekt zu sprechen, die, wie er zu sagen pflegte, miteinander »raufen« und dabei ständig einander modifizieren. Er studierte diese gegenseitigen Modifizierungen vermittels der historisch-kritischen Methode im Bereich der Geschichte. Im Bereich der genetischen Psychologie habe ich immer wieder auf derselben Interaktion insistiert, und wenn ich immer wieder auf die Aktivität des Subjekts zurückkomme, so deshalb, weil die Psychologen aus dem empiristischen Lager (nichts ist unmöglich) es allzu oft vergessen (was manche Leser dieses Buches sicherlich nicht daran hindern wird, mich weiterhin als Positivisten zu betrachten).
Man kann sich aber auch, wenn man von der Interaktion zwischen Subjekt und Objekt oder vom Bewußtsein in seiner »Beziehung zur Welt« ausgeht, auf eine innere oder epistemolo-

gische Analyse beschränken, die man, da sie sich sowohl auf den Gegenstand als auch auf das ihn durch Intuition erkennende Subjekt bezieht, als »ontologische« Analyse bezeichnet. Dies wird die Methode Husserls sein, doch um deren Mängel und Absichten, das heißt, ihren »Antihistorismus« und ihr Ziel, die zeitlosen Wesenheiten zu erfassen, zu verstehen, müssen wir ein wenig Geschichte betreiben.

Wir haben in Kapitel II bereits erwähnt, daß Husserl mit einem schönen Buch über die Philosophie der Arithmetik begonnen hat, in dem er den numerischen Operationen durch bestimmte innere Operationen – wie zum Beispiel der der Kolligation oder Zusammenfügung zu einem Komplex – Rechnung zu tragen suchte. Dieses Buch hat die Kritik der Logiker hervorgerufen; sie haben ihm »Psychologismus« vorgeworfen, das heißt, einen zweifellos unzulässigen Übergang von der Ebene der Tatsachen zu der der Normen. Im Prinzip hatten die Logiker fraglos recht; Husserl ließ sich von ihnen überzeugen, und zwar so weit, daß er sich zum Kult der zeitlosen Wahrheiten bekehrte (er besaß übrigens eine hohe mathematische Bildung) und sich der Erforschung der Methoden widmete, die das Subjekt-Objekt zu ihnen hinführen. Doch zum Unglück für seine spätere Theorie hat er an diesem Wendepunkt seiner Entwicklung zwei wesentliche Punkte nicht begriffen.

Der erste mag zweitrangig erscheinen, und man wird mir sagen, hier spreche der Psychologe; doch seine Bedeutung wird im folgenden klar werden: Husserl hätte sehr wohl weiterhin Psychologie treiben können, ohne in einen »Psychologismus« zu verfallen. Es hätte ihm genügen können, eine natürliche Arithmetik zu untersuchen – ohne damit den Anspruch zu verbinden, der Zahlentheorie Gesetze vorzuschreiben – und ferner dem Vorgefundenen entsprechende begrenzte logistische Modelle zu konstruieren und sie mit den abstrakten Modellen Freges, Schröders usw. zu vergleichen. Das wäre kein Psychologismus gewesen, der auf unzulässige Weise von Tatsachen zu Normen übergeht, sondern eine interdisziplinäre Untersuchung über konkrete psychologische Abstammungsverhältnisse und über formale oder abstrakte logische Genealogien, die ihn zumindest davor bewahrt hätten, die Psychologie später von falschen Voraussetzungen her zu kritisieren, weil er aufgrund seiner allzu raschen Unterwerfung unter die Logiker, die die Möglichkeiten der Psychologie nicht kannten, selbst diese Möglichkeiten ebenfalls nicht sah.

Der zweite Irrtum hat sehr viel ernstere Konsequenzen nach sich gezogen. Husserl war kein Logiker von Beruf oder aus Berufung; er interessierte sich nicht für den Formalismus als solchen und glaubte an die »Sachen« und die Subjekt-Objekt-Interaktion im Innern des Phänomens. Nachdem er sich dem Verdikt der Logiker gefügt und auf jeden Psychologismus verzichtet hatte, begann er zu untersuchen, wie man von der phänomenologischen Interaktion ausgehend zu den zeitlosen Wahrheiten gelangen kann. Überzeugt von der Tatsache (die in Wirklichkeit erst eine Hypothese war), daß das psychologische Subjekt nicht dorthin gelangen kann, weil es an eine räumlich-zeitliche »Welt« gebunden ist, hat er eine Methode zur Flucht aus oder zur Befreiung von dieser natürlichen Welt ersonnen, die es ermöglichen soll, eine tiefere Ebene als die des »weltlichen« Bewußtseins zu erreichen; er hat geglaubt, damit habe er die Möglichkeit reiner oder transzendentaler »Intuitionen« entdeckt. Gleichzeitig glaubte er, einer autonomen, vom empirischen Subjekt und den sich auf es beziehenden Wissenschaften befreiten, philosophischen Erkenntnis den Weg zu bahnen. Der fundamentale Irrtum liegt nun darin, daß sein transzendentales Subjekt immer noch ein Subjekt ist und die »reine Intuition« immer noch die Aktivität eines Subjekts ist (in welches die »Sache« oder die »Wesenheit« eindringt, das ist klar, doch wenn es Intuition gibt, gibt es auch ein Subjekt), kurz, ob »transzendental« oder empirisch, die Berufung auf eine Intuition ist immer noch ein Psychologismus, ein Übergang von der Tatsache zur Norm.

Die »phänomenologische Reduktion« oder Befreiung des Bewußtseins, das der räumlich-zeitlichen Welt entflieht, um die Intuition der Wesenheiten zu erreichen, fordert also zwei Arten von Bemerkungen heraus, logische und psychologische.

Was vom Standpunkt der Logik aus zu sagen ist, haben die Logiker Cavaillès und Beth gesagt. Als eine formale Axiomatik beruht die Logik nur auf sich selbst, das heißt, auf normativen Regeln, die die Ausarbeitung eines formalen Systems gestatten: von willkürlich gewählten und nicht definierten Begriffen ausgehende Definitionen, Axiome (oder unbewiesene Sätze), Kalküle und nach den Regeln eines Kalküls aus den Axiomen und Definitionen abgeleitete Theoreme. Will man einem solchen System eine intuitive Grundlage geben, muß man es verlassen, um epistemologisch zu erklären, wie es möglich ist, doch auf diese Weise gelangt man nicht zu einer seine Geltung verbürgenden Begründung des Systems. Diese Geltung ist rein normativ und besteht in der Gewähr der Widerspruchsfreiheit (die übrigens nur vermittels der Konstruktion von Systemen höherer Ordnung erzielt werden kann, vgl. Kap. II, E 5), während die Intuition für den Logiker nichts anderes als eine Tatsache ist: es gibt also einen Übergang von der Tatsache zur Norm. Der Satz, die Intuition ist »wahr«, setzt eine normative Rechtfertigung voraus, welche die Intuition selbst nicht liefert, da sie nur Ausdruck der von einem Subjekt empfundenen Notwendigkeit ist. Kurz, wie Cavaillès sagt: wenn die Logik in der Intuition eines transzendentalen Subjekts begründet ist, ist sie nicht mehr absolut (und man möchte, daß sie nicht absolut sei); wenn die Logik hingegen absolut ist, bedarf sie keiner transzendentalen Intuition mehr. Und wie Cavaillès, kommt auch Beth zu dem Schluß, daß die Phänomenologie für den Logiker ein – nur in einer anderen Sprache formulierter – Psychologismus wie jeder andere sei.

Unter psychologischem Gesichtspunkt sagen wir etwas ganz anderes: wir halten das zentrale Problem Husserls, nämlich das der Erforschung »reiner« oder zeitloser Begriffe, und damit auch seine »phänomenologische Reduktion« oder Befreiung von der räumlich-zeitlichen »Welt« für wichtig; und wir werden seine Kritik der Psychologie als Ausdruck einer enttäuschten Liebe zu verstehen suchen, denn indem er auf der Ebene des Bewußtseins, der Intuitionen des Subjekts und vor allem der »Intentionen« bleibt, zeigt er, daß er kein reiner Logiker ist. Nun, auf der affektiven Ebene gibt es im allgemeinen kein Heilmittel für eine enttäuschte Liebe, auf der der Ideen indes wird schließlich alles zu einer Frage der Methode und der Verifizierung. Beginnen wir mit letzterer, um dann zur ersten überzugehen.

Wenn wir Husserls Problem der Befreiung vom Räumlich-Zeitlichen für wichtig halten, so nicht, weil wir von ihm angesteckt oder beeinflußt sind (zu meiner Schande muß ich gestehen, daß ich bis vor kurzem, abgeschreckt durch das, was Sartre und Merleau-Ponty aus ihm gemacht haben, keine Zeile von Husserl gelesen hatte), sondern aus einem sehr viel entscheidenderen Grund: jede Untersuchung der Bildung und Entwicklung der intellektuellen Begriffe und Operationen führt zu einem solchen Problem und gestattet die direkte Beobachtung einer solchen – sich spontan vollziehenden – Befreiung. Als Beispiel will ich nur die Strukturierung der Operationen als solcher anführen (es gibt viele weit speziellere Beispiele). Eine logisch-mathematische Operation ist ihrem Wesen nach zeitlos, was sich unter anderem an ihrer Reversibilität zeigt: wenn $2 + 3 = 5$, dann, aufgrund unmittelbarer Notwendigkeit und unabhängig von den zeitlichen Ordnungen des Schreibens und des individuellen Denkens: $5 - 3 = 2$. Die Tatsache, daß die Operation in beiden Richtungen ablaufen kann und die eine die andere aufgrund unmittelbarer logischer Notwendigkeit impliziert, beweist hinlänglich, daß keine von beiden zeitlich ist. Diese operative Reversibilität wird erst spät begriffen und stellt für das Subjekt das Hauptproblem bei der Bildung seiner Operationen dar. Solange sie noch nicht erreicht ist, ist das Subjekt nicht in der Lage, Additionen auszuführen:

so glaubt ein vier- bis fünfjähriges Kind, daß, wenn man zehn Spielmarken in zwei Kollektionen von 4 und 6 trennt, die beiden neuen Haufen zusammen mehr Spielmarken enthalten als der eine zu Beginn, obwohl die Summe in beiden Fällen 10 ist: die Zahlennamen dienen hier also nur dazu, die Elemente zu individualisieren; sie legen nicht das Postulat nahe, daß das Ganze der Summe der Elemente entspricht, weil dieses Postulat die Operation der Addition voraussetzt und weil diese Operation die Reversibilität voraussetzt. Dem Vier- bis Fünfjährigen erscheint der Übergang von 10 zu 4 + 6 als eine irreversible Transformation, die alles verändert hat, auch den Wert des Ganzen. Die Operation setzt die Reversibilität voraus, diese die Erhaltung usw. – und all dies ist auf ein seinem Wesen nach außerzeitliches Gesamtsystem (eine »Gruppe« usw.) bezogen.

Kinder im Alter von sieben bis acht Jahren (Durchschnittsalter), und das ist eine höchst bedeutsame Tatsache, verfügen hingegen mehr oder weniger plötzlich über dieses System, das ihnen vorher vollkommen fremd war. Wie ist diese Art von Konversion oder »phänomenologischer Reduktion« im kleinen zu erklären? Beschreiben wir sie zunächst. Psychologisch gesehen entstehen die Operationen aus den Aktionen: die Operationen der Addition geht aus dem Akt des Vereinigens hervor usw. Die Aktionen als solche sind indes irreversibel, und um sie reversibel zu machen, genügt es nicht, sie ins Denken zu interiorisieren. Sind diese Aktionen erst einmal interiorisiert, lassen sie »Regulationen« entstehen, die zwar noch nicht operativ sind, aber bereits ein gewisses Maß an Reversibilität enthalten: wenn man zum Beispiel Elemente in einer Reihe aus 10 Spielmarken auseinanderschiebt, glaubt ein Kind im Alter von fünf bis sechs Jahren, es seien mehr geworden, schiebt man sie enger zusammen, glaubt es, es seien weniger geworden – weil es noch nicht über die Reversibilität verfügt und die räumliche Konfiguration (die räumlich-zeitliche »Welt«) für es dominant ist; schiebt man indes die Elemente immer weiter auseinander, kommt ein Punkt, an dem es sagt: »Jetzt sind es weniger, sie sind nicht mehr genug zusammen.« Diese Regulationen zeigen sich also in Kompensationen, die die noch irreversiblen Transformationen mildern oder bremsen, und diese Kompensationen sind das Kennzeichen einer fortschreitenden Äquilibration mit dem Resultat, daß das Kind in einem bestimmten Augenblick (und dieser ereignet sich manchmal unter den Augen des Versuchsleiters) angesichts einer Trennung von 10 in 4 und 6 zum Beispiel sagt: »Das sind mehr, ach nein, Sie haben Sie nur getrennt und man kann sie wieder zusammenfügen, das ist dasselbe, das muß dasselbe sein, weil es genauso viel sind wie vorher usw.« Kurz, in der Regel wird die Reversibilität und die mit ihr verbundene logische Notwendigkeit plötzlich begriffen.

Dies ist natürlich nur eine der Phasen der Präzisierung von Konzepten und der Bildung von Operationen, ein Prozeß, der in der Folge mit der Bildung der in noch weit stärkerem Maße von ihrem räumlich-zeitlichen Inhalt befreiten formalen Operationen nur noch deutlicher wird. Und diese Phase stellt bereits ein Problem, das sich mit dem von Husserl berührt: wie hat sich die Operation von der zeitlichen Irreversibilität befreien können? Als ich zum ersten Mal auf dieses Problem stieß, war ich so überrascht, daß ich mich zunächst gefragt habe (das ist lange her – dies nur, um mich für die Erinnerung an die Jugend zu entschuldigen), ob die operative Reversibilität nicht von nervlichen Transmissionen abhänge, die sich mit Lichtgeschwindigkeit oder noch schneller vollzögen und es erlaubten, die Richtung der Zeit umzukehren oder die Zeit aufzuheben ... Ich habe dann Spekulationen dieser Art entsagt (ich hatte auch an einen Anti-Zufall gedacht, der im Denken des Kindes die an die allgemeine Irreversibilität des spontanen individuellen Bewußtseins gebundene Vergrößerung der Entropie verhindern könnte) und begriffen, daß es sich hier in erster Linie um eine Frage handelt, die sich auf die Ebene oder Stufe der Aktivitäten des Subjekts bezieht: die Irreversibilität ist an das Bewußtsein des individuellen Subjekts gebunden, das, da es alles auf seine eigenen Akte und die mit diesen einhergehenden subjektiven Eindrücke zentriert, vom Fluß der inneren und äußeren Ereignisse mitgerissen und von den sichtbaren Konfigurationen beherrscht wird, während die Entdeckung der operativen Reversibilität die Konstituierung des erkennenden Subjekts markiert, das sich zugunsten allgemeiner Koordinationen der Aktionen von den eigenen Akten befreit, das heißt, jene konstanten »Formen« der Vereinigung, der Einschachtelung, der Ordnung, der Entsprechung usw. ausbildet, die die einzelnen Aktionen miteinander verbinden und dadurch ihre notwendige Substruktur herstellen.

Nach dem Gesagten leuchtet unmittelbar ein, daß dieser Stufenwechsel in den Aktivitäten eines Subjekts – das durch den inneren Fortschritt der Koordinationen seines Denkens und durch eine Äquilibration, welche die empirische Feststellung durch die logische Notwendigkeit ersetzt, von einem individuellen zu einem erkennenden Subjekt geworden ist – bestimmte Analogien zur phänomenologischen Reduktion aufweist. Wenn ich die Ziele einer sich als allgemeine Theorie verstehenden Phänomenologie, das heißt, einer Theorie, die nicht nur die für das Bewußtsein des sie beschreibenden Philosophen spezifizischen, sondern die allen Subjekten gemeinsamen Prozesse beschreibt, richtig verstanden habe, müssen die phänomenologische Reduktion, die Intuition der »Wesenheiten« oder die auf die Formen gerichtete »Intention« für jegliches wissenschaftliche Denken charakteristisch sein, für das des Wissenschaftlers selbst (sofern es nicht von einem Positivismus umnachtet ist) ebenso wie für das des vorwissenschaftlichen Subjekts, das die Begriffe konstruiert, von denen das wissenschaftliche Denken ausgeht. In diesem Falle wären die gerade in Erinnerung gerufenen psychogenetischen Tatsachen eine einfache Bestätigung der Phänomenologie; so verstehen es auch einige Anhänger der Schule wie Aaron Gurwitsch und andere.

Es ist wichtig, die Konvergenz dessen, was der Intelligenzpsychologe unter dem Namen der operativen »Strukturen« erforscht, und dessen, was die Husserlsche Phänomenologie unter der Oberfläche des empirischen oder räumlich-zeitlichen Bewußtseins zu erreichen sucht, klar zu sehen. Der Begriff der »Struktur« läßt sich keineswegs auf eine einfache, allein dem Geist des Beobachters entstammende Formalisierung reduzieren: in der Gesamtheit der Formalisierungen, denen die Struktur sich leiht, drückt sie zugleich die konstitutiven Merkmale des strukturierten Materials aus. Auf einer Ebene, die Verifizierungen und Kalküle zuläßt, spielt sie also die Rolle, die man der »eidetischen« Erkenntnis zuschreiben möchte: sowohl dem Beobachter zugänglich als auch eine tiefere Realität als die phänomenale Existenz, deren Grund sie darstellt, erfüllt sie eben den Dienst, den die »Wesenheiten« leisten sollen. Es besteht nur ein Unterschied zwischen ihnen, und der schlägt zum Vorteil der Struktur aus: anstatt bloß intuitiv erkannt zu werden, läßt sie sich nach strengen Regeln deduzieren, oder, wenn man das lieber will, ihre Intuition verdichtet eine deduktive Synthese, statt sie sich auflösen zu lassen.

An dieser Stelle müssen wir die Methodenfrage stellen und uns fragen, ob Husserls enttäuschte Liebe zur Psychologie ihn nicht, wie in solchen Fällen üblich, zu Ungerechtigkeiten gegenüber der Psychologie und zu einem systematisch gewordenen Unverständnis geführt hat. Wiederholen wir zunächst, daß jedes Problem zu einem wissenschaftlichen Problem werden kann, wenn es nur genügend abgegrenzt und einer von jedermann überprüfbaren Lösung fähig ist. Es gibt also keine feste Grenze zwischen Wissenschaft und Philosophie, die Grenze zwischen ihnen hängt vielmehr von der Problemstellung und dem Status der Verifizierungen ab. Daraus folgt, daß die von der positivistischen oder irgendeiner anderen Philosophie angenommenen Grenzen willkürlich und dem Stand der Erkenntnis folgenden Modifizierungen unterworfen bleiben. Nachdem er die Psychologie aufgegeben hatte, um sich der Erforschung der außerzeitlichen Realitäten zuzuwenden, hat Husserl indes geglaubt, der Experimentalpsychologie, deren Legitimität als Naturwissenschaft er andererseits voll und ganz anerkannte *(Ideen zu einer reinen Phänomenologie)*, Grenzen setzen zu sollen: diese Psychologie ist ihm zufolge an die räumlich-zeitliche Welt gebunden, so daß man, will man diese verlassen, sich anderer Methoden bedienen muß.

Der große Mangel der Phänomenologie besteht darin, daß sie den historischen und den genetischen Gesichtspunkt vernachlässigt (mit einiger Verspätung und auf einer anderen Ebene spricht sie heute von einer transzendentalen Genese). Sie hat die für das *cogito* charakteristische Perspektive eines absoluten Anfangs eingenommen und daher keine Schwierigkeit gesehen, vom erwachsenen und aktuellen Bewußtsein aus in die Tiefe zu graben, das heißt, durch Reduktionen oder Ausklammerungen unter der räumlich-zeitlichen weitere Ebenen zu finden, welche die räumlich-zeitliche Psychologie nicht zu erkennen vermag: daher die scheinbare Verwirklichung des Traums von einer spezifisch philosophischen Erkenntnis und Psychologie. Führt man nun jedoch die historische oder genetische Perspektive wieder ein, steht man vor folgender Schwierigkeit: wenn man das Kind von der Geburt bis zum Alter von sieben bis acht Jahren untersucht, treibt man wissenschaftliche Psychologie, da das Kind in dieser Periode in seinen Konzeptionen der Zahl, der logischen Klasse (figurale Klassifikation) sowie in seiner präoperativen Irreversibilität von der räumlich- zeitlichen Welt beherrscht ist. Doch wenn sich dann im Alter von sieben bis acht Jahren eine erste »Reduktion« vollzieht, die zur operativen Reversibilität und zu den ersten Formen zeitloser Notwendigkeit führt – muß dann der »wissenschaftliche« Psychologe seine Koffer packen und das Feld den Philosophen überlassen? Oder muß er selbst zum Phänomenologen werden?

Da es auf die Etiketten nicht ankommt, ist die einzig entscheidende Frage die der Methoden der Entdeckung und der Verifizierung: Intuitionen (eidetische, »intentionale« usw.)

oder Beobachtung und Experiment. Da die Wissenschaft offen ist, kann sie keinen *apriorischen* Einwand gegen die Existenz eidetischer Intuitionen erheben, und wenn man die Weise zu denken, die sich aus den Dezentrierungen des individuellen Subjekts ergibt und das phasenweise Erscheinen des erkennenden Subjekts – mit sieben, zwölf, zwanzig oder fünfzig Jahren – markiert, so bezeichnen will, sehe ich für meinen Teil darin keinerlei Schwierigkeit. Denn was der an Verifizierungen interessierte Psychologe verlangt, ist einzig und allein, daß das Subjekt, das diese Intuition untersucht, nicht in jedem Falle auch das Subjekt ist, das die Intuition hat. Mit anderen Worten, ich halte das, was ich bei einem Kind im Alter von sieben oder zwölf Jahren (also während der Bildung der elementaren bzw. der formalen Operationen) beobachte, für richtig, weil ich, wenn ich etwas schlecht verstehe, was sich in einem Kind ereignet, dasselbe bei einem anderen Kind erneut beobachten kann usw., und weil ich nach etwa hundert Beobachtungen Material habe, an dem ich alle notwendigen vergleichenden Prüfungen und Kontrollen vornehmen kann. Wenn ich hingegen meine eigenen »Intuitionen« beobachte, sehe ich keinen Bildungsprozeß, sondern zunächst nur bereits vollständig Ausgearbeitetes, und außerdem ist das, was ich sehe, in solchem Maße mit Vorstellungen verwoben, die ich mir davon mache, und vor allem in solchem Maße von Absichten, dies oder das zu finden, abhängig, daß es völlig unmöglich wird, eine Grenze zwischen den »Intuitionen« des beobachtenden und denjenigen des beobachteten Subjekts festzulegen. Schließlich fürchte ich, daß dieser Unterschied zwischen der an sich selbst ausgeführten »eidetischen Analyse« und der Analyse des Denkens in seiner Entwicklung und Funktion der einzige Grund ist, der die erstere Art der Analyse »philosophisch« macht (in Kapitel IV kommen wir auf diesen Punkt noch einmal zurück).

Mit einem Wort: phänomenologische Probleme – soviel man will; phänomenologische Methode – nein, zumindest solange nein, solange sie auf das Bewußtsein des Philosophen beschränkt bleibt. Wir haben nun nach den Ursachen dieser Beschränkung zu fragen.

E) An dem Punkt, an dem wir angekommen sind, sind die beiden Erkenntnismodi, die als spezifisch für die Philosophie und als der wissenschaftlichen Erkenntnis fremd oder überlegen erscheinen können, die Intuition und die Dialektik. Es ist daher angebracht, sie genau zu untersuchen.

Die wissenschaftliche Erkenntnis ist durch zwei Grundmodi charakterisiert: die Interpretation von Experimenten und algorithmische Deduktion, die beide mehr oder weniger statisch oder dialektisch sein können. Mit einem Wort, die Wissenschaften setzen Tatsachen und Normen voraus, und ihr Ziel ist es, sie zu entdecken oder auszuarbeiten.

Das bei allen Unterschieden zwischen Bergson und Husserl gemeinsame Merkmal der philosophischen Intuition, so wie sie sie auffassen, besteht in der Absicht, Tatsachen und Normen in einem einzigen Ganzen zu verbinden, statt sie, wie in den mannigfachen Formen wissenschaftlicher Disziplinen, auf verschiedene Weisen in Verbindung zu bringen. Wir müssen daher untersuchen, ob diese von der Intuition angestrebte Verbindung fruchtbar ist oder ob es sich bei ihr um ein Zwitterprodukt oder eine sterile Kreuzung handelt.

Die Intuition müßte, wie Husserl uns sagt, den nicht vom Positivismus kurzsichtig gemachten Wissenschaftler zur Erkenntnis der Wesenheiten führen. Indes, es gibt eine Wissenschaft, in der man seit je von Intuition und logischer oder normativer Notwendigkeit gesprochen hat und die außerdem (übrigens so wenig wie die anderen) durch die positivistischen Dekrete in keiner Hinsicht modifiziert worden ist: die Geometrie. Es wird nun interessant sein zu untersuchen, was im Laufe der Jahrhunderte aus dieser Intuition geworden ist. Ein puristischer Husserlianer könnte sagen, daß sich die Geometrie, da sie sich mit dem Raum beschäftige, auf die räumlich-zeitliche »Welt« und nicht auf die »reinen« Wesenheiten beziehe. Der geometrische Raum hängt mit dem Problem der Wesenheiten jedoch so eng zusammen, daß Platos Intuition der *Ideen* von eben diesem Raum ausgegangen ist.

Insofern sie Normen und Tatsachen verbindet, entspricht die geometrische Intuition der Griechen also genau dem, was wir gerade über die philosophische Intuition gesagt haben. Denn im Gegensatz zu den modernen Axiomatiken, deren Axiome, vorausgesetzt, sie sind alle notwendig, zureichend und unabhängig, willkürlich gewählt sind, hat Euklid nur intuitive Axiome gewählt. Und diese Axiome enthalten sowohl die Merkmale der Norm als auch die der Tatsache: einerseits sind sie evident, was ihre normative Wahrheit verbürgt, und andererseits sind sie auf alle realen Figuren anwendbar, was ihren »Gegenstandsbezug« oder ihre Beziehung zu den Tatsachen verbürgt. In der neueren Zeit, vor der unmittelbaren Gegenwart (seit Hilbert, Einstein u. a.), hat die geometrische Intuition eine Reihe von Krisen erfahren, die wir hier nicht darstellen können, deren allgemeine Bedeutung jedoch hinreichend klar ist: sie laufen auf eine Trennung von Norm und Tatsache hinaus. Seit dem kartesischen Dualismus von Denken und Ausdehnung gehört letztere, obwohl »klar und deutlich«, zweifellos auf die Seite der Tatsachen, doch ihre normative Rechtfertigung erhält sie vom Denken, unter anderem von der analytischen Geometrie. Bei Kant ist der Raum eindeutig eine Form der Anschauung und nicht eine des Verstandes; die Mathematiker des 19. Jahrhunderts haben versucht, aus der Geometrie eine »angewandte« Mathematik zu machen – im Gegensatz zu den reinen Zweigen der Mathematik: Algebra, Analyse und Theorie der Zahlen. Indes, durch die Entdeckung der nichteuklidischen Geometrien und die Strukturierung der Geometrien nach den abstrakten Formen der Theorie der Gruppen (Sophus Lie usw., Erlanger Programm von F. Klein) wurde die Tendenz zur logischen und normativen Ausarbeitung der geometrischen Intuition recht lebendig erhalten. In der Gegenwart hat sich der Bruch vollendet; die geometrische Intuition behält zwar heuristische Bedeutung, ihren Erkenntnis- und

Wahrheitswert hat sie jedoch zugunsten ihrer beiden von nun an getrennten Komponenten verloren: auf der einen Seite gibt es jetzt eine logische Geometrie, deren Beweise sich auf keinerlei Intuition mehr stützen und die sich auf reine formalisierbare Axiomatiken zurückführen läßt (in Verbindung mit der Topologie, der Algebra usw.), und auf der anderen Seite gibt es eine geometrische Physik wie diejenige von Einstein, die den Raum der Körper und nicht mehr den des Denkens untersucht.

Aus dieser historischen Entwicklung können wir also lernen, daß die ursprüngliche, sich sowohl auf die Tatsache als auf die Norm beziehende Intuition nur ein Kompositum darstellte und keine notwendige kognitive Einheit, und daß ihre beiden Komponenten sich im Laufe der Entwicklung trennen mußten. In Analogie dazu ist es daher nicht nur erlaubt, sondern sogar notwendig zu fragen, ob die philosophische Intuition nicht *a fortiori* zusammengesetzter Natur und denselben Gefahren ausgesetzt ist, das heißt, ob sie sich nicht ebenfalls in zwei verschiedenartige Komponenten auflösen muß: in die psychologischen oder physikalischen einerseits und die logischen oder normativen andererseits.

Der große Trick der Husserlschen Intuition und das, was es Husserl möglich macht, ihre Komponenten für unauflöslich zu halten, besteht zweifellos darin, daß er sich auf eine ihrerseits unauflösliche Interaktion stützt, die gleichzeitig die des Subjekts und des Objekts ist und das »Phänomen« erzeugt. Aber – und darauf beruht der Trugschluß – es ist eine Sache zu sagen, das *Phänomen* gehe aus einer unauflöslichen Verbindung von Subjekt und Objekt hervor, und es ist eine ganz andere Sache zu sagen, die *Intuition* des Phänomens und all dessen, was man darin finden will, bestehe aus einer unauflöslichen Verbindung der normativen Elemente des Subjekts und der Tatsachenelemente, die vom Objekt abhängen. Denn da das Phänomen »ist, was es ist«, bleibt die Intuition des Phänomens ebenso wie alle anderen Aktivitäten des Subjekts sowohl irrtums- als auch wahrheitsfähig. Sagt man, das Phänomen sei bewußtseinsimmanent, es sei primitiv, unmittelbar usw., so ändert das überhaupt nichts, denn ein primitives Gegebenes kann weniger wahr und trügerischer sein als ein bearbeitetes. Der Grund dafür liegt in der doppelten Bedeutung des Begriffs »subjektiv« (verzerrend und erkennend). Die Überzeugung, der zufolge die Intuition gleichzeitig »Kontakt mit dem Objekt« *und* »wahr« ist, verlangt also einen doppelten Beweis, einen Tatsachenbeweis und eine normative Rechtfertigung; sowie man aber diese Beweise sucht, löst sich die Intuition in Erfahrung und Deduktion auf.

Für die anderen Konzepte des phänomenologischen Intuitionismus gilt das gleiche. Eine »Wesenheit« ist sowohl ein Konzept des Subjekts als auch der phänomenale Kern des Objekts. Aber wie kann man wissen, ob die Wesenheit »wahr« ist, wenn man nicht einerseits die Erfahrung des Objekts untersucht (wobei man sie natürlich der epistemologischen Kritik unterzieht) und andererseits die Logik, derer sich das Subjekt bei der Ausarbeitung seines Konzepts bedient? Die »Intention« lenkt das Bewußtsein des Subjekts auf die Wesenheiten und bringt kognitive Formen hervor; doch wenn man sich auch, was unbedingt erforderlich ist, ständig ihre Richtungen vergegenwärtigt – die Intuition allein kann nicht zum Erfolg führen, nicht einmal auf der Ebene des Phänomens. Da hilft auch der Thomismus nichts, denn die Hölle der Erkenntnis ist wie die der anderen Sünder, die keine Philosophen sind, ebenfalls mit guten Vorsätzen (»Intentionen«) gepflastert.

Man könnte nun sagen, indem wir die Intuition in Verifizierung durch Experiment und Erfahrung und in Deduktion auflösten, trennten wir die als untrennbar geltende Interaktion zwischen Subjekt und Objekt. Das ist keineswegs der Fall; allerdings ersetzen wir, wie es die Analyse des Phänomens selbst erfordert, die heute völlig willkürliche Idee eines absoluten Anfangs durch die dialektische Idee eines ständigen Werdens. Denn sowohl die Geschichte der Wissenschaften als auch das Studium der individuellen Entwicklung zeigen, daß diese Interaktion zwar unauflöslich bleibt, aber von einer Phase der Nichtdifferenziertheit zu einer Phase der Koordination übergeht: von einer Stufe der Zentrierung auf ein Ich, das sich selbst nicht erkennt, einer Stufe, auf der das Subjektive und das Objektive unentwirrbar ineinander verwoben sind, führt die allmähliche Dezentrierung des Subjekts zu der doppelten Bewegung der Exteriorisation – die auf physikalische Objektivität hinzielt – und der Interiorisation – die auf logisch-mathematische Kohärenz hinzielt –, so daß einerseits ohne den logisch-mathematischen Rahmen keine physikalische Erkenntnis möglich ist und andererseits dieser Rahmen nicht ohne eine Anpassung an »irgendein« Objekt konstruiert werden kann. Eben diese doppelte Bewegung wird vom Intuitionismus vernachlässigt, und aus diesem Grund bleibt die »Intuition« ein recht dürftiges Instrument spezifisch philosophischer Erkenntnis.

F) Das Problem der dialektischen Erkenntnis ist ein ganz anderes. Wenn wir wenig dazu gesagt haben, so deshalb, weil es seit Hamelin nur wenige Autoren gegeben hat, die wie er die Dialektik zum Instrument einer für die Philosophie spezifischen Erkenntnis zu machen versucht haben: tatsächlich ist der Modus dialektischen Denkens allen Wissenschaften, die sich auf in Evolution oder im Werden begriffene Gegenstände beziehen, in solchem Maße inhärent, daß eine dialektische Epistemologie gar nicht anders kann, als von der in solchen Disziplinen, gleichgültig ob Sozial- oder Naturwissenschaften, erworbenen Erfahrung auszugehen.

Indes, sowohl Sartres Konversion zum dialektischen Denken als auch die Tendenzen mancher Philosophen im Osten lassen die Möglichkeit einer Unterscheidung zwischen zwei Dialektiken erkennen, und zwar zwischen einer imperialistischen, die den Gang der Wissenschaften bestimmen will, und einer den spontanen Entwicklungen der Wissenschaften immanenten, die sich reflexiv zu einer allgemeineren Epistemologie entwickelt. Die erste Form der Dialektik ist die der Konzepte, wie sie sich vor allem bei Hegel findet, eine Form, die immer dann neue Blüten treibt, wenn die Philosophie wieder von ihrem Ehrgeiz als Hüterin des absoluten Wissens ergriffen wird: in seiner *Kritik der dialektischen Vernunft* führt Sartre bereits aus, daß die echte Erklärung im Gegensatz zu den vom Positivismus beschriebenen induktiven Generalisierungen konstruktiv sein müsse – von dem Maß, in dem man sich heute in allen Bereichen der Wissenschaft, den experimentellen wie den deduktiven, des Konstruktivismus bedient, scheint er keine Ahnung zu haben. Die zweite Form der Dialektik bezieht sich nicht auf die Konzepte als solche, sondern auf die Interpretationen des in der Erfahrung Gegebenen und entspricht damit einer der kräftigsten Strömungen der Philosophie der Wissenschaften, den speziellen Epistemologien. Hier ist indes nicht der Ort, diesen Punkt weiter zu diskutieren, zumal der radikale Gegensatz zwischen einer solchen Dialektik und jeglicher Form von »Intuition« hinreichend klar ist.

Aus den Kapiteln II und III kann man, wie es scheint, den folgenden Schluß ziehen. Die für die Philosophie charakteristische metaphysische Funktion führt zu »Weisheit« oder »Einsicht« und nicht zu Erkenntnissen, weil sie in der vernünftigen Koordinierung der Werte besteht, auch der kognitiven Werte, über die sie allerdings hinausgeht, da sie sich nicht allein auf der Ebene der Erkenntnis bewegt. Andererseits kann man ohne Übertreibung sagen, daß alles, was die Philosophen auf dem Feld der Erkenntnis hervorgebracht haben – und wir denken nicht im mindesten daran, dessen immense Bedeutung zu bestreiten –, sich der Reflexion auf bereits vorhandene oder sich entwickelnde Wissenschaften oder aber glücklichen Initiativen verdankt, die die Möglichkeit noch zu entwickelnder Wissenschaften, von deren Verwirklichung die spätere Geschichte der Ideen zeugt, antizipiert haben. Demgegenüber erscheint der Erkenntnismodus, der ein für die Philosophie spezifisches Instrument darstellen soll, nämlich die Intuition, als ein Kompositum, dessen Analyse die beiden noch undiffe-

renzierten Komponenten der Erfahrung und des deduktiven Schließens deutlich werden läßt.
Wie ist aber jenes Vertrauen in die verschiedenen Formen von Intuition – die zentrale Illusion der Philosophien, die eine suprawissenschaftliche Form von Erkenntnis erreichen wollen – zu erklären? Aus der Tatsache, daß es ein Ensemble lebenswichtiger Werte gibt, deren axiologische Bestimmung die Grenzen der wissenschaftlichen Erkenntnis überschreitet, sowie aus der Tatsache, daß diese Werte spezifischen Intuitionen entsprechen, die der Erkenntnis des Seins fremd, für diese Werte jedoch konstitutiv sind, woraus man schließt, daß diese intuitiven Instrumente, die als Mittel der Bewertung völlig legitim sind, auch in bezug auf jenen besonderen Wert, den die Wahrheit darstellt, als Erkenntnismittel dienen können. Dadurch vergißt man, daß die Wahrheit *ihren* Wert nur dadurch erwirbt, daß sie sich in den Regeln der Verifizierung verkörpert, und kommt dazu, sie auf intuitivem Wege erreichen zu wollen, mit Mitteln also, die gerade dadurch charakterisiert sind, daß sie nur zur Erkenntnis der nicht kognitiven erlebten Werte taugen. Mit einem Wort, um den illusorischen Übergang von bewertenden Intuitionen zu einer erkennenden Intuition, die es nicht gibt, zu rechtfertigen, verleiht man der Koordinierung der Werte einen ihr nicht zukommenden ontologischen Status. Gegen genau diese Art von Trugschlüssen hat Kant – vor nunmehr zwei Jahrhunderten – seine Kritik geschrieben.*

* Ein schönes Beispiel für die völlige Vergessenheit der Kantischen Kritik in der jüngeren Generation ist das Buch von F. Brunner, *Science et réalité* (coll. »Philosophie de l‹esprit«, Aubier). Es läßt sich folgendermaßen zusammenfassen: 1) Wahre Wissenschaft gibt es nur in Gott; 2) die Wissenschaft ignoriert Gott; 3) also ist sie »anthropomorph«, relativ, unvollkommen usw.; gültige Erkenntnisse beruhen daher ausschließlich auf Begriffen wie dem der transzendenten Realität usw., weil solche Begriffe nicht anthropozentrisch sind. Es ist bedauerlich, daß die göttliche Weisheit, an der F. Brunner teilzuhaben scheint, ihm keine vollständigeren Informationen über »die Wissenschaft« eingegeben hat, zu der er größte Distanz hält, um bedenkenlos über sie zu parlieren und, kurz gesagt, ihren Anthropomorphismus durch den

Brunnerozentrismus zu ersetzen. Von einem so theologischen Geist hätte man ein wenig mehr Redlichkeit in seinen Anklagen erwartet; so proklamiert er z. B., »daß die Wissenschaft in ihrem naiven Neutralismus nicht den irritierenden Gegensatz von Subjekt und Objekt überwinden kann« – als hätte er sich über die zahllosen Subjekt–Objekt-Beziehungen in der Mathematik, der Physik, der Biologie oder Psychologie informiert.

Zusätzliche Bemerkung zur Ontologie und den »Verfehlungen« der Wissenschaft

Der »Philosoph« macht sich von der Wissenschaft gern ein positivistisches Bild und reduziert sie auf einen Katalog von Tatsachen und Gesetzen. Die Methoden der Wissenschaft erscheinen in diesem Bild nur als Techniken zur Beschreibung von Tatsachen und zur Aufstellung von Gesetzen. Aus diesem Grunde glaubt die Philosophie das Privileg, über den *Wert* der Wissenschaft und mithin über ihre *Wahrheit* zu reden, beanspruchen zu dürfen.
Sie wirft daher der Wissenschaft vor, sie verfehle:
1. den Menschen
2. das Sein und
3. die Bedeutung der Tatsachen.
Häufig erscheinen diese drei Vorwürfe als ein einziger: die Ontologie (oder vielmehr die Ontik) läßt sich auf eine Metaphysik des Sinnes zurückführen, Sinn aber gibt es nur für den Menschen. Indes:
a) entweder ist die Erhellung des Sinnes Resultat einer Kritik der Erkenntnis – in diesem Falle gibt es keinen Unterschied zwischen Philosophie und Epistemologie – oder
b) sie geht über die epistemologische Analyse hinaus – in diesem Falle wird der Sinn in der *Praxis* und in der *Geschichte* konstituiert und manifestiert sich in ihnen (vgl. die *Kritik der dialektischen Vernunft*).
Wodurch aber läßt sich die Geschichte oder die *Praxis* erkennen? Durch eine unmittelbare Intuition? Das ist ein epistemologisches Konzept, das als solches zu diskutieren es allen Grund gibt. Durch die »Macht der Dinge«? Aber wozu braucht man dann Philosophen? (Allenfalls dazu, eine Philosophie des Engagements zu machen – doch der Sinn ist ein Produkt des Engagements und nicht eines der Philosophie).
Betrachten wir nun jeden der drei Vorwürfe für sich:

1. Die Wissenschaft verfehlt den Menschen

Ist der Mensch = Ich einzigartig und unersetzlich, so gibt es zu diesem Vorwurf weiter nichts zu sagen. Die Philosophie muß mir dann nur noch offenbaren, daß ich trotz aller Determinierungen durch meinen Körper, die Gesellschaft und die Geschichte frei bin – Voraussetzung einer Philosophie der Werte, der Weisheit sowie *meiner* Weisheit.

Ist der Mensch nicht einzigartig, ist er Objekt der Erkenntnis. Die Vorstellung, der Mensch als Objekt der Erkenntnis sei das phänomenal Unwesentliche beruht auf einem doppelten Trugschluß oder einem doppelten Aberglauben, denn:

- nichts verbietet die Möglichkeit einer Psychologie (oder einer Ethnologie usw.) des Subjekts qua Subjekt (ausgenommen die Behauptung von der Einzigartigkeit des Menschen, die uns ins Unsagbare zurückwirft);
- selbst die Metaphysik geht bei ihrer Suche nach dem Wesen des Menschen heute vom Phänomen aus oder, wie wir weiter unten sehen werden, vom Diskurs über das Phänomen.

2. Die Wissenschaft verfehlt das Sein

Heidegger (Einführung in die Metaphysik, Tübingen 1953): »Ganz im Rohen genommen zielt die Philosophie immer auf die ersten und letzten Gründe des Seienden, und zwar derart, daß dabei der Mensch selbst in betonter Weise hinsichtlich des Menschseins eine Deutung und Zielsetzung erfährt.«

Dazu muß man jedoch sagen:

a) Eine Analyse des Seins läuft letztlich auf eine Analyse der Begründung der Werte hinaus.*

b) So spricht das Werk Heideggers unaufhörlich von der tragischen Trennung von Sein und Wissen. Wenn man diese Trennung anerkennt, kann man entweder den Schluß ziehen, daß das Wissen gerade dadurch, daß es die Probleme abgrenzt, auf das Absolute verzichtet, oder man kann folgern, daß die Fragen sich auf verschiedenartige Gegenstände richten. In diesem letzteren Fall beschreibt das Wissen die Verwirklichung des Seins auf den den Methoden des Wissens zugänglichen Ebenen, und die Philosophie ist kein Wissen des Seins: sie versucht, das Medium seiner Offenbarung zu sein. Sie hat daher die Tendenz in Mystik oder Poesie überzugehen, eine – durchaus respektable – Tendenz, der sie sich nicht entziehen kann. Doch der

* Heidegger wirft Nietzsche vor (a. a. O., S. 152), er habe die fragwürdige Herkunft der Wertvorstellung nicht verstanden und deshalb »die eigentliche Mitte der Philosophie nicht erreicht«.

Dialog zwischen dem Logos des Wissens und dem Logos Hölderlins ist unterbrochen. Die Trennung von Sein und Wissen kann sowohl Ausdruck der Unfähigkeit der Wissenschaft, das Sein zu entbergen (einen solchen Anspruch hat sie niemals erhoben), als auch Ausdruck des Scheiterns der Metaphysik als Erzeugerin von *Wahrheiten* sein. Aus diesem Grunde bewegen sich die metaphysischen Reflexionen Heideggers trotz der schweren Kritik, die er am Begriff des Wertes übt, ihrerseits auf keiner anderen Ebene als der der Werte.

c) Ein Zeichen dafür ist, daß eine Philosophie dieser Art, sich auf der Ebene des *Sprechens* bewegt, nicht auf der der Sprache, die zum Objekt der Wissenschaft geworden ist. Philosophieren heißt übersetzen. Von den beiden Vorlesungen Heideggers *Was heißt Denken* (1954) ist die eine der Übersetzung eines Satzes von Nietzsche und die andere der Übersetzung zweier Verse des Parmenides gewidmet – der Übersetzung *ins Griechische*. Es ist nicht so, daß das Sprechen denkt, sondern so, daß es zwischen der Sprache des Seins und seiner Metasprache keinen Unterschied mehr gibt. Sonderbares Denken, das Tatsachen und Kalküle verwirft, um sich mit der reinen Betätigung seiner selbst zu begnügen. Man wird bemerken, daß Heidegger niemals auch nur den Versuch einer Kritik der *Wissenschaft* unternommen hat; wenn man das so sagt, tut man ihm bereits zuviel Ehre an, denn man setzt dann voraus, daß er weiß, wovon er redet, und daß sein »Sagen des Objekts«, auf das er sich fixiert hat, ein zutreffendes »Sagen« ist. Außerdem vergißt man dann, daß die Wissenschaft sich selbst in Frage stellt, daß das Sein der Mikrophysik nicht dasselbe ist wie das der Galileischen Physik, daß das mathematische Sein heute nicht mehr dasselbe ist wie das von Euklid und Descartes usw. Sollte die Ontologie nicht mit einer solchen Analyse des Seins der Wissenschaft oder der Wissenschaften beginnen?

(Man sage nicht, daß dieses Sein das der Sache sei: es ist ein Sein *für* das Subjekt – für das erkennende Subjekt natürlich.)

d) *Sein und Zeit* schließlich unterscheidet die existenzielle Analyse (des Seienden) von der existenzialen Analyse (die sich nicht mehr auf die ontische, sondern auf die ontologische Ebene bezieht). Doch nur der erste Teil des Programms ist ausgeführt. Ist es verwegen, der Ansicht zu sein, daß dies nicht das Scheitern, sondern die *Unmöglichkeit* der Metaphysik zeigt?

3. Die Wissenschaft verfehlt die Bedeutung der Tatsachen

Dieser ständig wiederholte Vorwurf kann zwei Bedeutungen haben.

a) In der ersten Bedeutung besagt er, die Wissenschaft erreiche nur das Akzidentielle. Wir werden auf diese Ansicht, die nicht einmal die des Positivismus ist, zurückkommen (S. 159 – 165). Andererseits hat die Wissenschaft sich niemals auf die »Jagd nach Pan« kapriziert: die Koordinierung von Tatsachen und Gesetzen, die Simulation durch Modelle, die Ausarbeitung einer Theorie sind andere Methoden, die Bedeutung konstituieren. Und es besteht gar kein Zweifel daran, daß diese Bedeutung – wie »begrenzt« die Probleme auch immer sein mögen – in der Regel tiefer ist als die durch unmittelbare Intuition gewonnene. Es wird manchmal behauptet, daß der Wissenschaftler, wenn er von den Tatsachen zur Theorie übergeht, von der reinen Wissenschaft zur Philosophie übergeht. Tatsächlich wird auch der Wissenschaftler manchmal vom Bedürfnis zu philosophieren ergriffen. Doch die Annahme, »Theorie« oder »Sinn« könnten gemäß einer anderen Vernunft als der der Wissenschaft erarbeitet werden, steht im Widerspruch zur Natur des wissenschaftlichen Denkens. Natürlich sind die Methoden – wenn Methode Technik der Annäherung usw. besagt – nicht auf allen Ebenen wissenschaftlicher Arbeit dieselben: aber die Wissenschaft beruft sich nicht auf zwei Wahrheitsquellen, zwei Urteilsmodi – und darin unterscheidet sie sich von der Philosophie. Brunschvicg (*Ecrits philosophiques*, Bd. III, *Sciences et religion* P. U. F.) verweist in diesem Zusammenhang auf die Unterscheidung Pascals und zeigt, daß der Geist der Wissenschaft heute notwendigerweise zugleich *Zweck* und *Geometer* ist.

b) In seiner zweiten Bedeutung besagt dieser Vorwurf, die Wissenschaft ziele allein auf das Objektive, während sie die subjektiven Bedeutungen systematisch ignoriere – der Vorwurf, den man der Verhaltenspsychologie gemacht hat. Man untersuche das Adrenalin oder die Grimassen eines vor Wut verzerrten Gesichts, nicht jedoch die Wut usw. Aber es gibt eine Verhaltenspsychologie (die das Bewußtsein in die Definition des Verhaltens einschließt; wir kommen unten S. 171 auf sie zurück); die Linguistik beschränkt sich nicht auf die ins Wörterbuch aufgenommenen Bedeutungen, und die Analyse des Sinns ist in keiner Hinsicht das Anhängsel der reflexiven Philosophie.

Kurz, die Philosophie hätte hundertmal recht, wenn sie sich auf die Gebiete beschränkte, zu denen die Wissenschaft keinen Zugang hat, die sie nicht betreten will oder im Augenblick noch nicht betreten kann. Aber nichts berechtigt sie zu der Annahme, daß sie ihre Jagdgründe in alle Ewigkeit für sich behalten wird. Und sie ist nicht imstande zu beweisen, daß ihre Probleme prinzipiell andere sind als diejenigen, die die wissenschaftliche Vernunft zu lösen versucht. Die Wissenschaft trifft nur die Erscheinung? Nun, nach der wohlbekannten Formel ist von allen Wegen, die zum Sein führen, der des Scheinens vielleicht noch der sicherste. Und die Markierung der aktuellen Grenzen des wissenschaftlichen Wissens – ist dies nicht ebenfalls Aufgabe des wissenschaftlichen Denken selbst? Ohne Zweifel würde kein Philosoph eine so lange und so schonungslose Liste von Beispielen von Unwissenheit und Unvermögen der Wissenschaft aufstellen können, wie ein Wissenschaftler es vermöchte.

Kapitel iv

Die Ziele der philosophischen Psychologie

Philosophische Psychologie kann der Name für zwei sehr unterschiedliche Bedeutungen sein; uns wird im folgenden nur die zweite interessieren. Der ersten Bedeutung zufolge wäre jede Form von Psychologie, wenn sie nur von Autoren stammt, die auch Philosophen waren – wie immer sie auch sonst aussehen mag –, eine philosophische Psychologie. Eine solche Auffassung enthält indes keinerlei intrinsische Bedeutung, denn es versteht sich von selbst, daß die Philosophen sich vor der Begründung einer wissenschaftlichen Psychologie, indem sie psychologische Gegebenheiten als Ausgangspunkt für metaphysische Überlegungen nahmen, rein spekulativen Versuchen hingeben oder sich an die Entwicklung einer konkreten Psychologie, die die spätere wissenschaftliche Psychologie vorbereitete, begeben oder sich beiden Tendenzen zugleich widmen konnten. F.-L. Mueller hat in seinem kürzlich erschienenen Buch über *L'Historie de la psychologie de l'Antiquité à nos jours* (einige seiner Thesen werden wir in Kapitel v kritisch zu prüfen haben) eine vorzügliche Darstellung der wesentlichen Merkmale dieser Psychologie der großen Philosophen gegeben, mit der wir uns hier nicht weiter beschäftigen werden. Doch es ist wichtig, jede Äquivokation aufzulösen und klar zu sehen (vgl. dazu Kapitel ii, B), daß die wissenschaftliche Psychologie, wenn sie auch erst im 19. Jahrhundert experimentell zu arbeiten begonnen hat, doch seit langem durch mehr oder weniger methodische oder zufällige Beobachtungen vorbereitet worden ist.

Im Gegensatz dazu bezeichnet man heute eine Psychologie dann als »philosophische Psychologie«, wenn sie sich ausdrücklich als von der wissenschaftlichen Psychologie verschieden versteht und sich das Ziel setzt, diese zu ergänzen oder gar zu ersetzen. Unsere Überlegungen werden sich im folgenden nur auf diese Ideenströmung beziehen, weil die Diskussion ihrer Legitimität und der Geltung der von ihr gewonnenen Resultate für unser allgemeines Problem der Möglichkeit einer von der wissenschaftlichen Erkenntnis unterschiedenen philosophischen Erkenntnis wesentlich ist. Dieses allgemeine Problem nimmt hier eine unter unserm Gesichtspunkt besonders interessante Form an, da diese philosophische Psychologie sich auf ein begrenztes Gebiet bezieht, das von dem der Metaphysik unterschieden wird und nur das »Phänomen« kennt. Unter diesem Aspekt läßt sich diese neue philosophische Psychologie bis auf Maine de Biran zurückführen, denn wenn die wissenschaftliche Psychologie sich damals ihrer Autonomie auch noch nicht bewußt war und wenn die Psychologie Birans sich auch in Gegensatz zu derjenigen der Empiristen stellte, hielt Biran doch die Kantische Unterscheidung von Noumenon und Phänomen für richtig und wollte seine Untersuchungen auf diese begrenzen – was ihn indes nicht daran hinderte, seine Überlegungen in spiritualistische Spekulationen ausschweifen zu lassen.

Da die philosophische Psychologie gleichwohl von den großen metaphysischen Systemen abhängt (andernfalls käme sie schnell auf den Boden der Positivität, was keineswegs dasselbe ist wie Positivismus), ist sie natürlich sozusagen angeborenen Variationen unterworfen, die ein erstes Unterscheidungsmerkmal darstellen. Dazu könnte man nun sagen, auf dem Feld der wissenschaftlichen Psychologie gebe es ebenso viele Variationen, und nimmt man eine statische Perspektive ein, ist das durchaus richtig. Doch der große Unterschied liegt darin, daß die Experimentalpsychologen gemeinsam nach Instrumenten zur Überprüfung ihrer Ergebnisse suchen, ein Verfahren, das am Ende Übereinstimmung zwischen ihnen herstellen könnte. Es gibt eine »Internationale Vereinigung für Wissenschaftliche Psychologie«, der alle Psychologischen Gesellschaften der Welt angehören – außer denjenigen, die die Ergebnisse ihrer Arbeit nicht beweisen.* Im Zentralkomitee dieser Vereinigung sitzen seit Jahren etwa fünfzehn Vertreter verschiedener Tendenzen, darunter z. Zt. zwei aus östlichen Ländern und zwei Priester, ohne daß es dadurch zu irgendwelchen Schwierigkeiten bei der Aufstellung des Programms für die internationalen Kongresse oder bei der Ausarbeitung gemeinsamer Forschungsprogramme käme (zu letzteren gehören unter anderem vergleichende Forschungen, um die Universalität bestimmter Tatsachen zu verifizieren und um zu sehen, ob sie von der kulturellen Umwelt abhängen oder nicht). Es fällt mir schwer, ein internationales Komitee einer Gesellschaft für philosophische Psychologie für möglich zu halten, das in derselben Harmonie arbeiten würde, wenn ihm Thomisten, Anhänger des dialektischen Materialismus, Phänomenologen, Bergsonianer, Kantianer, Rationalisten usw. angehörten.

A) Ein erstes Problem bezieht sich auf das Objekt der philosophischen Psychologie. Sagt man, ihr Objekt bestehe in den Phänomenen, ist eine Übereinstimmung im Hinblick auf das Wort möglich, doch die Phänomenologie versteht ein solches Konzept ganz anders als die wissenschaftliche Psychologie; und die »rationale Psychologie«, die von den Thomisten noch immer gelehrt wird, ignoriert aus Prinzip die Unterscheidung zwischen Phänomen und Noumenon, eine Unterscheidung, die übrigens auch von vielen anderen geleugnet oder in sehr verschiedenartigen Bedeutungen aufgefaßt wird. Das eigentliche Problem liegt indes nicht im Wort »Objekt«, sondern in der Beantwortung der Fragen: 1. ob die philosophische Psychologie sich mit »Tatsachen« beschäftigt oder mit anderen Dingen, die man als »Wesenheiten« oder »Intuitionen« bezeichnet; 2. ob das, was mit den Wörten »Intention« oder »Bedeutung« bezeichnet wird, sich aus der einen oder aus der anderen dieser Möglichkeiten ergibt; und 3. ob das Objekt der philoso-

* In diesen Gesellschaften sind mehr als 40 000 Mitglieder zusammengefaßt, die zu den internationalen Kongressen eingeladen werden.

phischen Psychologie sich allein auf das Bewußtsein bezieht oder nicht und ob die Grenze zwischen philosophischer und wissenschaftlicher Psychologie von diesem Bewußtsein oder von der Introspektion abhängt.

Tatsachen oder Wesenheiten – die philosophischen Psychologien von Maine de Biran oder Bergson sind überzeugt, auf dem Boden der Tatsachen zu stehen; sie wollen diesen auch nicht verlassen, meinen aber, daß sie die Tatsachen besser erreichen als der Empirismus oder die im Labor arbeitende Psychologie und daß sie vor allem die besseren Interpretationen liefern. Es ist also ratsam, sie auf dieser Ebene zu diskutieren.

Die Psychologie Sartres erhebt demgegenüber den Anspruch, die Tatsachen zugunsten der Wesenheiten zu transzendieren, doch angesichts seiner recht verblüffenden Definition der Tatsache muß man sich fragen, ob Sartre überhaupt begriffen hat, was eine psychologische »Tatsache« ist. Er definiert nämlich: »Auf die *Tatsache* warten, heißt per definitionem auf das Isolierte warten, heißt, wie der Positivismus, das Akzidentelle dem Essentiellen, das Zufällige dem Notwendigen, die Unordnung der Ordnung vorziehen; das heißt, das Essentielle prinzipiell in die Zukunft zu verlegen.« Es ist eine Sache für später, wenn wir genügend Tatsachen gesammelt haben werden. »Die Psychologen machen sich nicht klar, daß sich durch Anhäufen von Akzidenzien die Essenz ebensowenig erreichen läßt wie ein Ganzes dadurch, daß man an die Ziffernfolge 0,99 noch unendlich viele weitere Ziffern anhängt. Wenn sie kein anderes Ziel haben, als Einzelerkenntnisse anzuhäufen, ist nichts dagegen einzuwenden; es ist nur nicht ersichtlich, welches Interesse solche Sammeltätigkeit hat. Sollten sie in ihrer Bescheidenheit jedoch von der an sich löblichen Hoffnung beseelt sein, auf der Basis ihrer Monographien werde später eine anthropologische Synthese möglich sein, stünden sie in klarem Widerspruch zu sich selbst.«*

* *Esquisse d'une théorie des émotions,* [2]1948, S. 5, zitiert nach F.-L. Mueller, a. a. O., S. 406.

Nun, unter Psychologen (Claparède sagte: »Die Psychologie zieht die Psychopathen an«) kann man Menschen mit der Mentalität von Schmetterlings- oder Postkartensammlern treffen, so wie man unter Philosophen manchmal Schizoiden begegnet, die auf allzu billige Weise zu den »Wesenheiten« gelangen. Doch wer die Arbeit im Labor so beschreibt wie Sartre es tut, beweist nur, daß er noch nie über die Schwelle eines Labors gegangen ist und nicht die geringste Vorstellung von experimenteller Forschung hat.

Eine »Tatsache« im Sinne der experimentellen Forschung weist drei Merkmale auf, und man kann sich fragen, ob das erste und das dritte nicht dem verwandt sind, was Sartre als »Essenz« bezeichnet, und das zweite der Kontrolle der beiden anderen dient: jede wissenschaftliche »Tatsache« ist: *a)* eine Antwort auf eine Frage; *b)* eine Feststellung oder eine »Lektüre der Erfahrung«; *c)* eine Folge von Interpretationen, die bereits in der Art der Fragestellung sowie (wie man will: leider oder zum Glück) in der Feststellung als solcher oder im Meßverfahren impliziert sind und sich in dem spezifischen Verständnis der Antwort des Realen auf die gestellte Frage explizieren.

a) Eine Tatsache ist zunächst eine Antwort auf eine Frage. Hätte Sartre mit Psychologen gesprochen, ehe er sie im Lichte seines Genies verurteilte, hätte er erfahren, daß sie keineswegs auf das Akzidens warten, sondern ihre Arbeit mit der Formulierung von Problemen beginnen. Diese Probleme können mehr oder weniger intelligent sein, aber es sind Probleme wie z. B. dies: herausfinden, ob sich bei dem in der Entwicklung begriffenen Subjekt, das heißt, beim Kind, die ganze Zahl unmittelbar von der logischen Klasse her aufbaut, durch zweieindeutige Korrespondenz und Konstruktion einer »Klasse äquivalenter Klassen« – wie Frege und B. Russell glaubten – oder ob die Konstruktion komplexer ist und den Begriff der Ordnung voraussetzt. Ich weiß nicht, ob dieses Problem etwas mit Wesenheiten oder »Essenzen« zu tun hat, weil ich niemals recht verstanden habe, was eine Wesenheit eigentlich ist; bei den Philosophen habe ich allzu verschiedenartige Antworten gefunden, aber ich weiß, daß Frege das Wesen der Zahl unabhängig von jedem Psychologismus in der zweieindeutigen und reziproken Korrespondenz zu finden glaubte, und seine Arbeiten Husserl dazu gebracht haben, statt nach »Akzidenzien« nach Wesenheiten zu suchen. Ich nehme also an, daß ein wohlformuliertes Problem immer konzeptuelle Momente enthält und daher in stärkerem oder geringerem Maße an dem teilhat, was manche als Wesenheiten bezeichnen; und mir scheint, daß das hier als Beispiel gewählte Problem sogar sehr eng mit dem »Wesen« der Zahl zusammenhängt – allerdings mit dem entscheidenden Unterschied (auf den wir zurückkommen werden), daß ich es für klug halte, dieses Wesen – trotz der vorteilhaften Vorurteile, die ich im Hinblick darauf habe – nicht in meinem Ich zu suchen, sondern es statt dessen bei in der Entwicklung begriffenen Subjekten zu untersuchen, die noch nicht allzu sehr in doktrinären Verfälschungen befangen sind oder diese ganz von sich haben abprallen lassen. Es ist richtig, daß eine Tatsache manchmal einem »Akzidens« ähneln kann – wie z. B. im Falle des Apfels der neben Newton herabfiel; doch das Akzidens ist erst dadurch zu einer »Tatsache« geworden, daß Newton sich bestimmte Fragen gestellt hat. Hätte Adam den Apfel fallen lassen, den Eva ihm gab, hätte er vielleicht nicht die Erbsünde begangen – aber auch nicht die Gravitation entdeckt.

b) Eine Tatsache ist ferner eine Feststellung oder »Lektüre der Erfahrung« und unter dem Gesichtspunkt von Essenz und Akzidens gibt es hier die größten Mißverständnisse, weil die Philosophen, und das gilt für Empiristen, Positivisten oder Phänomenologen usw. gleichermaßen, die Probleme willkürlich vereinfacht und unklar gemacht haben (unklar, weil sie sie vereinfacht haben), anstatt sich des einzigen Mittels zu bedienen, das hier Klarheit schaffen kann: experimentelle Untersuchungen an Subjekten, die eine Tatsache feststellen, das heißt, analysieren, worin diese Feststellung besteht. Solche Analysen sind bisher keineswegs im notwendigen Maße durchgeführt worden, doch im Zentrum für genetische Epistemologie haben wir damit angefangen und bereits genug hinter uns, um sagen zu können, daß die experimentelle Untersuchung der Feststellung der Interpretation widerspricht, die der Empirismus ihr gibt (oder, wie F. Gonseth zu unseren Arbeiten gesagt hat: »Die empirische Untersuchung der Erfahrung widerlegt den Empirismus«); ebenso widerspricht sie der Interpretation derjenigen, die sich in ihrer Kritik der Tatsachen auf den empiristischen Tatsachenbegriff stützen.

Wie Duhem bereits vor längerer Zeit auf dem Feld der physikalischen Tatsachen gezeigt hat, ist eine Feststellung immer an ein Interpretationssystem oder, wie er sagte, an eine »Theorie« gebunden. Und dies gilt für alle Ebenen. Die Feststellungen eines Kindes, dem man eine Reihe vertikaler Stäbe zeigt, die so angeordnet sind, daß die Linie ihrer Spitzen entweder eine geneigte Gerade oder eine Hyperbel ergibt, und das man auffordert, zwei am Anfang und am Ende der Reihe wahrgenommene Unterschiede zu vergleichen, hängen davon ab, ob es sich eine »Vorstellung« oder »Idee« von der Linie der Spitzen macht oder nicht; ob es eine Linie als waagerecht oder schräg wahrnimmt, hängt davon ab, ob es die »Idee« hat, außerhalb der Figur liegende Bezugspunkte zu suchen, oder ob es diese Idee nicht hat, usw. Die Feststellung der Tatsache ist also bereits auf der Ebene der Wahrnehmung an eine interpretative Strukturierung gebunden. Sobald es um komplexere Feststellungen geht, wie z. B. solche im Falle der Bildung der Zahl und der zweieindeutigen Korrespondenz, wird diese Abhängigkeit der »Tatsache« von der »Theorie« nur größer. Ich habe geglaubt, die Existenz einer Stufe »festgestellt« zu haben, auf der das Kind nicht an die Erhaltung der Zahl (also an die Konstanz der Äquivalenz durch Korrespondenz) glaubt, sobald man die räumliche Anordnung der Elemente verändert: aber war meine »Feststellung« so »objektiv«, daß andere Beobachter dieselben »Tatsachen« »feststellen« würden? Tatsächlich hatten viele meiner Leser dieselben Zweifel wie ich, und diese Zweifel haben sich erst beruhigt, als ich die Resultate von in vielen anderen Ländern durchgeführten Kontrolluntersuchungen las.

Kurz, selbst die Feststellung ist konzeptualisiert und die »Lektüre der Erfahrung« ist niemals ein einfaches Ablesen, sondern setzt immer schon eine Strukturierung voraus. Vom »Akzidens« oder von der »Unordnung«, von der Sartre uns erzählt, sind wir weit entfernt, und wenn es richtig sein sollte, daß das Gewinnen des Objekts eine dem Übergang von 0,99 zu 1 vergleichbare Folge von Approximationen voraussetzt (und ich würde jede Wette eingehen, daß Sartre den Grenzwert 1 nicht besser erreicht als wir, wenn er auch glaubt, er gelange durch »Intuition« direkt dorthin), so besteht das Gewinnen von Objektivität in eben dieser Folge von Approximationen, die von den anfänglich unvermeidlichen subjektiven Irrtümern ausgeht. Wer diesen Prozeß als »Anhäufen von Tatsachen« beschreibt, beweist nichts anderes, als daß er von jener Askese, die zur Objektivität führt, keine Ahnung hat – und man muß sich fragen, ob nicht gerade diese Ahnungslosigkeit das Kennzeichen der philosophischen Psychologie ist.

c) Eine »Tatsache« setzt also bereits bei der Problemstellung und bei der Feststellung implizite Interpretationen voraus; zu einer wissenschaftlichen Tatsache wird sie jedoch erst dann, wenn sie zu einer expliziten Interpretation führt, die ihr Verständnis sicherstellt. Selbstverständlich gibt es Fälle, in denen man die explizite Interpretation aufschiebt, um den Gang der Untersuchungen nicht vorzeitig abzubrechen (»das ist eine Sache für später«) – und dies ist ein weiteres Zeichen ihrer Objektivität, wodurch vorläufige oder hypothetische Interpretationen keineswegs verhindert werden. Ein Verzicht auf solche Interpretationen bedeutete den Verzicht auf das Sammeln weiterer Tatsachen.

Mit einem Wort, die Verdammung der »Tatsachen«, deren Wert wir gerade zu bestimmen versucht haben, ergibt sich nicht aus dem Problem von Essenz und Akzidens, sondern zeigt vielmehr eine Schwierigkeit im Verständnis von Objektivität an. Unsere nächste Aufgabe ist nun, die Geltung einer direkten psychologischen Erkenntnis der »Wesenheiten« zu analysieren und vor allem zu fragen, ob eine subjektive Erkenntnis möglich ist oder, anders gesagt, ob man aus der Tatsache, daß die Psychologie die Erkenntnis des Subjekts und seiner Subjektivität ist, das Recht ableiten darf, von Erkenntnis zu sprechen, wenn man die Subjektivität des Subjekts subjektiv – und nicht objektiv – untersucht. Der Hauptgrund dafür, daß die phänomenologische Psychologie die Tatsachen ablehnt, liegt offensichtlich in ihrer Überzeugung, daß das Wissen sich enthumanisiere, wenn es seine existenziellen Wurzeln vergesse, denn der Grund der seelischen Struktur sei irrational: die Emotion ist eine magische Haltung, das Bild ist eine Abwesenheit des Objekts, das ins Dasein kommen will, usw. Diese These bedeutet nicht nur, daß die Intelligenz nicht alles im geistigen Leben ist, das versteht sich von selbst, sie bedeutet darüber hinaus, daß die rationalen Strukturen nur höchst nebensächliche Superstrukturen darstellen und nicht, wie nach meiner These, an die Strukturen des Organismus sowie an die Strukturen der allgemeinen Koordination von Aktionen gebunden sind. Da es auf dem heutigen Stand der Erkenntnis keine beweisbaren Antworten auf diese globalen Fragen gibt, bleiben die irrationalistischen Hypothesen natürlich plausibel, doch das ist nicht das Problem. Das Problem ist vielmehr: muß man, um das Irrationale zu verstehen, sich eines irrationalen Denkens bedienen, oder läuft dieses Gefahr, in bloßes Beschreiben zu verfallen – im Gegensatz zur Intelligenz, die (auch wenn sie für das Subjekt nur eine untergeordnete Superstruktur ist und die Tiefenstrukturen seines Seins nicht berührt) alles versteht, auch die Unordnung; um z. B. den Zufall, das Modell des Irrationalen, zu verstehen, sehen sich weder der

Physiker noch der Mathematiker zu »zufälligem« Denken gezwungen. Und wenn manche Seelenärzte es für notwendig halten sollten, sie müßten, um ihre Kranken zu verstehen, in deren Haut schlüpfen, irrational denken und zwischen sich und dem Patienten eine existentielle und nicht eine theoretische Beziehung herstellen, so ist das durchaus legitim und erklärt den Erfolg der Phänomenologie bei manchen zeitgenössischen Seelenärzten; allerdings wird hier eine praktische Perspektive eingenommen, deren Erfolg unter wissenschaftlichem Gesichtspunkt nichts beweist. Wenn aber eine philosophische Psychologie behauptet, sie erfasse das Irrationale, indem sie sich ihm anschmiege, tauchen viele Schwierigkeiten auf, denn hier handelt es sich um die Konzeptualisierung des Erlebten, und jede Konzeptualisierung ist eine Rückkehr zur Vernunft.

Da die phänomenologischen Psychologen sich also einerseits nicht den Erfordernissen wissenschaftlicher Objektivität – die (siehe B) das gesamte geistige Leben begreifen will, die Subjektivität in jedem ihrer Aspekte, auch den irrationalen, eingeschlossen – beugen wollen, sich andererseits aber den Forderungen der Konzeptualisierung nicht entziehen können, haben sie versucht, Konzepte zu entwickeln, die die Bewegungen des Bewußtseins besser ausdrücken als die »positiven« Konzepte: das sollen vor allem die Grundbegriffe der *Intention* und der *Bedeutung* leisten. Wir haben also zu untersuchen, ob diesen Begriffen eine Geltung zukommt (diese Begriffe in ihrem allgemeinen Sinn und unabhängig von ihren besonderen Anwendungen auf Probleme der Emotion, des inneren Bildes oder der Wahrnehmung aufgefaßt) und ob sie, wenn ihnen Geltung zukommt, der Konzeptualisierung der wissenschaftlichen Psychologie wirklich fremd sind.

Der Begriff der Intention hat zwei Bedeutungen, wobei die zweite eine Erweiterung der ersten darstellt, so daß sie auf eine epistemologische Ebene gehoben wird. Unter psychologischem Gesichtspunkt bedeutet Intention, daß jeder Bewußtseinszustand eine auf einen gesuchten und erwünschten Endzustand (wir sprechen nicht von einem Ziel, weil das bereits eine Interpretation wäre) hin »gerichtete« Bewegung ausdrückt: alles geistige Leben wäre danach Intentionalität und ein Nichtverstehen dieser Intentionalität beraubte es seiner wesentlichen Dimension. Unter epistemologischem Gesichtspunkt leitet sich Husserls »Intention« von der thomistischen Kategorie *intentio* ab, an der sein Lehrer Brentano auch noch nach seinem Austritt aus der Kirche festhielt: auch hier handelt es sich um Intentionalität, aber um eine, die auf der Ebene des Denkens die Formen oder Wesenheiten erfassen kann, da in der Erkenntnis das Subjekt – nicht material, aber intentional – zum Objekt »wird«.

Intentionalität ist nun in der Tat eine wesentliche Dimension des geistigen Lebens, die von jedermann berücksichtigt wird, seit die Psychologie jenen mechanistischen Atomismus aufgegeben hat, den der Assoziationismus als einziges Modell entwickelt hatte. Der Begriff der Intention wird vielleicht weniger häufig verwendet als andere, aber die ihm entsprechende Vorstellung ist allgemein verbreitet. Sie ist der Hauptgrund dafür, daß Dilthey, Spranger, Jaspers usw. den wohlbekannten Gegensatz von »verstehen« und »erklären« formuliert haben: das Verstehen versetzt sich intuitiv in die Intention des anderen, während die Erklärung sich auf den Kausalmechanismus bezieht. Dieser in den deutschsprachigen Ländern klassisch gewordene Gegensatz war es vor allem, der die antiexperimentellen Tendenzen gewisser Kreise genährt hat, und wenn die phänomenologische Psychologie von »Intentionen« spricht, begibt sie sich natürlich auf das Feld des »Verstehens« und glaubt, dadurch wirke sie den »erklärenden« und objektiven Einstellungen der wissenschaftlichen Psychologie entgegen.

Wenn die Unterscheidung von Erklären und Verstehen auch vollkommen begründet ist – insofern die beiden Glieder dieses Gegensatzes nämlich dem Gesichtspunkt des Verhaltens in seiner Gesamtheit bzw. dem des Bewußtseins des Subjekts entsprechen – ist doch nichts vergeblicher, als darin einen prinzipiellen Gegensatz sehen zu wollen, denn hier handelt es sich um den Fall zweier komplementärer und nicht um den antithetischer Gesichtspunkte: komplementär im üblichen und im logischen Sinne des Begriffs, nicht in seinem physikalischen Sinne (in dem Komplementäres Alternativen bildet, die nicht gleichzeitig realisiert werden können.) Daraus folgt, daß der Begriff der Intentionalität in einer »erklärenden« Theorie von zentraler Bedeutung sein kann, auch wenn in dieser Theorie nicht ausdrücklich – sondern in einer anderen Terminologie – von Intentionalität gesprochen wird.

Wenn ich mich selbst als Beispiel zitieren darf, so ist alles, was ich unter dem Titel von senso-motorischem Schematismus und Assimilationsplänen zu analysieren versucht habe, von Intentionalität durchdrungen (und der phänomenologische Philosoph Aron Gurwitsch, New York, der von Psychologie sehr viel mehr versteht als seine französischsprachigen Kollegen, hat gute Gründe, sich bei der Rechtfertigung seiner Thesen auf meinen Begriff der Assimilation zu stützen). Bereits bevor er über Sprache verfügt, reagiert der Säugling auf Objekte, und zwar nicht aufgrund mechanischer Assoziationen nach dem Reiz-Reaktions-Schema, sondern aufgrund einer auf Aktionsplänen - die den Bewegungen eine Richtung geben und auf die Befriedigung eines Bedürfnisses oder eines Interesses abzielen – beruhenden Assimilation. Infolge der verschiedenen noch nicht koordinierten Möglichkeiten des Körpers zunächst isoliert, koordinieren sich diese Pläne vermittels reziproker Assimilation, und man kann bereits im Hinblick auf diese Koordinationen von strenger Intentionalität sprechen.* S. Escalona hat diesen keineswegs intellektualistischen Interpretationsmodus – denn der Assimilationsplan drückt nicht nur Verstehen

* Und zwar von einer Intentionalität, die Bedeutungen erzeugt, d. h. Realitäten jener Art, die die Phänomenologen als »Wesenheiten« beschreiben, weil sie in der Intentionalität mit Recht das unauflösliche Band zwischen Subjekt und Objekt sehen.

aus, er ist gleichzeitig Motivation – kürzlich auf die affektiven Reaktionen im ersten Lebensjahr, deren Bedeutung für die spätere Entwicklung ja bekannt ist, angewandt.

Ersetzt man den mechanischen Begriff der Assoziation in dieser Weise durch den der Assimilation (für die weitere Entwicklung gilt das natürlich in noch viel stärkerem Maße), bezieht man die Intentionalität in eine »erklärende« Perspektive ein, da die Assimilation die Verlängerung biologischer Mechanismen darstellt, ohne die Perspektive des subjektiven »Verstehens« im mindesten auszuschließen. Und hinsichtlich der Finalität, dieses ganz vom Bewußtsein des Subjekts abhängigen subjektiven Begriffs, führt man einen Parallelismus zwischen diesem egozentrischen Begriff – der in erklärender Perspektive illusorisch wäre – und einem Kausalsystem von Ungleichgewichten und Reäquilibrationen ein, so daß der Gang zum Gleichgewicht sich selbst erklärt: durch ein Spiel von rückgekoppelten oder Autoregulationen.

Was den Begriff der Bedeutung angeht, der kürzlich sogar zum Kriterium der philosophischen im Unterschied zur wissenschaftlichen Psychologie erhoben worden ist, so schreibt die letztere ihm in voller Übereinstimmung mit der Linguistik von Saussure und der Kulturanthropologie von Lévi-Strauss eine immer bedeutsamere Rolle zu. In der gerade angedeuteten Perspektive ist der senso-motorische Schematismus bereits vor dem Erwerb der Sprache und der Stufe der Repräsentation mit Bedeutungen geladen, denn ein Objekt an Pläne assimilieren heißt nichts anderes, als ihm Bedeutungen zu verleihen. Die für diese – die senso-motorische – Stufe spezifischen Signifikate bestehen in perzeptiven Zeichen oder Signalen. Doch mit der symbolischen Funktion erscheinen differenzierte Signifikate: die Sprachzeichen und die Symbole des symbolischen Spiels, der inneren Bilder usw. Die Formel Sartres, der zufolge das Bild die Abwesenheit des ins Dasein kommen wollenden Seins anzeigt, ist nicht mehr als eine romanhafte Beschreibung jeglicher Repräsentation, in der ein differenziertes Signifikat, gleichgültig ob Symbol oder Zeichen, eine nicht präsente Realität evoziert. »Magischer Akt«, sagt Sartre, »Beschwörung, die das Objekt, an das man denkt, zur Erscheinung bringen soll«; nun gut, aber dann ist auch das Wort Magie und das algebraische Zeichen nicht minder; der Unterschied besteht allein darin, daß das Bild perzeptive Gegebenheiten evoziert, während das Zeichen konzeptuelle Realitäten evoziert. Wie sollte auch nicht Magie entstehen, wenn man sich am Anfang seiner Überlegungen entscheidet, nichts »erklären« zu wollen, und sich auf intuitives Verstehen beschränkt; doch man kann sich fragen, ob die Magie ihren Ursprung in Sartre hat, dessen Erkenntnismodus hier an die Claudelsche *co-naissance* erinnert, oder ob sie im Subjekt begründet ist: denn für denjenigen, der das Subjekt betrachtet, ohne es mit Magie ausstatten zu wollen, stellt das Erscheinen des bildhaften Symbols im Alter von eineinhalb bis zwei Jahren eine Verlängerung der Imitation dar; denn wenn die Imitation, die eine Art Repräsentation in materiellen Akten darstellt, erst einmal ein ausreichendes Maß an Geschicklichkeit erworben hat, befreit sie sich aus ihrem ursprünglichen motorischen Kontext, wird zur verschobenen Imitation (das heißt, der Akt der Nachahmung wird auch in Abwesenheit des Vorbildes vollzogen), um schließlich – genauso wie die Sprache, wenn sie zur inneren Sprache wird – interiorisiert zu werden. Das innere Bild verdankt seine Entwicklung also einer interiorisierten Imitation, deren Fähigkeiten beim kleinen Kind noch sehr begrenzt sind (trotz der Phantasie, die man ihm zuschreibt) und durch ein noch äußere Imitationen verwendendes symbolisches Spiel ergänzt werden müssen, sich dann aber unter immer stärkerem Einfluß des Denkens entwickeln.

Kurz, weder die für das geistige Leben wesentliche Intentionalität noch die schlechterdings allgemeine Rolle des Begriffs der Bedeutung – die in Entsprechung zum dynamischen Aspekt der Intentionen das wichtigste kognitive Merkmal des Bewußtseins darstellen könnte – sind ein Revier, in dem allein die philosophische Psychologie Rechte hat: diese beiden Begriffe sind der zeitgenössischen Psychologie durchaus geläufig.

B) Werden wir in den Begriffen des Bewußtseins und der Introspektion das Kriterium des für die philosophischen Psychologien spezifischen Objekts finden? Wir sind sicherlich nahe am Ziel, aber gerade in bezug auf diesen Punkt sind die mehr oder weniger unfreiwilligen Mißverständnisse besonders hartnäckig und folgenschwer. In seiner *Psychologie contemporaine*, die ebenso wie seine *Histoire de la psychologie* die philosophische Psychologie rehabilitieren soll, macht F.-L. Mueller z. B. die folgende überraschende Äußerung über die aktuelle Tendenz, das Tier als Subjekt und nicht als Automaten aufzufassen: »Läßt sich leugnen, daß die Anerkennung des Tieres als *Subjekt* eine philosophische »Problematik« eröffnet? Man könnte sagen, daß hier die durch die Tür hinausgejagte Philosophie durch das Fenster wieder zurückkehrt« (S. 81).* Beißen wir uns nicht an dem Begriff »der« Philosophie fest, der – was im Hinblick auf diese Frage besonders merkwürdig ist – die Philosophie von Descartes, der die Tiere für Maschinen hielt, aus »der« Philosophie ausschließen müßte. Denn überraschend ist nicht, daß sich die Philosophie für das Subjekt interessiert, weil schließlich alles, auch der Organismus, zu einem philosophischen Problem werden kann (vgl. das schöne Buch von F. Meyer und die metaphysischen Essays von Ruyer), überraschend ist vielmehr, daß die wissenschaftliche Psychologie Mueller zufolge nicht am Subjekt interessiert zu sein scheint und die bloße Erinnerung daran die Philosophie durch

* Diese Stelle bezieht sich unter anderem auf F. J. J. Buytendijk, ehemals Professor an der calvinistischen Universität von Utrecht, wo er sich nach einer glänzenden Karriere als experimentell arbeitender Forscher zum Phänomenologen gewandelt hat. Der Autor lobt ihn, weil er das Tier als Subjekt behandelt, obwohl er nun nicht mehr auf dem Gebiet der Tierpsychologie arbeitet; Mueller hat indes offenbar übersehen, daß die sogenannte »objektivistische« Schule von Lorenz und Tinbergen dasselbe tut und sogar die spontanen Aktivitäten des Organismus ans Licht gebracht hat, ohne deshalb die Suche nach kausalen Verkettungen (unter anderem mit Hilfe kybernetischer Modelle) aufzugeben.

das Fenster zurückkehren läßt. Was mich betrifft, der ich seit mehr als vierzig Jahren immer wieder auf den »Aktivitäten des Subjekts« insistiere – in bezug auf die senso-motorischen Mechanismen und die Wahrnehmung ebenso wie in bezug auf die »Lektüre der Erfahrung« und die Intelligenz auf allen Stufen – so wußte ich nicht, daß ich mit so schlecht geschlossenen Fenstern lebte.

Seien wir also klar und deutlich. Wenn Watson und die sowjetische Reflexpsychologie das Bewußtsein aus ihrem Forschungsfeld verbannen wollten oder zu verbannen schienen, so sprechen die Nachfolger Watsons (die Anhänger der sogenannten »Verhaltensforschung«) heute immer wieder von bewußten Aktivitäten und auch die russischen Psychologen hören nicht auf, sich mit dem »Problem des Bewußtseins« zu beschäftigen. Der in der wissenschaftlichen Psychologie der Gegenwart am weitesten verbreitete Gesichtspunkt ist derjenige, den Janet, Claparède, Piéron und viele andere als »Verhaltenspsychologie« bezeichnet haben, wobei die Definition des Begriffs »Verhalten« das Bewußtsein einschließt.

Der Beweis dafür, daß die Vertreter der Verhaltenspsychologie das Bewußtsein nicht vernachlässigen, liegt darin, daß sie Gesetze des Bewußtseins zu erkennen versuchen. Claparède hat scharfsinnig festgestellt, daß Kinder in einem bestimmten Alter, in dem sie, ohne auf Unterschiede zu achten, übermäßig verallgemeinern, beim Vergleich zweier Objekte (z. B. einer Biene und einer Fliege) sehr viel größere Schwierigkeiten haben, wenn sie die Ähnlichkeiten angeben sollen als wenn sie die Unterschiede angeben sollen: daraus hat er sein »Gesetz der Bewußtwerdung« abgeleitet, dem zufolge sich das Bewußtsein zunächst mit den einer Aktivität hinderlichen Umständen auseinandersetzt, also mit den Ursachen einer Nichtanpassung und nicht mit jener Aktivität selbst, deren Funktion nicht zur Reflexion nötigt, schreitet also von der Peripherie aus zum Zentrum fort und nicht umgekehrt. Sartre bestreitet dies (ohne Beweis) und glaubt auch nicht, daß es das Unbewußte gibt. Er hat sicherlich gute Gründe gehabt, die Authentizität des Unbewußtseins der Freudschen »Verdrängungen« zu bezweifeln; zur selben Zeit habe ich die These aufgestellt, daß die von der Zensur bewirkte Verdrängung niemals ohne Mitwirkung des Subjekts unbewußt wird.* Aber Sartre vergißt – und wir werden untersuchen warum – das Unbewußtsein jener Prozesse, die niemals bewußt gewesen sind und derer man sich nur durch die Anstrengung nachträglicher Reflexion bewußt wird: abgesehen von solchen Reflexionen, die Irrtümern unterworfen und immer unvollständig sind, sind wir uns nämlich nur der Resultate unseres Denkens bewußt und nicht auch seiner Mechanismen (daher der Satz Binets: »Das Denken ist eine unbewußte Tätigkeit des Geistes«).

Unabhängig von Fragen der Bewußtwerdung und Graden des Unbewußtseins könnte man behaupten, die wissenschaftliche Psychologie vernachlässige trotz allem das Bewußtsein, weil sie durch die sehr allgemeine Tendenz, geistige und organische Prozesse sozusagen aneinanderzulöten, charakterisiert sei. Das ist richtig, wenn man nur die Anfänge ihrer Geschichte und die ersten Phasen ihrer Forschungsarbeit in betracht zieht. Man vergißt dann jedoch etwas, was z. B. auch in den philosophisch-historischen Panoramen von Mueller völlig fehlt, nämlich die immer stärker werdende Tendenz, mit »abstrakten Modellen« zu arbeiten; man tut dies in allen Bereichen der Psychologie, die sich auf kognitive Funktionen wie die Wahrnehmung und die Intelligenz beziehen (jedoch nicht ausschließlich in diesen Bereichen: man denke an die Anwendungen der Informations- und Spieltheorie in den Arbeiten von Berlyne über die Neugier und das Interesse oder an die Beziehungen zwischen der Entscheidungstheorie und dem Willen). Und auch in der Psychophysiologie und in der Neurologie bedient man sich solcher Modelle: Fessard hat ein probabilistisches Modell

* Vgl. *La formation du symbole* (deutsch: Nachahmung, Spiel und Traum, Stuttgart 1969).

der Konditionierung entwickelt (ein differenziertes stochastisches Netz) und die ganze zeitgenössische mechanische Physiologie sucht ihre Modelle in der Kybernetik und den elektronischen Rechenmaschinen (der Homöostat von Ashby, die Maschinen von Turing usw.). Was die Intelligenz angeht, so habe ich selbst seit meinen ersten Arbeiten im Jahre 1921 mit abstrakten Modellen gearbeitet, zunächst mit logistischen, dann mit probabilistischen und mit vielen weiteren (Zeichentheorie usw.). Diese immer allgemeinere Verwendung »abstrakter Modelle« hat nun keineswegs zu jener Mechanisierung und jener Auffassung des Bewußtseins als Begleiterscheinung physiologischer Vorgänge geführt, von denen viele assoziationistische Psychologen zu einer Zeit geträumt haben, zu der sie sich wie die Philosophen mit der bloßen Reflexion über Tatsachen begnügten, obwohl diese Tatsachen bereits methodisch gesammelt wurden; es standen allerdings noch keine präzisen deduktiven Instrumente zur Verfügung. Der inzwischen mögliche Rekurs auf solche Instrumente und auf elektronische Maschinen führt vielmehr zu der Annahme, daß es auch bei einem Strukturisomorphismus zwischen der Organisation des das Gehirn imitierenden materialen Mechanismus und der Organisation des bewußten Denkens (im Zusammenhang mit Bergson werden wir auf diesen Parallelismus zurückkommen) gleichwohl einen grundlegenden Unterschied zwischen ihnen gibt: während die Maschine nach Kausalgesetzen funktioniert – die mechanischen Äquivalente der Zahlen 2 und 3 ergeben, wenn sie mit Hilfe von Stromkreisen, Energieübertragungen usw., mit Hilfe von Mechanismen also, die allein für die physikalische Kausalität charakteristisch sind, vereinigt worden sind, das mechanische Äquivalent von 5 – stützt sich der Prozeß des Denkens im Gegensatz dazu auf reine »Bedeutungen«, deren Beziehungen untereinander keine Kausalbeziehungen, sondern »Implikationen« im weiten Sinne des Begriffs sind; denn 2 + 3 sind nicht die Ursache von 5, sondern 5 logisch gleichwertig oder, wie man auch sagen kann, sie implizieren 5. Ich stelle das

System der Bedeutungen und ihrer Implikationen nicht erst heute und in Reaktion auf die phänomenologische Psychologie der Kausalität gegenüber; ich vertrete diese Ansicht seit 1950*, und schon vorher habe ich zu zeigen versucht, daß der Begriff der Assimilation, durch den ich den der Assoziation ersetzt habe, zu den Konzepten der Bedeutung und der Implikation von Bedeutungen führt. Bereits Claparède hat gesagt, daß der Ton der Glocke für den Pawlowschen Hund, wenn man (dies für F. Mueller) den Hund als Subjekt auffaßt, die Nahrung »impliziert«, denn andernfalls flösse sein Speichel nicht.

Es läßt sich also nicht behaupten, die wissenschaftliche Psychologie vernachlässige notwendigerweise das Bewußtsein, und man kann ihr auch nicht versagen, sich mit dem »Subjekt« zu beschäftigen (das haben wir in Kapitel III, D gesehen, und es wäre überflüssig, darauf zurückzukommen). Es bleibt hingegen das Problem der Introspektion zu klären, und bei dieser Frage werden wir uns dem entscheidenden Unterschied zwischen wissenschaftlicher und philosophischer Psychologie nähern. Dieser Unterschied hat seinen Grund keineswegs, wie man glauben könnte, in der Anwendung der Introspektion als solcher. Gewiß, es handelt sich bei ihr um ein gefährliches Verfahren, das leicht systematische Irrtümer zur Folge haben kann; jedermann hat darauf hingewiesen. Doch in Verbindung mit dem Studium von Verhaltensweisen vermittelt die Introspektion drei Arten von unbedingt notwendigen Informationen, ganz zu schweigen natürlich von der Erfahrung des Erlebten, außerhalb welcher die Verhaltensweisen unverständlich sind. Zunächst ist das Studium der Bewußtwerdung des Subjekts im Verhältnis zu seinem tatsächlichen Verhalten im allgemeinen von großem Interesse: z. B. der Vergleich zwischen dem Prozeß, in dem einem Kind die Bedeutung eines Wortes bewußt wird, und der tatsächlichen Verwendung dieses Wortes durch das Kind. Zweitens sind die systematischen Irrtümer

* Vgl. den *Traité de psychologie expérimentale* von P. Fraisse und J. Piaget, Bd. I, Kap. III: »L'explication en psychologie«.

der Introspektion als solche höchst bedeutsam. Drittens und vor allem sind die Methoden der Introspektion, wie sie von Binet und der Würzburger Schule systematisch angewandt worden sind – ohne zu leisten, was ihre Autoren von ihnen erhofften – von entscheidender Bedeutung für den Aufweis der Falschheit der assoziationistischen Erklärung des Urteils und der untergeordneten Rolle des inneren Bildes gewesen, das vor den Untersuchungen dieser Richtung als ein Element des Denkens aufgefaßt wurde.

Wenn es sich aber so verhält, warum besteht dann ein so tiefer Gegensatz zwischen den experimentell arbeitenden Psychologen und all denjenigen, die – seit V. Cousin »sein Bewußtsein quälte«, um ihm feierliche Platitüden abzuringen – sich einer introspektiven Psychologie widmen und zu Doktrinen gelangen, denen zumindest das Verdienst zukommt, Cousins gesunden Menschenverstand aufgegeben zu haben, allerdings zugunsten einer Mannigfaltigkeit, die den Dialog mit denjenigen, die Verifizierungen für notwendig halten, unmöglich macht?

Aus einem Grund, der in die Augen springt, und letztlich das einzige Unterscheidungskriterium zwischen philosophischer und wissenschaftlicher Psychologie darstellt: wenn der Philosoph vom Bewußtsein spricht, von seinem eigenen Körper (was er immer häufiger tut), vom »In-der-Welt-sein« oder vom Sein »für andere« usw., stützt er sich immer nur auf seine Introspektion oder Selbstbeobachtung, ohne dabei nach irgendeinem außerhalb seiner selbst liegenden Verfahren zur Überprüfung seiner Ergebnisse zu suchen. Husserl sagt zwar, das »Intersubjektive« sei eine wesentliche Dimension seiner Psychologie, aber auch dieses Intersubjektive ist, wenn nicht selbst erlebt, zumindest selbst interpretiert und unterliegt keiner »objektiven« Überprüfung. Verlangt man von einem Philosophen »objektive« Überprüfung, so glaubt er sofort, man wollte das »Subjekt« zerstören, während man doch nicht mehr von ihm erwartet, als seinen Leser nicht als den Leser eines Romans zu betrachten, der die Psychologie des Romans danach beurteilt, ob er für dessen Personen und den Autor Sympathie empfindet, sondern als einen einfachen und redlichen Intellektuellen, der dem Philosophen nur allzu gern glauben möchte, gäbe man ihm nur die Mittel an die Hand, dessen Überlegungen nachzuvollziehen.

Sehen wir uns ein Beispiel reiner Selbstbeobachtung näher an, und zwar eine neuere Untersuchung von A. Rey über einen alten Gedanken von Claparède, der ihn gefragt hatte, ob es ihm gelinge, sich ein zutreffendes Bild von seinem um seine eigene Achse rotierenden Körper zu machen. Rey hatte geantwortet, er nehme das an, aber Jahre später schien eine Beobachtung ihm zu zeigen, daß dieses Bild sehr begrenzt sei; allein, die gründliche und wiederholte Introspektion genügte ihm nicht, und er machte sich daher an die Überprüfung: ein detaillierter Fragebogen mit genauen, aber nicht suggestiven Fragen und mit knapp formulierten Alternativen. Die Antworten einer Reihe von in psychologischer Beobachtung geübten Erwachsenen stellten sich als in hohem Maße übereinstimmend heraus, was in einem Fall wie diesem eine objektive Bestätigung eines einfachen, introspektiv gewonnen Resultats bedeutet.*

Man fragt sich mit Schrecken, was in der Sprache Sartres aus einer solchen Beobachtung, die er an sich selbst gemacht hätte (gründlich oder oberflächlich), geworden wäre. So richtig seine »ontologische« Dialektik des Körpers – der zunächst erlebt wird, dann von anderen wahrgenommen wird (zur gleichen Zeit, zu der der anderen erkannt wird), dann durch den Gesichtspunkt anderer vermittelt als Objekt erkannt wird (was dem gleicht, was Baldwin seit langem über die gleichzeitige genetische Konstruktion von *ego* und *alter* auf der Stufe der ersten beiden Lebensjahre sagt) – auch sein mag, Sartres Introspektion ist von Anfang an durch zwei sein »Tiefen-Ich« ausdrückende philosophische Postulate determiniert; für die Geschichte ist das recht interessant, aber für die Wahrheit ist es

* Vgl. *Archives de Psychologie*, Bd. XXXVIII, S. 256-274.

unzureichend, denn diese Postulate – das ontologische und das irrationalistische – lassen sich mit der Introspektion des Lesers nicht in Einklang bringen, wenn dieser eine andere Philosophie hat als Sartre oder wenn er sich bemüht, die Wirklichkeit zu erkennen, indem er seine Philosophie korrigiert. Das ontologische Postulat hat nur relativ geringe Bedeutung, denn in den meisten Fällen leistet es nichts anderes, als gegebenen Elementen ein sprachliches Etikett oder eine Prinzipienerklärung aufzukleben. Sartre glaubt sich im Besitz einer Intuition, die das Sein direkt erfaßt. Das glaubte auch Bergson, aber Sartre zufolge hat er sich getäuscht. Eine künftige philosophische Mode wird das »Sein« auf andere Weise erfassen und zeigen, daß Sartre seinerseits mächtig auf den Holzweg geraten ist. Das wird wenig Konsequenzen haben, da, wie Kant gezeigt hat, hundert wirkliche Taler (oder, wie man heute sagt, hundert Taler, denen ontologische Existenz zukommt) sich von hundert vorgestellten Talern nur durch eine Eigenschaft unterscheiden, die die übrigen Merkmale der Taler nicht berührt. Es ist also Sache des Temperaments, ob man bei jeder intuitiven Vorstellung den Eindruck hat, man erfasse das Sein selbst, oder ob man es lieber durch sukzessive Approximationen zu erreichen sucht (wie im Übergang von 0,99 zu 1!). Man muß in den leidenschaftlichen Memoiren Simone de Beauvoirs den Bericht über den Augenblick gelesen haben, in dem Sartre angesichts eines Glases Bier begeistert ausruft, daß man diesem Glas dank Husserl endlich einen ontologischen Wert zusprechen könne, um zu begreifen, in welchem Maße der Realismus Sartres auf jenen freien Entscheidungen beruht, die das »ganze Bewußtsein« engagieren und das ganze Leben hindurch jede Introspektion bestimmen werden. Wenn ich meinen Körper durch die Perspektive anderer vermittelt erkenne, spreche ich lieber von der Koordination der verschiedenen Gesichtspunkte und sehe in dieser Koordination einen der zahllosen Schritte jener allgemeinen Koordinationen der Aktionen und der Gesichtspunkte, welche die Vernunft ausmachen, aber ich gebe gerne zu, daß sich durch Hinzufügen des Etiketts »ontologisch« bei den meisten Fragen überhaupt nichts ändert.

Demgegenüber ist das zweite Postulat, das der Irrationalität, sehr viel beunruhigender, weil es jede Introspektion verfälschen kann, und weil man, wenn man sagt, es sei ja gerade aus der Introspektion abgeleitet, sich fragen muß, ob es sich bei dieser um eine für das »Ich« von Jean-Paul Sartre spezifische oder um eine allgemeiner Art handelt. Für Sartre ist die »psychische Kausalität« – mit diesem Terminus bezeichnet er die Beziehungen zwischen Bedeutungen – ihrem Wesen nach irrational und »magisch«, und der Psychologe, der sich nicht in diese »irrationalen Beziehungen« hineinversetzt und sie nicht als die »erste Realität der psychischen Welt« erkennt, ist ein die Wirklichkeit verzerrender Intellektualist. Die Erklärungen, die diese magische Irrationalität liefert, sind höchst merkwürdiger Art und so schlecht, daß man auf den ersten Blick sieht, daß es sich um »Rationalisierungen« im Sinne der Psychoanalyse handelt; das heißt, ihre Quelle muß man wieder in den »Entscheidungen eines jeden Seins« suchen und nicht in der Beobachtung. Solche Erklärungen bestehen in der Regel in »magischen Aktionen auf Entfernung« wie in den Situationen, in denen man sich selbst erkennt, insofern man von anderen erkannt wird, oder in solchen Situationen, in denen das Bild aus dem »Dasein des Objekts« eine »Abwesenheit des Objekts« macht usw. Nun ist die Fähigkeit, Objekte und Ereignisse außerhalb des Wahrnehmungsfeldes denken zu können, das Merkmal jeder repräsentationalen Intelligenz, und es ist wahrhaft der Gipfel eines ontologischen Anti-Intellektualismus, den grundlegenden Akt rationaler Erkenntnis als einen magischen Akt zu bezeichnen: was hätte Sartre gesagt, wenn er sich nicht mit seinem Ich beschäftigt hätte, sondern sich für die Epistemologie eines zeitgenössischen Astronomen interessiert hätte, der den genauen Zeitpunkt einer Sonnenfinsternis zur Zeit Julius Cäsars oder im Jahre 2722 nach Christus berechnet? Er hätte in dieser logisch-mathematischen Deduktion ein schlagendes Beispiel für eine Aktion auf Entfernung und für den Übergang von der »Abwesenheit des Seins« ins »Dasein des Seins« gesehen und bedauert, daß diese Magie sich in ein abstraktes Kalkül entkörpert. Bezeichnet man jeden Akt der Intelligenz als irrational (denn selbst bei der Kranken von P. Janet, von der Sartre sagt, sie bediene sich eines Nervenanfalls, »um« auf diese magische Weise die Sympathie ihres Arztes auf sich zu ziehen, mangelt es dieser gleichzeitig als »Intentionalität« dargestellten Magie nicht völlig an Intelligenz), genügt es also, sich über das Vokabular zu verständigen. Wie aber ist diese Irrationalitätsbesessenheit eines so intelligenten Autors zu erklären? Dazu genügt es, auf das dramatische Werk Sartres zu rekurrieren, das tiefe Bewunderung erweckt und glücklicherweise durch eine Philosophie ergänzt wird, die die in ihm implizierte Vorstellung einer humanen Koordinierung der Werte besser erkennen läßt, wenn sie unter epistemologischem Gesichtspunkt auch als Projektion des Ichs und vor allem der sozialen Gruppe in die Ebene des Universums erscheint. Dieses Werk zeugt in der Tat von einer erstaunlichen Überzeugung von der Irrationalität des Realen, und ohne auf den verwegenen Versuch einer Psychoanalyse angewiesen zu sein, kann man aufgrund bestimmter Dinge, die Simone de Beauvoir mitgeteilt hat, nur allzu gut verstehen, warum ein solcher Mann es für seine Pflicht und seinen Tribut an die Wahrheit hält, die Existenz von Irrationalitäten zu proklamieren und den Optimismus der Idealisten oder »Intellektualisten« verächtlich zu machen. Aber wenn wir es hier auch mit einem persönlichen Zeugnis zu tun haben, das als Ausdruck einer großen Persönlichkeit seinen Wert behält, darf man doch nicht eine erlebte Erfahrung mit allgemeinen psychologischen Wahrheiten konfundieren, denn es ist gerade diese Konfusion, welche die für die philosophische Psychologie spezifische introspektive Methode charakterisiert, nicht – wiederholen wir es – weil sie introspektiv ist, sondern weil sie die Furcht vor dem »Objektivismus« bis zum Verzicht auf »Objektivität« und den Kult der Subjektivität bis zur Zentrierung auf ein einziges isoliertes Ich treibt.

Aus den Abschnitten A) und B) ergibt sich als Schlußfolgerung, daß der Unterschied zwischen wissenschaftlicher und philosophischer Psychologie nicht darin begründet ist, daß erstere sich mit »Tatsachen« und letztere sich mit »Wesenheiten« beschäftigte, denn wenn man begriffen hat, was eine wissenschaftliche Tatsache ist (was, wie wir gesehen haben, keineswegs jedermann klar ist), nämlich die verifizierte Antwort auf eine Frage, könnte auch die Intuition der Wesenheiten durchaus eine Tatsache sein, vorausgesetzt, man gibt uns die Mittel zu ihrer Verifizierung an die Hand. Der Unterschied hat seinen Grund ebensowenig in den Begriffen der Intentionalität und der Bedeutung, denn diese Begriffe entsprechen Tatsachen und gehören zum üblichen Sprachgebrauch. Schließlich gründet der Unterschied nicht einmal in der Anwendung der Introspektion, denn wenn man sie in den wissenschaftlichen Psychologien begrenzt und in den philosophischen Psychologien ausschließlich anwendet, könnte es sich um einen bloß graduellen Unterschied handeln. Der einzige systematische Unterschied, auf den wir bisher gestoßen sind, ist ein Unterschied der Methode. Wenn der wissenschaftliche Psychologe sich der Introspektion bedient, sucht er nach Verfahren zur Überprüfung seiner Ergebnisse; das hat nichts mit Objektivismus zu tun: zwar untersucht er das Bewußtsein, aber seine Untersuchungen sind überprüfbar und damit *objektiv*. Der philosophische Psychologe hingegen, der sich angeblich mit Intuitionen, Wesenheiten, Intentionen und Bedeutungen beschäftigt, nimmt keinerlei Rücksicht auf Objektivität und Verifizierung, als ob sie sich von selbst ergäben. Nun, wie interessant diese Ideen auch immer sein mögen – jedes neu formulierte Problem ist interessant – sie lassen sich nicht assimilieren, solange man uns keine Kriterien zu ihrer Verifizierung angibt, ja, noch nicht einmal nach solchen Kriterien sucht. Nachdem der Psychologe Buytendijk, von dem hervorragende tierpsychologische Arbeiten stammen, sich zur Phänomenologie bekehrt hatte, veröffentlichte er unter anderem Studien über die Psychologie der Frau und die Psychologie des Fußballs, die seine Freunde ein wenig betrübten und sich offensichtlich nicht der Introspektion bedient haben, denn Buytendijk ist weder eine Amazone noch Fußballeuropameister: wie alles, was er geschrieben hat, sind diese Studien höchst scharfsinnig, doch von seinen früheren Werken unterscheiden sie sich durch einen leicht irritierenden Impressionismus, als ob die phänomenologische Psychologie auch Phänomene außerhalb des Ichs nur in der Brechung durch das Ich beschreiben dürfte.

Dies ist der Punkt, an dem wir uns trennen, denn jede gültige Erkenntnis setzt eine Dezentrierung voraus. Jede Geschichte der Wissenschaften zeugt von Dezentrierungen: von den sogenannten primitiven Völkerstämmen, die durch ihre jahreszeitlichen Feste den Lauf der Sterne zu regeln glaubten, oder vom Geozentrismus Aristoteles' bis Newton, der seine Raum- und Zeitmessungen noch für absolute Werte hielt, und bis Einstein, der uns von diesen letzten Zentrierungen befreit hat (die letzten bis zu den nächsten Dezentrierungen). Die genetische Psychologie beobachtet in der Entwicklung der Wahrnehmungen und der Intelligenz des einzelnen Menschen einen analogen Prozeß. Merleau-Ponty hat von meiner Theorie der Dezentrierung gesagt, sie nehme den Platz des lieben Gottes selbst ein. Er hat ein wenig übertrieben, und es ist schon traurig, umgekehrt feststellen zu müssen, daß so intelligente Menschen wie die phänomenologischen Psychologen ihre Ideen dadurch entwerten, daß sie sie von einer Methode abhängig machen, die zu neuen Zentrierungen führt, Zentrierungen, die um so tyrannischer sind, als sie philosophisch gerechtfertigt werden.

C) Hätte der arme Maine de Biran ahnen können, wohin seine Methode im Zeitalter des Existentialismus führen würde, hätte er sich sicherlich auf die physiologische Psychologie beschränkt. Aber er hat die Introspektion für entscheidend gehalten, und für uns erscheint es jetzt angebracht, ein wenig Geschichte zu treiben, um zu sehen, ob die ausschließliche Anwendung der Introspektion die großen Psychologen der Vergangenheit, selbst Menschen von so freundlicher Bescheidenheit wie Maine de Biran, zu denselben Irrtümern der Zentrierung auf das Ich verleitet hat wie die phänomenologischen Psychologen. Auf die Gefahr hin, unbescheiden zu erscheinen, füge ich hinzu, daß das Denken Birans mich auch deshalb interessiert, weil A. Michotte in seinem schönen Buch über *La perception de la causalité* meine Annahmen über die sensomotorischen Ursprünge der Kausalität als eine Erneuerung der berühmten These Birans darstellt: im Hinblick auf unsere Absicht bietet es sich also an, eine auf introspektiv gewonnenen Ergebnissen aufgebaute Doktrin mit einer Interpretation zu vergleichen, die von der direkten Beobachtung der beiden ersten Lebensjahre des menschlichen Kindes ausgeht.

Bevor wir die Frage der Kausalität diskutieren, wollen wir jedoch an Maine de Birans berühmten Irrtum in bezug auf die Empfindung der Anstrengung erinnern, der seine Theorie überall dort fragwürdig macht, wo die Anstrengung ins Spiel kommt – ein Irrtum, der in der Introspektion begründet ist. Maine de Biran, von der Notwendigkeit der Wiedereinführung der Begriffe der Finalität und der Kraft durch Leibniz überzeugt, begreift das kartesische *cogito* im Lichte dieser beiden Konzepte. Und da die Introspektion immer eine Strukturierung des sogenannten »unmittelbar« Gegebenen ist und nicht dessen direkte Intuition, ist diese Strukturierung natürlich von den Vorstellungen des sein eigenens Ich betrachtenden erkennenden Subjekts beeinflußt (wie wir es im Falle Sartres gerade gesehen haben). Indem Biran die Introspektion auf das *cogito* in seinem Ich richtet, findet er natürlich, das es vor allem durch Kraft und Finalität charakterisiert ist, und die Synthese dieser beiden Eigenschaften findet er in dem Bewußsein der Willensanstrengung, die er als eine direkte und zentrifugale Wirkung des Ichs auffaßt – so wie sie der Introspektion tatsächlich erscheint. Dies

ist eines der deutlichsten Beispiele introspektiver Illusion, denn das Bewußsein steckt nicht in jedem Verhaltensakt.
In einem berühmten, um 1880 in der Zeitschrift *Mind* erschienenen Artikel hat W. James gezeigt, daß es keine Empfindung der Innervation gibt und wir bei einer Muskelanstrengung daher keinen efferenten oder zentrifugalen Nervenstrom fließen spüren: der Prozeß ist also zentripetal, und wir werden uns der Anstrengung erst aufgrund eines Widerstandes bewußt. Und P. Janet hat gezeigt, daß die Empfindung der Anstrengung eine jener elementaren Empfindungen darstellt, deren spezifische Eigenschaft einer »Regulation« der Aktion entspricht, das heißt, einer Aktivierung oder einer Beendigung des Aktes: man muß also das Anstrengungsverhalten analysieren, wenn man die Empfindung verstehen will, in der sich dieses Regulationsverhalten ausdrückt. J. M. Baldwin und J. Philippe zufolge stellt Janet fest, daß die Anstrengung eine positive Aktivierungsregulation darstellt (so wie die Müdigkeit eine negative Aktivierungsregulation ist und Freude oder Niedergeschlagenheit Beendigungsregulationen im Falle des Erfolges bzw. des Scheitern sind), eine Regulation, die in erster Linie von einer Beschleunigung abhängt, d. h. von einer Verstärkung der für die Aktion erforderlichen Energien: ein Radfahrer, der in seiner normalen Geschwindigkeit fährt, spürt keine Anstrengung, aber diese macht sich sofort bemerkbar, wenn er sein Tempo beschleunigt, wenn er mit einer höheren Geschwindigkeit als gewöhnlich fährt oder wenn er gegen Müdigkeit anzukämpfen hat. Beschleunigungs- oder Verstärkungsregulation – die Anstrengung zeigt nichts mehr von einer energetischen Wirkung des »Ichs« im Sinne Maine de Birans: das Ich ist keine »Kraft«, weil die beteiligten Energien organische Energien sind, sondern ein Regulator, der die Leistung dieser Energien bestimmt; oder: das Ich ist das System der Bedeutungen, Werte, Intentionen usw., welche die gesamten Verhaltensregulationen, deren Ausdruck das Ich ist, in Kategorien des Bewußtseins übersetzen.

Man sieht also, daß es ein weiter Weg vom introspektiv Gegebenen zur tatsächlichen Dynamik des Verhaltens ist. Die gewöhnliche Introspektion hat nicht unrecht, wenn sie die Quelle der Anstrengung im Ich sieht, aber ihr Recht gilt nur, solange sie nicht analysiert, sondern sich darauf beschränkt, den Zwekken der Aktion zu dienen. Wenn sie diese pragmatische Funktion in ein kognitives Instrument verwandelt, läuft die introspektive Psychologie Gefahr, Mechanismen zu übersehen, deren genaue Kenntnis für die Aktion überflüssig ist und die allein eine Verhaltenspsychologie bloßlegen kann, die dem introspektiv Gegebenen seinen richtigen Ort – der kein kognitiver ist – zuweist.

Aus dieser Unzulänglichkeit der Analyse erklären sich die Schwierigkeiten der Kausalitätstheorie Birans. Hume hatte geglaubt, er hätte den Begriff der Kausalität durch Zurückführung auf ein Spiel gewohnheitsmäßiger Sukzessionen aufgelöst; diese Sukzessionen waren nach seiner Ansicht durch keinerlei objektive Notwendigkeit verknüpft, sondern bloß das Resultat oft wiederholter subjektiver Assoziationen und Gewohnheiten. Maine de Biran kommt das große Verdienst zu, die Quelle der Idee der Kausalität im Gegensatz zu Hume nicht in äußerlichen oder beliebigen Sukzessionen gesucht zu haben, sondern in der Aktion selbst, in der Dimension also, in der wir das Spiel der Sukzessionen dank unserer Intentionen lenken können, wodurch zwischen Antezedenzien und Konsequenzen eine nicht auf die einfache Assoziation reduzierbare Beziehung eingeführt wird, die den Begriff der Kausalität als einen der Produktion oder Konstruktion rechtfertigt. Aber worin besteht eine solche Beziehung, deren psychologische Analyse aufgrund der Interferenz physiologischer Faktoren und des Bewußtseins außerordentlich komplex ist (wir werden darauf gleich im Zusammenhang mit dem von Bergson kritisierten Prinzip des Parallelismus zurückkommen) und deren epistemologische Analyse sich in zwei entgegengesetzte Richtungen bewegen kann? Die eine dieser beiden Richtungen ist die kritische oder Kantische Interpretation – die Biran sehr wohl gekannt hat, da er seine eigenen Analysen auf der Ebene der Phänomene und nicht auf der der Noumena durchführt –: die phänomenalen Gegebenheiten der inneren Welt werden vom erkennenden Subjekt ebenso interpretiert wie diejenigen der äußeren Welt, was bedeutet, daß dieses Subjekt vermittels seines Verstandes eine rationale Beziehung zwischen den Antezedenzien und den Konsequenzen herstellt, eben die für die Kausalität spezifische Notwendigkeit, die somit, wie Kant sagt, aus einem Verhältnis *a priori* oder, wie Descartes sagt, aus einfacher Deduktion *(causa seu ratio)* resultiert, in jedem Falle aber aus einer Beziehung, welche die das Gegebene strukturierende Intelligenz hergestellt hat. Die andere Richtung, die Maine de Biran eingeschlagen hat, ist vorkritisch (er selbst verstand sie als transkritisch) oder intuitionistisch; sie sucht die Kausalbeziehung innerhalb des Phänomens selbst, weil sie hofft, daß, wenn die Phänomene im allgemeinen die regelmäßigen Sukzessionen bilden, die Hume angenommen hatte, das an die Aktion gebundene innere Phänomen eine direkte Intuition oder eine unmittelbare Apperzeption *a)* der Ursache, *b)* der Wirkung und vor allem *c)* des sinnlich wahrnehmbaren und erlebbaren Übergangs von der Ursache zur Wirkung zulassen werde.

Sich auf seine unzulängliche Analyse der Anstrengung stützend, entdeckt Maine de Biran tatsächlich diese drei Kategorien: die Ursache ist das Ich, Quelle der Willens- und Muskelanstrengung; die Wirkung ist eine Veränderung außerhalb des Ichs, da sie sich zunächst in einem Widerstand zeigt, der die Exteriorität des Objekts, auf das die Aktion sich bezieht, anzeigt; und der sinnlich wahrnehmbare Übergang von der Ursache zur Wirkung ist durch den Synchronismus zwischen dem Strom der Willensanstrengung und dem der Muskelanstrengung möglich: durch »die absolute Simultaneität von Willen und Bewegung«.*

* »Wie man auch erklären mag, wie der Einfluß des Gehirns die Nerven

Da Birans Interpretation der Kausalität sich bloß auf psychologische Gegebenheiten stützt, kann sie wie diejenige Humes einer direkten experimentellen Überprüfung unterzogen werden – nicht durch Introspektion, die gleichzeitig Richter und Partei ist und deren Irrtümer in bezug auf die Empfindung der Anstrengung wir gesehen haben, sondern durch eine Untersuchung der tatsächlichen Genese der Kausalität in den Altersstufen, in denen sie sich entwickelt, das heißt, vom ersten Lebensjahre an. Fassen wir also die Resultate dieser Untersuchung über die senso-motorische Periode (0 bis 18-24 Monate) und über die Periode der Bildung der Operationen (2 bis 7-8 und 7 bis 11-12 Jahre) in großen Zügen zusammen. Auf der senso-motorischen Stufe, deren Untersuchung für die Beantwortung unserer Frage entscheidend ist, beginnt die Kausalität unter dem Gesichtspunkt des Subjekts selbst mit dem dritten oder vierten Monat. Der Säugling entdeckt z. B. zufällig, daß er, wenn er an einer vom Dach seiner Wiege herabhängenden Schnur zieht, alle an diesem Dach aufgehängten Spielzeuge in Bewegung versetzen oder zum Klingen oder Rasseln brin-

und durch sie die Muskeln in Bewegung setzt, man wird die Wirkung des Willens in der willentlichen Bewegung dadurch nicht besser begreifen«, Œuvres, Bd. XI, S. 415 (zitiert bei D. Voutsinas, *La psychologie de Maine de Biran*, S. 95). Diese Stelle impliziert: 1) einen Nervenstrom, der vom Gehirn zur Peripherie führt; 2) daß dieser Strom dem Synchronismus zwischen »dem Willen und der Bewegung« entspricht; und 3) die Voraussetzung, daß eine vom Mechanismus dieses zentrifugalen Stromes getrennte Erklärung die Evidenz des kausalen Charakters dieser Kraft des Ichs – der Willensanstrengung – nicht beeinträchtigt. Ohne ausdrücklich zu sagen, daß wir uns des zentrifugalen Nervenstroms bewußt sind – denn Maine de Biran will nicht »die Grenze [überschreiten], welche den Bereich der Psychologie wie durch einen Abgrund von dem der Physiologie trennt« –, impliziert diese Stelle dieses Bewußtsein; der Beweis dafür liegt darin, daß Maine de Biran es ablehnt, die von Destutt de Tracy getroffene Unterscheidung zwischen der Bewegung, die gewollt wird, und der Bewegung, die empfunden wird, wenn unsere Glieder sich bewegen, anzuerkennen: »Sie abstrahieren die Empfindung der Anstrengung von jener der Macht des Ichs, das sie erzeugt, und das sich nur in ihr und durch sie erkennt . . .; denn nimmt man eine empfundene Bewegung an, muß man notwendigerweise auch die Bedingungen anerkennen, unter denen sie allein empfunden werden kann . . .« (zitiert bei Voutsinas, a. a. O., S. 268).

gen kann; der Beweis dafür, daß er hier tatsächlich Kausalität erkennt, liegt darin, daß es später, nachdem man alle Spielzeuge vom Dach abgehängt hat, genügt, wieder eines hinzuhängen, damit er, es erblickend, sofort die Schnur sucht und an ihr zieht. Diese Kausalität ist bereits in solchem Maße dauerhaft und generalisierbar, daß, wenn man einen Gegenstand zwei Meter von der Wiege entfernt baumeln läßt, der Säugling, wenn das Schauspiel aufhört, immer noch an der Schnur zu ziehen sucht (dasselbe tut er, um die Fortsetzung von Pfiffen zu erreichen, obwohl der die Pfiffe erzeugende Erwachsene seinen Blicken entzogen ist).

Diese primitive Kausalität bestätigt zweifellos Maine de Birans Hauptthese, daß die Kausalität ursprünglich an Aktion gebunden ist, mehr bestätigt sie allerdings nicht, denn was das Subjekt zur Entdeckung der Kausalität führt, ist keineswegs die Tatsache, daß es sich seines Ichs bewußt wird – auf dieser Stufe gibt es bekanntlich noch keine Differenzierung zwischen dem Ich und der Außenwelt, und das Ich bildet sich erst gegen Ende des ersten und im Verlauf des zweiten Lebensjahres in Interaktionen mit anderen. Man könnte nun sagen, für die Entdeckung der Kausalbeziehung sei das Bewußtsein des Ichs nicht erforderlich, es genüge das Bewußtsein der Anstrengung, der Widerstände und der zentrifugalen Einwirkung jener auf diese. Erinnern wir uns jedoch zunächst, daß es kein Bewußtsein eines zentrifugalen Innervationsstromes gibt. Und hinsichtlich der Anstrengungen und Widerstände gibt es keinerlei Ähnlichkeiten: der Säugling ergreift eine Schnur und stellt fest, daß dieses Antezedens wunderbare und unerwartete Konsequenzen nach sich zieht, und ohne sich um räumliche oder physikalische Berührungen zu kümmern (das zwei Meter entfernte Spielzeug oder die hinter einem Wandschirm erzeugten Pfiffe), beginnt er erneut, an der Schnur zu ziehen. Das Verhalten des Säuglings entspricht also dem Phänomenalismus Humes, allerdings ausschließlich auf der Ebene der Aktion, was die Bemerkung Brunschvicgs bestätigt, Hume und Maine de Biran wider-

legten sich wechselseitig. Im Hinblick auf diese erste Stufe sprechen wir daher von magisch-phänomenalistischer Kausalität, phänomenalistisch, weil auf der Ebene der Aktion ein beliebiges Etwas ein beliebiges Anderes nach sich zieht, und magisch, weil sich die Aktion unabhängig von Berührungen vollzieht.
Ein Begriff kann nun nicht allein von seinem Ausgangspunkt her, sondern er muß von seiner ganzen Entwicklung her verstanden werden, das heißt, von der Richtung (oder »Intention«!) her, die seine Entwicklung nimmt. Und diese Richtung ist sehr deutlich: in dem Maße, in dem der Säugling den Plan des konstanten Objekts konstruiert und den Raum und die zeitliche Folge nach einem kohärenten System organisiert (die »Gruppe« nimmt Verschiebungen vor), objektiviert und verräumlicht sich seine Kausalität, das heißt, bei zunehmender Rücksicht auf die Berührungen mit Objekten dehnt sie sich auf die Beziehungen zwischen den Objekten selbst aus. Mit anderen Worten, die Kausalität hängt von der Strukturierung des Gegebenen ab, die ihrerseits von den Fortschritten der Intelligenz abhängt – eine volle Verifizierung der rationalistischen Interpretation der Kausalität, die im Gegensatz zum Phänomenalismus Humes wie zur Intuition eines sinnlich wahrnehmbaren Übergangs von der Ursache zur Wirkung durch Maine de Biran die Kausalität als eine logische Konstruktion auffaßt.
Diese Verifizierung wäre allerdings recht unvollständig, wenn sie ohne Fortsetzung bliebe. Nun, auf der Stufe des repräsentationalen Denkens, der Stufe vom zweiten bis zum elften oder zwölften Lebensjahr, beobachtet man in der Regel eine Rekonstruktion des auf der senso-motorischen Stufe Erworbenen. In großen Zügen kann man sagen, daß die Kausalität auf dieser neuen Stufe genauso beginnt wie auf der senso-motorischen Stufe, nämlich mit einer direkten Assimilation des Gegebenen an Aktionspläne, also mit einem Egozentrismus, von dem sie sich in der Folge dezentriert, um zu einer Assimilation an Operationen zu werden, was keineswegs dasselbe ist, obwohl sich die Operation von der Aktion ableitet und zur Kausali-

tät aufgrund rationaler Deduktion führt. Doch sehen wir uns zuerst zwei Beispiele für Kausalität durch Assimilation an die Aktion an. Zunächst ein Beispiel, das in schlagender Weise an die magisch-phänomenalistische Kausalität der vom Wiegendach herabhängenden Schnur erinnert: bis zum Alter von etwa sechs Jahren glauben viele der von uns beobachteten Kinder, daß der Mond ihnen folgt, daß er mit ihnen geht oder läuft, oder, wenn sie umkehren, mit ihnen umkehrt, daß er wartet, wenn sie in ein Haus gehen und sich nach einem Häuserblock wieder einfindet, wenn sie prüfen wollen, ob sie ihn an der nächsten Straßenkreuzung wieder sehen werden. Das zweite Beispiel: ein Tag für Tag beobachtetes Kind im Alter von fünf Jahren entdeckt, daß die Luft etwas ist, was man mit der Hand erzeugen kann, indem man einen Zweig wie einen Fächer hin und her bewegt (daher auch der Wind, der von den sich hin und her neigenden Bäumen, von aufwirbelndem Staub oder hohen Wellen erzeugt wird; die Wolken erzeugen Luft und werden dann von dem von ihnen selbst erzeugten Wind vorangetrieben – wie in der ἀντιπερίστασις Aristoteles'). Als Beispiel für Kausalität durch Assimilation an Operationen wollen wir nur andeuten, daß das Kind im Alter von sieben oder acht Jahren – das heißt, sobald die additiven Operationen (Addition von Zahlen, Vereinigung von Klassen) ausgebildet sind –, das bis dahin die Erhaltung des in Wasser aufgelösten Zuckers bestritten hatte (»der Geschmack geht weg wie ein Geruch« usw.), plötzlich die Erhaltung seiner Substanz zugibt, dann auch die Erhaltung seines Gewichts und schließlich die seines (an der Verschiebung des Wasserspiegels gemessenen) Volumens, wobei es annimmt, daß die bei der Auflösung sichtbaren kleinen Körner immer kleiner und endlich unsichtbar werden, daß ihre Summe jedoch erhalten bleibt und der Gesamtmasse des ursprünglichen Zuckerstücks entspricht; in bezug auf das Gewicht und das Volumen werden dann entsprechende Annahmen gemacht. Dies ist zwar ein, wie Bachelard so schön sagt, ein sich der »Metaphysik des Staubes« verdankender Atomismus, aber einer, der direktes Resultat einer operativen Konstruktion ist, und nicht erst nach einer Phase der Annahme von Qualitäten erreicht wird.

Wir kommen zu dem Schluß: die psychogenetische Untersuchung der Kausalität verifiziert Birans Analyse der Kausalität ebensowenig wie die Verhaltenspsychologie seine Interpretation der Anstrengung verifiziert. Die direkte Intuition des Ichs ist also keine Erkenntnisform, auf der man eine spiritualistische Metaphysik aufbauen könnte.

D) Der philosophischen Psychologie Maine de Birans kam es vor allem darauf an, den Empirismus zu widerlegen, was ihr leicht hätte gelingen können, wenn sie nicht in das entgegengesetzte Extrem eines Intuitionismus verfallen wäre, der allzusehr auf sich selbst bezogen war, als daß er sein Objekt hätte erfassen können. Die Psychologie Bergsons hat auf andere Weise das Ziel verfolgt, den in den Labors herrschenden empiristischen Assoziationismus zu widerlegen und über ihn hinauszugehen, was ihr umso leichter gelungen ist, als zur Zeit des Erscheinens von *Zeit und Freiheit* bei W. James und teilweise auch bereits bei dessen Lehrer Peirce (der James vom Pragmatismus überzeugt hat) dieselben anti-assoziationistischen Tendenzen, derselbe Begriff des »Bewußtseinsstroms« und derselbe pragmatistische Akzent auf der Aktion im Gegensatz zu den statischen Assoziationen im Vordergrund standen: an religiösen Fragen interessiert und schließlich eine pragmatistische Philosophie entwickelnd, die keine Merkmale einer Metaphysik, aber alle einer »Einsicht« hatte (nach amerikanischer Art, aber man kann James nicht vorwerfen, daß er nicht in Indien geboren worden ist oder nicht Professor im Königsberg des 18. Jahrhunderts war), war W. James gleichwohl der Prototyp des wissenschaftlichen Psychologen, der, ohne sich selbst für experimentelles Arbeiten zu begeistern, dennoch ein Labor gegründet hat (vielleicht hat er nicht die geeigneten Mitarbeiter oder Assistenten gefunden) und stets bereit war, die Tatsachen der Erfahrung anzuerkennen. Ich sage nicht, daß

James Bergson direkt beeinflußt hat – ich habe nicht versucht, das herauszufinden –, denn das hat keinerlei Bedeutung, weil es die Regel ist, daß an einem Wendepunkt der Wissenschaft dieselben Ideen in zwei oder mehreren Hirnen erscheinen: ich sage nur, daß die anti-assoziationistischen Ideen Bergsons, seine Ideen über den kontinuierlichen zeitlichen Fluß des Bewußtseins und über die Rolle der Aktion nicht seinen metaphysischen Intentionen zugeordnet werden können, weil sie sich schon zu jener Epoche auch bei anderen Autoren finden, die eine Erneuerung der wissenschaftlichen Psychologie anstrebten, und daß seine Thesen erst aufgrund der unter metaphysischem Gesichtspunkt spezielleren Ideen über die nicht auf die des Körpers reduzierbaren Eigenschaften des Geistes diskutierbar werden.
Um auf die Rolle der Aktion zurückzukommen (vgl. Kapitel III, C, 4.): Bergson hat die Art und Weise, in der die Wahrnehmung das Gegebene nach dem Muster möglicher oder geplanter Aktionen zerlegt und in der die Intelligenz von der Aktion ausgeht und sie verlängert, hervorragend beschrieben. Merkwürdigerweise aber und in enger Parallele zum amerikanischen Pragmatismus hat er vor allem die Resultate und Erfolge der Aktion gesehen, ohne ihre unter anderem epistemologischen Voraussetzungen zu beachten, so daß er weder die Bedeutung der Koordination der Aktionen selbst erkannt hat noch, daß diese Koordination eine Logik impliziert, die die der Operationen, die interiorisierte und reversibel gewordene Aktionen sind, vorbereitet. Allerdings hat er eine glänzende Beschreibung der Rolle der die Lösung eines Problems lenkenden »antizipierenden Pläne« gegeben (die man wohl der Introspektion zugute halten darf, aber eben der Introspektion eines Autors, der über die Bedingungen wissenschaftlichen Forschens lange nachgedacht hat), doch hat er daraus keine allgemeine Theorie der Aktionspläne abgeleitet, die ihn dazu geführt hätte, auch den Aspekt der Koordination und nicht nur den der Antizipation und des Erfolges zu betonen. Aufgrund dieser Begrenztheit seines Blicks ist er, anstatt ihre epistemolo-

gischen Voraussetzungen zu untersuchen, zu der Ansicht gekommen, die Erkenntnis des Lebens müsse der Aktion den Rükken kehren.

Doch gehen wir zu den metaphysischen Ideen der Bergsonschen Psychologie über, das heißt, zu dem auf der Analyse der beiden Formen des Gedächtnisses begründeten »Tiefen-Ich« und zu der Weise, in der das Gedächtnis den Körper benutzt, ohne daß dieser ihm als Sitz diente. Diese Gesamtkonzeption geht bekanntlich von der Analyse der beiden Formen des Gedächtnisses aus: vom Gewohnheitsgedächtnis und vom Bildgedächtnis, eine Unterscheidung, die durchaus begründet ist; sie konnte auf präzise Tatsachen gestützt werden, und ist, allerdings unter der Bedingung, in ihr nur, wie Janet gesagt hat, einen Unterschied von Stufen zu sehen, seither nicht entkräftet worden.* Doch beide Begriffe Bergsons fordern Bemerkungen heraus, welche die Tragweite der Interpretationen, die er aus ihnen ableitete, sehr stark abschwächen.

Das Gewohnheitsgedächtnis ist nicht auf die Funktion der Wiederholung beschränkt, sondern erfüllt gleichermaßen die nicht minder grundlegende Funktion des »Wiedererkennens«. Hätte Bergson eine allgemeine Theorie der Aktionspläne entwickelt, hätte er gesehen, daß jeder Assimilationsplan – der es erlaubt, eine Aktion auf im Verhältnis zur urspünglichen Aktion teils analoge und teils neue Situationen zu übertragen – gleichzeitig Quelle der Wiederholung, des Wiedererkennens und der Generalisierung ist. Daraus folgt, daß die beiden Gedächtnisse Bergsons der klassischen Unterscheidung zwischen dem wiedererkennenden Gedächtnis, das sehr primitiv und schon bei den niederen wirbellosen Tieren vorhanden ist, und dem einer sehr viel höheren Stufe angehörenden evozierenden Gedächtnis entsprechen, das beim Menschen erst mit der Spra-

* Man muß folglich auch alle Zwischenstufen zwischen diesen beiden Hauptstufen unterscheiden. In einer Untersuchung von Bärbel Inhelder und mir über das Gedächtnis unterscheiden wir bereits neun verschiedene Typen auf einer Skala, deren Enden von der Gewohnheit und dem Erinnerungsbild gebildet werden.

che, dem inneren Bild usw., allgemein gesagt, mit der semiotischen (oder symbolischen) Funktion erscheint.

Was dieses evozierende oder Bildgedächtnis angeht, so vertritt Bergson eine der beiden möglichen Thesen, ohne die andere zu diskutieren oder auch nur zu erwähnen. Nehmen wir ein Ereignis A an, das vergessen worden ist oder an welches das Subjekt nicht mehr denkt, in der Folge aber in der Form A' ein oder mehrere Male evoziert wird. Es stellen sich dann zwei Probleme: ist das Erinnerungsbild A' eine treue Repräsentation von A, und vor allem, was hat sich in der Zwischenzeit ereignet? Ist A' unmittelbar nach dem Ende von A gebildet und im »Unbewußten« des Subjekts irgendwie erhalten worden, oder ist A' in der Zwischenzeit nicht vorhanden gewesen und im Augenblick der Evozierung vermittels eines an die Rekonstruktion des Historikers erinnernden Ensembles von Schlüssen rekonstruiert worden? Bergson und Freud vertreten die erste Hypothese, Janet vertritt die zweite, indem er das evozierende Gedächtnis wie ein anderes »Verhalten« auffaßt, das »Berichtsverhalten«, das in der Rekonstruktion und vor allem in der Ordnung der erzählten Ereignisse besteht.

Vieles spricht für die Wahrheit der zweiten These, denn die Aktionspläne, die die Rekonstruktion erleichtern, bleiben mit Sicherheit im »Unbewußten« oder, genauer, im nicht reflektierten Verhalten des Subjekts. Fragt man jemanden mit nicht starr festgelegten Gewohnheiten, ob er seine Krawatte vor oder nach dem Frühstück umgebunden hat, wird er das nicht wissen, weil ohne Zweifel keine dieser beiden unbedeutenden Ereignisse A'-Bilder erzeugt hat und vor allem, weil diese Bilder, selbst wenn sie im »Unbewußten« aufgezeichnet sein sollten, nicht zeitlich geordnet sind: erst die Rekonstruktion stellt die zeitliche Ordnung her, oft nur mit erheblichen Schwierigkeiten (Beispiel: angeben, ob man sein zweites Kind vor oder nach dem Beginn der Herrschaft des Faschismus in Italien, bevor oder nachdem man ein bestimmtes Buch geschrieben hat usw. bekommen hat). Fragt man dieselbe

Person, ob sie vor oder nach dem Aufwachen gefrühstückt habe, wird sie sofort antworten, aber aufgrund eines auf Aktionsplänen beruhenden Schlusses.

Zugunsten der zweiten These muß man vor allem den verzerrenden Charakter bestimmter Kindheitserinnerungen anführen. Meine früheste Erinnerung führt in eine Zeit zurück, zu der ein Kindermädchen mich noch im Kinderwagen spazieren fuhr (eine recht außergewöhnliche Erinnerung, wenn sie authentisch wäre): Ein Mann hat versucht, mich zu rauben, aber das Kindermädchen hat mich heftig verteidigt bis der Mann beim Nahen eines Polizisten floh; das Mädchen war dabei arg zerkratzt worden. Diese Erinnerung ist sehr lebendig: ich sehe noch die ganze Szene vor mir, die sich am Stern der Champs-Elysées abspielte, ich sehe noch die Neugierigen herankommen und den Polizisten mit der kleinen Pelerine, die damals zur Uniform gehörte usw. Nun, als ich 15 Jahre alt war, schrieb die ehemalige Kinderfrau meinen Eltern, nach ihrer kürzlich erfolgten Konversion fühle sie sich verpflichtet, alle ihre Sünden zu bekennen: die Geschichte des versuchten Kindesraubs war von vorne bis hinten erfunden, die Kratzer selbst beigebracht usw. Die Uhr, die sie seinerzeit zur Belohnung erhalten hatte, gab sie zurück. Diese schöne Kindheitserinnerung ist also eine visuell rekonstruierte Erinnerung (und dieser Punkt hat seine Bedeutung), aber eine, deren Ausgangspunkt eine im Alter zwischen fünf und zehn Jahren gehörte Erzählung ist. Wäre die Erinnerung im Sinne der Übereinstimmung mit den Ereignissen »wahr«, wäre sie nicht weniger rekonstruiert.

Der Anteil der Rekonstruktion und des Schließens im evozierenden Gedächtnis scheint also beträchtlich zu sein, selbst dann, wenn bestimmte Erinnerungen sich erhalten. Diese Tatsache ist nun geeignet, die These von einem Geist, dessen Existenz – vom Körper unterschieden – an die vollständige Erhaltung alles von ihm Erlebten gebunden sei, zu erschüttern. Man könnte natürlich eine dritte These aufstellen, der zufolge sich mehr Erinnerungen erhalten als evoziert werden können;

Evokation bestünde dann in einer Rekonstruktion von zumindest teilweise schlußfolgerndem Typus, und die beiden Aspekte der Erhaltung und der Rekonstruktion wären teilweise unabhängig voneinander. Doch selbst wenn man diesen Kompromiß anerkennt, beweist nichts, daß die angehäuften vergessenen Erinnerungen eine rein geistige Realität darstellen, die, wie Bergson annahm, vom Gehirn unabhängig ist. Nach den neueren Experimenten von W. Penfield scheint vielmehr das Gegenteil der Fall zu sein: durch elektrische Erregung der temporalen Lappen, lassen sich Szenen aus der Vergangenheit wiederbeleben, die das Subjekt in großer Intensität und in ihrer natürlichen Geschwindigkeit wiedererlebt, z. B. ein musikalisches Thema mit Orchester und Sänger: in manchen dieser wiederbelebten Szenen ist der Zuschauer wie im Traum selbst Akteur, in anderen sind die Zustände zwar lebendig, aber sie werden als vergangen erlebt, schließlich können Szenen evoziert werden, in denen es keine Ästhesie mehr gibt und die sich am ehesten mit dem gewöhnlichen inneren Bild vergleichen lassen.

Es ist übrigens recht schwierig, die psychologische Bedeutung des Bergsonschen »Tiefen-Ichs« zu begreifen, das, von der Aktion und dem sozialen Leben abgewendet, sich nur in dem Traum benachbarten Zuständen befindet, ohne daß man sehen könnte, wodurch es vor Inkohärenz oder Schizoidie bewahrt wird.

Die Hauptschwierigkeit der spiritualistischen Psychologie, bei der Bergson schließlich angelangt ist, weil ihm eine Logik der Aktion fehlte, besteht aufgrund des Scheiterns der Theorie eines vom Körper unabhängigen reinen Gedächtnisses in ihrer Leugnung des Prinzips des psychophysiologischen Parallelismus. Sicherlich ist das Bewußtsein kein Nebenprodukt physiologischer Vorgänge, denn es besteht in einem System von durch Implikationsbeziehungen miteinander verbundenen Bedeutungen, wodurch jede Reduktion dieses Bewußtseins auf physikalische Kausalität ausgeschlossen ist. Nicht minder gewiß ist – aber das ist ein ganz anderes Problem –, daß das geistige oder seelische Leben ständig auf den Organismus einwirkt, wie es die in manchen Ländern als psychosomatische, in anderen als kortikoviszerale bezeichnete Medizin beweist; hier ist indes das geistige Leben in seiner Gesamtheit, das Gehirn eingeschlossen, gemeint, und das beweist keineswegs, daß das Bewußtsein als solches auf die Materie einwirkt: denn da mit der Materie Massen, Kräfte, Energien, Ausdehnung usw. verbunden sind, müßte auch das Bewußtsein, wenn es kausal wirken können soll, mit diesen Eigenschaften ausgestattet sein, wodurch es materialisiert und seiner Unterscheidungsmerkmale beraubt würde. Würde an einer bestimmten Stelle die Einwirkung einer »geistigen Energie«, wie Bergson sagt, auf die Materie evident gemacht, würde man natürlich sofort versuchen, innerhalb dieser Energie ihren kausalen Aspekt – z. B. eine einen Widerstand überwindende Kraft – und ihren bewußten Aspekt – Bedeutungen – zu unterscheiden, so daß sich das Problem neu als das des Parallelismus zwischen dem physikalischen und dem bewußten Aspekt dieser Energie stellte.

E) In einem ganz anderen Sinne beherrscht das Problem des Verhältnisses von Geist und Körper die philosophische Psychologie von Merleau-Ponty. Sie beschränkt sich einerseits auf die Analyse des Bewußtseins (das Unbewußte qua latentes Bewußstein eingeschlossen), ist aber andererseits am Körper, sofern er durch das Bewußtsein repräsentiert wird, sowie am Verhalten, sofern es »verkörperte Subjektivität« ist, interessiert, weshalb sie ständig mit der Hauptschwierigkeit der Phänomenologie zu kämpfen hat, nämlich der, alles von einem im Bewußtsein liegenden absoluten Anfang her erklären zu wollen, während doch jedes Bewußtsein eine an den Schematismus der Aktion und dadurch vermittelt an den Organismus gebundene Geschichte hat.

Wo Sartre nur Antithesen und Magie sieht, sucht Merleau-Ponty – der aufgrund seines Interesses, Ontologie und Epistemologie miteinander in Einklang zu bringen, Sartre weit überlegen ist – nach der Urerfahrung, in der die Synthese hergestellt sein soll. Da es aber eine solche Urerfahrung zweifellos nicht gibt und da Merleau-Ponty aus Mißtrauen gegen jede Deduktion alles andere als ein Systembaumeister ist, läuft seine ganze Psychologie darauf hinaus, die »Ambiguitäten« des Bewußtseins hervorzuheben und eine Bewegung der »Transzendenz« anzunehmen, die Tatsachen in mit Bedeutung ausgestattete Existenz verwandelt.

Da die Phänomenologie Husserls Analyse nicht der »Tatsachen«, sondern der »Formen« des Bewußtseins sein will, die die Objekte erfassen, und die Objekte sich von dem Bewußtseinsakt, der ihnen Bedeutung verleiht oder sie »intentional« zusammenbringt, nicht trennen lassen, konnte sie zwei Wege einschlagen; in gewissen Hinsichten ähnelt sie der Kantischen Analyse, ihr kommt jedoch das zusätzliche Verdienst zu, auf der Ebene des Phänomens zu bleiben und den unauflöslichen Charakter der Beziehungen zwischen Subjekt und Objekt anzuerkennen. Die beiden Wege: der diachronische, das heißt, der historische und genetische, der diese »Formen«, »Intentionen« oder »Bedeutungen« mit den Aktionsplänen in Zusammenhang bringt, ein Verfahren, das die »Bewußtseinsakte« keineswegs übergeht, sondern dazu führt, die Beschränkung auf die Subjektivität als einziges Feld der Analyse aufzugeben; und der synchronische oder statische Weg, der ausschließlich durch das Reich der Subjektivität führt, um dort die Urerfahrungen zu finden, von denen das Wissen ausging. Husserl hat diese zweite Methode gewählt, die ihn schließlich zur Hypothese einer erlebten Welt oder der *Lebenswelt* geführt hat, die vor jeglicher Reflexion da ist und als Matrix jeglicher Erkenntnis fungiert. Da aber das Wissen und seine »Formen« in dieser ursprünglichen Erfahrung nicht fertig enthalten sind – sie bildet nur den Ausgangspunkt des Wissens – und da sich ohne Diskontinuität eine Reihe anderer Formen, Intentionen und Bedeutungen entwickeln, muß man fragen, ob dieser Ausgangspunkt wirklich einen absoluten Anfang darstellt und ob man sich nicht deshalb genötigt sieht, dieses Absolute zu postulieren, weil man sich methodisch in den Kreis der Subjektivität eingeschlossen hat.

Merleau-Ponty schließt sich in denselben Zirkel ein, was bei ihm jedoch einen noch paradoxeren Charakter annimmt, weil er nicht wie Husserl eine allgemeine Epistemologie oder Ontologie entwirft, sondern eine Psychologie rekonstruieren will, in der die historischen oder genetischen Dimensionen und die Beziehungen zum Körper oder zum Verhalten und somit auch zur sozialen Welt sehr viel präziser sind: daraus folgt, daß die Subjektivität als einzige Säule dieses begrenzteren aber sehr viel konkreteren Gebäudes mit gewaltigen Aufgaben befrachtet wird. E. Fink, der beste Kommentator Husserls, hat scharfsinnig bemerkt, dessen Hauptfrage sei nicht diejenige Kants: »Wie ist Erkenntnis möglich?«, sondern sehr viel umfassender: wie ist die Welt, einschließlich des Bewußtseins, möglich? Solange es um die Welt im ganzen geht, mag das noch angehen; sobald aber der menschliche Körper und die Gesellschaft – das heißt, das Verhalten in seiner Gesamtheit, das in jeder Hinsicht darauf hinzudeuten scheint, daß das Bewußtsein nur einen Aspekt darstellt – das Thema ist, scheint der Versuch, in der ursprünglichen Erfahrung zu suchen, was alles Übrige erklärt, ein aussichtsloses Unterfangen zu sein.

In bezug auf die Erkenntnis behauptet Merleau-Pony, das ganze Universum der Wissenschaft sei auf der Lebenswelt aufgebaut,* also auf jener der Reflexion vorausgehenden und in der Wahrnehmung gegebenen ursprünglichen Erfahrung. Er präzisiert jedoch, die Wissenschaft habe eine andere Bedeutung als das unmittelbar Erlebte, da sie dieses »determiniere oder erkläre«. Sie ist also eine vom Erlebten zum Reflexiven führende Konstruktion, und man fragt sich nun natürlich, warum das »Erlebte«, statt ursprünglich zu sein, nicht ebenfalls konstruiert sein sollte.

* *Phänomenologie der Wahrnehmung*, Berlin 1966.

Genauer, es stellen sich zwei schwierige Fragen: Ist dieses »Erlebte« für alle Subjekte dasselbe? Und wenn dies nicht der Fall sein sollte, wie lassen sich dann aus einer individuellen Subjektivität Informationen ableiten, die etwas Gültiges über die Intentionen oder Bedeutungen, die zur erkennenden Subjektivität führen, zu sagen erlauben? Sollte dies jedoch der Fall sein, oder sollte es zumindest einige allen ursprünglichen Erfahrungen aller Subjekte gemeinsame Elemente geben (dies müßte bewiesen werden, aber man sieht nicht, woher die Beweise kommen sollen, wenn man nicht aus dem Kreis der Subjektivität heraustritt), stehen wir vor dem zweiten Problem: woher stammt diese gemeinsame Struktur? Das Kantische *a priori* ging von einer allgemeinen Notwendigkeit aus, hier jedoch gibt es weder ein *a priori* noch eine Notwendigkeit, da diese Erfahrung vor jeder Reflexion gegeben und auf der Ebene des Phänomens angesiedelt ist. Zu sagen, daß sie da sei und festgestellt werde, ist keine Antwort für einen, der den Empirismus widerlegen will. Es bleibt die Möglichkeit, sie auf das Kind und das Tier auszudehnen, aber was geschieht in diesem Falle mit den gemeinsamen Elementen und wie läßt sie sich ausdehnen, ohne onto- oder phylogenetische Mechanismen zu unterstellen?

Kurz, es gibt nicht den geringsten Beweis dafür, daß die Lebenswelt eine ursprüngliche Erfahrung darstellt, und die erste Frage, die – im Sinne der Logik der Phänomenologie – zu stellen ist, lautet, wie diese Erfahrung möglich sei, das heißt, aufgrund welcher Voraussetzungen sie »Bedeutungen« verleihen (den Objekten, den Akten usw.) kann. Sich auf das Bewußtsein zu berufen, genügt nicht im mindesten, denn das Bewußtsein läßt sich nicht mit einem Licht vergleichen, das, sowie es eingeschaltet wird, eine Welt fertiger Bedeutungen und Intentionen produzierte; denn das spezifische Merkmal einer Bedeutung ist ihre Realität im Verhältnis zu anderen Bedeutungen, das heißt, sie impliziert ein Minimum an System oder Organisation. Woher aber stammt dieses System? Aus einer Reihe von Akten, die weder diskontinuierlich noch unkoordiniert sind; andernfalls wären weder ein System noch Bedeutungen möglich. Die Rede von Intuitionen ist verständlich (wenngleich nicht anzuerkennen), wenn es um das unmittelbare Erfassen zeitloser »Wesenheiten« geht, aber hier bewegen wir uns auf der Ebene des Erlebten, das heißt, auf der der allgemeinen Beziehung des Subjekts zu wahrgenommenen Objekten, und wenn nicht das gesamte Wissen in dieser ursprünglichen Berührung präformiert wird, sind nicht alle Bedeutungen gegeben. Damit es Bedeutungen gibt, bedarf es also einer Reihe von Akten, die weder zufällig sind noch von Anfang an in einem deduktiven Zusammenhang stehen; mit anderen Worten, wenn die erlebte Erfahrung einen »Sinn« hat, so deshalb, weil sie eine Geschichte hat. Das ganze Problem lautet daher: hängt die erlebte Erfahrung des Subjekts in einem Zeitpunkt *t* nur in dem Maße von der Geschichte dieser Erfahrung ab, als dem Subjekt ihr früherer Verlauf bewußt ist, oder ist das Bewußtsein unabhängig davon, ob es sich ihrer bewußt ist, von seiner Geschichte beeinflußt? Mit anderen Worten, schließt das Bewußtsein seine eigene Geschichte ein, oder schließt umgekehrt die Geschichte (unabhängig von dem Maße, in dem sie bewußt ist) das Bewußtsein ein? Ich glaube, daß der Phänomenologe selbst dann, wenn man ihm zugibt (was ich natürlich niemals tun würde), alle vergangene Geschichte des Subjekts sei immer bewußt gewesen, kaum die These wird aufrechterhalten können, zum Zeitpunkt *t* sei das Bewußtsein nur dann von seiner Geschichte beeinflußt, wenn es sie kenne.

In einem Vortrag bei den »Rencontres internationales« in Genf im Jahre 1951 hat Merleau-Ponty zu einem großen Teil Freudsche Thesen vertreten, obwohl er nachdrücklich und mit Recht versuchte, die Schranke zwischen dem Bewußtsein und dem Unbewußten zu öffnen. Erkennt man jedoch hinsichtlich der Affektivität die Bedeutung einer genetischen Entwicklung an, gibt es keinen Grund, hinsichtlich des Denkens nicht dasselbe zu tun; und wenn Merleau-Ponty behauptet, womit er mir zu widersprechen glaubt, das kindliche Denken bestehe in dem des Erwachsenen fort, kann ich ihm ohne Schwierigkeit folgen, vorausgesetzt allerdings, daß eine Konstruktion und Transformation des ersteren in das zweite angenommen wird.

Sobald man aber die Existenz einer Geschichte des Bewußtseins und historischer Einflüsse, derer man sich nicht vollständig bewußt ist, anerkennt, stellt sich das Problem der jeder Reflexion vorausgehenden erlebten Erfahrung auf ganz neue Weise. Nicht mehr ihr von Individuum zu Individuum veränderlicher Inhalt ist bedeutsam, sondern ihre allgemeine Fähigkeit, Intentionen zu erzeugen und Bedeutungen zu verleihen, eine Fähigkeit, die eine Organisation voraussetzt, da Intentionen und Bedeutungen voneinander abhängig sind. Diese Organisation muß keineswegs als *a priori* gegeben vorgestellt werden, was uns zu Kant zurückführen würde: es kommt allein darauf an festzuhalten, daß das Subjekt, wenn es diachronische und auch synchronische Beziehungen zwischen den Bedeutungen herstellt (und sie stehen notwendigerweise in Beziehung), sich damit zu Assimilationen und Differenzierungen bereitfindet und dadurch einen Schematismus konstruiert, der – wie dynamisch und wie sehr an Inhalten gebunden auch immer – bereits die Wahrnehmung (denn die Gestalten sind Pläne [schèmes], die nicht in jeder Situation und in bezug auf jedes Objekt, die früheren Situationen oder Objekten analog sind, neu erzeugt werden) und ebenso die Aktion bestimmt (denn die Wiederholung einer Aktion unter vergleichbaren Bedingungen ist nicht die Folge eines Assoziationsmechanismus, sondern hat ihre Ursache in Bedeutungen, die ihrerseits in den diese Generalisierung ermöglichenden Assimilationsplänen begründet sind).

Ob man es will oder nicht, damit sind wir bei der zentralen Frage der Beziehungen zwischen Bewußtsein und Verhalten angelangt. Verhalten sei, sagt Merleau-Ponty, »verkörperte

Subjektivität«, weil es von Intentionen und Bedeutungen durchdrungen sei. Nun gut, aber das alte Problem stellt sich erneut: ist das Bewußtsein nur in dem Maße von der Geschichte dieses Verhaltens beeinflußt, in dem es diese Geschichte in einer vollständigen Apperzeption einschließt? Wenn ja, bestimmt es das gesamte aktuelle Verhalten, wenn nein, bestimmt es das Verhalten nur teilweise und bleibt teilweise von einem Schematismus abhängig, in dem die erlebte Erfahrung der Aktion, so unmittelbar sie auch erscheinen mag, nur eine mehr oder weniger adäquate Bewußtwerdung darstellt. Merleau-Ponty sieht übrigens, daß »man nicht allein mit dem Geist handelt«, und mit K. Goldstein betont er die Einheit der physiologischen und geistigen Funktionen des Organismus. Doch wenn dies richtig ist, so bedeutet es, daß das Bewußtsein nicht alles ist und ferner, daß der Begriff eines als eine erste Tatsache aufgefaßten Bewußtseins durch die Dynamik der »Bewußtwerdungen« ersetzt werden muß, die zunächst die Intentionen und Resultate von Akten begreifen, ehe sie ihren gesamten Mechanismus, das heißt, den aus der Verkettung der früheren Akte hervorgegangenen Schematismus, begreifen oder nicht begreifen. Nimmt man die Perspektive der funktionalen Totalitäten ein und gibt man diesen ihre historische Dimension, von der sie sich nicht abtrennen lassen, wieder, ist es ausgeschlossen, von ursprünglichen Erfahrungen des erlebten Bewußtseins zu reden, denn sie sind weder ursprünglich, weil sie eine Vergangenheit haben, noch als Bewußtwerdungen völlig adäquat, weil sie einen wesentlichen Teil des zugrunde liegenden Schematismus, der sie ermöglicht, nicht erfassen.

Hinsichtlich der »Intersubjektivität« drängen sich analoge Bemerkungen auf. Mit Husserl sieht Merleau-Ponty durchaus, daß die Subjektivität Intersubjektivität ist, und er insistiert mit Recht auf dem Prozeß der Intersubjektivierung als auf einem dialektischen Entwicklungsprozeß. Im übrigen jedoch kennt er Intersubjektivität nur als etwas sich in jeder Subjektivität Reflektierendes. Da der Prozeß der Intersubjektivierung ein Prozeß historischer Entwicklung ist, stellt sich das alte Problem hier nur in bezug auf das Bewußtsein und seine Geschichte: wird das Subjekt nur in dem Maße von der Gesamtheit der sozialen Interaktionen beeinflußt, in dem es sich ihrer bewußt ist, oder gehen diese Interaktionen in ihrer diachronischen und auch in ihrer synchronischen Funktion über das Bewußtsein hinaus? Und wenn ja, was evident ist, wie lassen sich unter diesem Gesichtspunkt dann die erlebten Erfahrungen als ursprüngliche auffassen?

Wenn die Suche nach ursprünglichen Erfahrungen – die, wie wir gesehen, nur in Sackgassen führen kann, wenn man ihnen ihre historische oder dialektische Dimension zurückgibt – der eine wesentliche Aspekt des Merleau-Pontyschen Denkens ist, so besteht der andere in der Analyse des Prozesses der »Transzendenz«, vermittels dessen das Bewußtsein neue Bedeutungen erzeugt und von der »thetischen oder der Intentionalität des Aktes« zur »operierenden Intentionalität« übergeht, die schließlich zum intellektuellen Bewußtsein führt, und zwar dadurch, daß sie, indem sie bloßen Tatsachensituationen Sinn verleiht, Existenzen erzeugt. Halten wir zunächst fest, daß Merleau-Ponty den latenten Widerspruch zwischen diesen beiden Positionen durchaus gespürt hat, denn wie soll man, wenn es einen neue Bedeutungen erzeugenden dialektischen Prozeß gibt, ursprüngliche »thetische Intentionen« unabhängig von ihrer Beziehung zu vorgängigen »operierenden Intentionen« begreifen? Doch im letzten Teil der *Phänomenologie der Wahrnehmung* unterstellt er ebendiese Unabhängigkeit der thetischen von der operierenden Intention; ihm schwebt dabei »eine in den Tiefen der menschlichen Seele verborgene Kunst [vor], die, wie jede Kunst, sich nur in ihren Resultaten zeigt«. In weniger gewählten Worten ist dies genau das, was wir als den Schematismus der Aktion bezeichnen, dessen sogenannte »unmittelbar« bewußte Erfahrung nur Resultate kennt! Der latente Widerspruch zwischen der Absicht, das Erlebte als ursprünglich aufzufassen, und der ihm andererseits zugeschriebenen Fähigkeit, sich unendlich zu transzendieren, hat indes noch eine bedeutsamere Konsequenz als die Unvollständigkeit eines Systems: er hat zur Folge, daß man, wenn man nicht aus dem Kreis der Subjektivität heraustritt und die »historische Situation«, den Körper und das Verhalten allein in der Perspektive dieser Subjektivität betrachtet, nichts anderes findet als »Ambiguitäten« (Merleau-Ponty hat nicht versucht, dieses Resultat zu verschleiern, sondern es ins volle Licht gerückt). Wo der Anti-Intellektualismus Sartres nur »Magie« sah, entdeckt derjenige Merleau-Pontys Ambiguitäten, was bereits sehr viel rationaler ist. Doch es bleibt zu untersuchen, ob diese »Ambiguität« im System oder in der Realität begründet ist.

Sie ist natürlich in beiden begründet, das heißt, in der Weise, in der das System die Realität zerlegt hat, um sich dann ausschließlich auf die Subjektivität zu beziehen, deren Beschreibung durch Merleau-Ponty einerseits sehr tiefgründig – insofern die Subjektivität in der Tat ambig ist –, andererseits aber – da die Subjektivität nicht alles ist – recht partiell und daher parteiisch ist. Die »philosophische« Psychologie wirft der wissenschaftlichen Psychologie immer wieder vor, sie sei nicht in der Lage eine »Anthropologie« zu entwickeln, die dem Menschen in seiner Totalität gerecht wird, und mir hält man immer wieder vor, ich sei ein allein an den kognitiven Funktionen interessierter Intellektualist. Nun, das Werk der philosophischen Psychologie ist leider noch nicht vollendet, aber ihre bisherigen Resultate, die den Menschen als ein ambiges Bewußtsein zeichnen, kann man nicht anders denn als kläglich bezeichnen. Nein, das spezifische Merkmal des Menschen ist nicht, Subjektivität zu sein, sondern: Arbeit zu leisten, eine *Praxis*, wie der Marxismus sagt, oder »Werke«, wie J. Meyerson sagt, hervorzubringen – eine Arbeit, die bewußt getan wird, und die effektiv ist, weil sie bewußt auf ein Ziel gerichtet wird. Eine Arbeit zu leisten heißt aber, von möglichst objektiven Gegebenheiten auszugehen, um möglichst objektive Resultate zu erzielen, und wenn Objektivität auch nur ein Ideal oder ein Grenzwert ist, ist sie doch eine der wesentlichen Dimensionen der menschlichen »Intentionalität«. Zu sagen, »ich bin hier und jetzt« sei »ambig«, weil ich bereits anderswo bin, ist ein echter Philosophenwitz, denn wenn ich weiß, wohin ich gehen will, liegt hier keinerlei Ambiguität mehr vor. Unter dem Gesichtspunkt der Subjektivität spielt es keine Rolle, daß jede »Intention«, jede »Existenz« usw. ambig sind: sie sind es nur dann, wenn man sie nach der künstlichen Zerlegung der Realität als isolierte Stücke betrachtet; sieht man sie jedoch in ihrem Zusammenhang mit der allgemeinen Koordination der Aktionen, der Quelle der Vernunft, und mit dem objektiven Ziel, das sie verfolgen, nämlich die äußere Realität dadurch zu modifizieren, daß sie sich von jenem »Ich« abwenden, das letztlich das einzige spezifische Objekt der philosophischen Psychologie ist, sind sie nicht mehr ambig.

F) Versuchen wir, eine Schlußfolgerung zu ziehen. Wir haben vier große »philosophische Psychologien« verglichen. Wir haben gesehen, daß Maine de Biran die Analyse der Anstrengung ebenso mißlingt wie die der Kausalität, weil er sie auf das »Ich« zentriert hat. Wir haben gesehen, daß Bergson sich von der Aktion abwendet, obwohl er deren kognitive Bedeutung für die Suche nach dem »Tiefen-Ich« in der irrationalen Nachbarschaft des Traums hervorgehoben hatte. Wir haben gesehen, wie Sartre sein Ich in das Bewußtsein überhaupt projiziert, um dort zu entdecken, daß seine »Kausalität« magisch ist. Und schließlich haben wir gesehen, wie Merleau-Ponty zu dem Ergebnis kommt, die Subjektivität sei wesentlich ambig. Dies wird als Erkenntnis des Menschen ausgegeben und der angeblich intellektualistischen und bloß »wissenschaftlichen« Verhaltenspsychologie gegenübergestellt.

Die Gründe für dieses Scheitern sind deutlich genug, wir haben sie oben bereits diskutiert. Das Unterscheidungsmerkmal der philosophischen Psychologie ist jedenfalls nicht das Interesse an der Subjektivität und der Introspektion, denn damit können sich die Experimentalpsychologen ebensogut beschäftigen, wenn sie sich entsprechende Probleme stellen: wenn z. B. P. Fraisse für seine Studien über zeitliche Verhaltensweisen auch introspektiv gewonnene Daten braucht, so verzichtet er nicht auf sie, weil er in unserem *Traité de psychologie expérimentale* die Methoden der wissenschaftlichen Psychologie dargestellt und ihre Fortschritte gerühmt hat. Allerdings, wenn der wissenschaftliche Psychologe solche Daten benötigt, bemüht er sich um eine »objektive« Introspektion, wenn man das sagen kann; man kann es sagen, denn trotz der unbeabsichtigten oder beabsichtigten Mißverständnisse bedeutet objektiv nicht immer »Vernachlässigung des Subjekts«, sondern es bedeutet immer »Versuch, nicht den Illusionen seines Ichs zu verfallen«, ein Versuch, der sich auf die methodische Untersuchung der Reaktionen der anderen stützt. Im Gegensatz dazu hält die philosophische Introspektion ihre Redlichkeit und ihre Geschicklichkeit in der Analyse für ausgezeichnete und ausreichende Garanten der Wahrheit, als ob Aufrichtigkeit und Talent systematische Irrtümer ausschlössen. Die philosophischen »Psychologien« sind daher ebenso wie die metaphysischen Systeme in erster Linie Ausdruck einer Persönlichkeit, denn dadurch, daß nicht nur die Introspektion, die, weil sie den Kontext der Verhaltensweisen nicht berücksichtigt, schon trügerisch genug ist, sondern die ausschließlich auf das eigene, wie immer geniale, Ich zentrierte Introspektion als einzige Methode zugelassen ist, wird es unmöglich, die allgemeine Philosophie des Teils des Ichs, der beobachtet, und die Gegebenheiten im anderen Teil des Ichs, der scheinbar nur beobachtet wird, während ihm in Wirklichkeit in höherem oder geringerem Maße diktiert wird, welche Antworten er zu geben hat, auseinanderzuhalten.

Die Größe dieses Mißverständnisses ist indes nicht allein in der Frage der Methode begründet, sondern hat ihren Grund ebensosehr darin, daß man deren Natur nicht erkennt, daß man dort, wo es sich nur um methodische Fragen handelt, inhaltliche unterstellt. Die Hypothesen der philosophischen Psychologien, die wir uns vergegenwärtigt haben, enthalten absolut nichts, was an sich und *a priori* einer wissenschaftlichen Position widerspräche, weil eine Wissenschaft nur dann Geltung beanspruchen darf, wenn sie offen ist. Der hervorragende Psychologe Th. Flournoy, der bereits Anfang 1900 (vor der *Traumdeutung*) das Unbewußte in beinahe Freudscher Weise beschrieb – hatte seinen Forschungen zwei Prinzipien zugrunde gelegt: 1. Alles ist möglich (»es gibt mehr Dinge zwischen Himmel und Erde als in der gesamten Philosophie«); 2. Das Gewicht der Beweise muß der Befremdlichkeit der Tatsachen angemessen sein (ich würde hinzufügen: sowie dem mehr oder weniger persönlichen Charakter ihrer ersten Beobachtung). Warum sollte das Ich nicht eine Kraft im Sinne Maine de Birans sein? Warum sollte es keine ursprünglichen erlebten Erfahrungen geben, aus denen die Erkenntnis oder privilegierte »Intuitionen« ableiten, die psychologische »Kausalität« sei irrational? Und so weiter – alles ist möglich, das steht nicht zur Diskussion. Wer allerdings unter dem Vorwand, den Positivismus, den Objektivismus usw. zu widerlegen, persönliche philosophische Thesen als die wahre Psychologie ausgibt, verletzt die Spielregeln und verwechselt die Erforschung der Subjektivität im allgemeinen mit Äußerungen der persönlichen Subjektivität.

Kapitel v

Die Philosophen und die Tatsachenprobleme

Dieses letzte Kapitel fügt den prinzipiellen Diskussionen der Kapitel II bis IV nichts Neues mehr hinzu, doch erscheint es mir als Dokumentation nützlich, wenn es sich auch nur auf einige mehr zufällig gewählte Beispiele bezieht. Wir haben das folgende Problem. Die Probleme der Erkenntnis berühren die drei großen Bereiche der Normen, der Tatsachen und der Intuition. Da die Diskussion von Normen unumgänglich ist, wenn man zu den Prinzipien- und Grundlagenproblemen zurückgehen will, ist nichts natürlicher, als daß die Philosophen sich dieser Diskussion widmen. Die Logik ist die Wissenschaft von der formalen Wahrheit, und angesichts eines logistischen Beweises kann man sich nur verneigen. Aber diese formalen Normen müssen mit der Gesamtheit der Probleme koordiniert werden, und die Reflexion bezieht sich daher natürlicherweise auf diese Koordinationsprobleme. Demgegenüber ist die Intuition für diejenigen, die von ihrer Möglichkeit überzeugt sind, ein direktes Ergreifen des Objekts, dessen Wahrheit durch die Intuition selbst verbürgt ist; die Intuition ist also ein Kompositum, das gleichzeitig normativ und ontologisch oder faktisch ist: das Ideal einer für die Philosophie spezifischen Erkenntnis liegt daher immer in der Richtung der Intuition, weshalb es ebenfalls völlig normal ist, daß die Philosophie sich mit der intuitiven Erkenntnis beschäftigt. Es bleiben die Tatsachenprobleme, hinsichtlich derer sich zwei Positionen einnehmen lassen.

Die erste ist die Position der intuitionistischen Philosophien wie der Phänomenologie, die behaupten, sie beschäftigten sich nicht mit den Tatsachen, die den Wissenschaften vorbehalten blieben, sondern nur mit den »Formen«, welche diese Tatsachen voraussetzen, also mit Intentionen, Bedeutungen usw. oder, mit einem Wort, mit Wesenheiten. Diese Position führt zu einem verhängnisvollen Konflikt mit der Erkenntnis, die wissenschaftlich zu sein versucht, denn für die Psychologie sind Intentionen und Bedeutungen Tatsachen, und die vom Räumlich-Zeitlichen zu außerzeitlichen Konzepten führende »Reduktion« ist ebenfalls eine Tatsache usw. – per definitionen ist die Tatsache ja das, was durch die die Zentrierung auf das Ich aufgebende Forschung gewonnen wird. Überflüssig, hier auf dieses in Kapitel III diskutierte Problem zurückzukommen.

Die zweite Position nehmen die reflexiv oder dialektisch verfahrenden Philosophien ein, die sich, ohne sich den konzeptuellen Apparat der phänomenologischen Ontologie zu eigen zu machen, ständig auf Tatsachenfragen beziehen, da sie sich mit der Wirklichkeit im ganzen und nicht nur mit der formalen Logik beschäftigen. Auch die Phänomenologen entsagen den Tatsachen nicht völlig, wenn vielleicht auch nur deshalb nicht, um sie von den Wesenheiten zu unterscheiden, oder um sie wie Sartre (Kapitel IV, B) als Anhäufung von Akzidenzien aufzufassen. Wir haben nun zu untersuchen, wie die Philosophen mit den Tatsachenfragen umgehen. In ihrer Ausbildung lernen sie bekanntlich nur, wie man ein Problem auf rein reflexivem Wege löst, während eine Tatsache eine Feststellung voraussetzt und eine Feststellung nicht ohne Methode möglich ist.

Nach meiner Kenntnis hat nur eine einzige zeitgenössische Philosophie dieses Methodenproblem erörtert, abgesehen natürlich von den Philosophien der Naturwissenschaften, die untersucht haben, was in einer experimentellen Wissenschaft eine Tatsache ist: z. B. die hervorragende Analyse von G. Bachelard über *La connaissance approchée*. Doch das ist ein anderes Problem, und wir fragen jetzt, wie die Philosophen sich verhalten, wenn sie auf ihrem eigenen Feld – unabhängig von jeder Theorie der Erfahrung oder experimentellen Methode –

eine Tatsache benötigen. Die einzige Philosophie, die dieses Problem ernsthaft in Angriff genommen zu haben scheint, ist der »Idoneismus« von F. Gonseth, der in erster Linie zwar eine Philosophie der Naturwissenschaften ist, aber keineswegs vor allgemeinen Fragen, wie z. B. der der Freiheit, zurückschreckt. Unter den Prinzipien, von denen Gonseths Philosophie ausgeht, wie dem der Offenheit usw., findet sich eines, das kaum bemerkt worden ist, weil es in seinem Kontext als selbstverständlich erschien: das Prinzip der »Technizität«, dem zufolge jede Erkenntnis von der Anwendung einer bestimmten Technik abhängt, die allein erlaubt, sich der Erkenntnis zu vergewissern; für deduktive Erkenntnisse besteht diese Technik in der axiomatischen Formalisierung, für Tatsachenerkenntnisse in den verschiedenen Formen methodischer Beobachtung (mit statistischer Kontrolle) oder im Experimentieren. Da die Anwendung jeder Technik eine entsprechende Ausbildung voraussetzt, schließt Gonseth, daß die einzigen Tatsachen, auf welche die Philosophen sich berufen dürfen, die von den Spezialisten in den Einzelwissenschaften gewonnenen Tatsachen sind, was als selbstverständlich erscheint.

Doch bevor wir feststellen, wie wenig sich das für zahlreiche Autoren von selbst versteht, wollen wir versuchen zu verstehen, warum das Gewinnen einer Tatsache so sehr viel schwieriger ist, als eine richtige Deduktion zu vollziehen. Vergegenwärtigen wir uns, daß die Experimentalphysik erst zwanzig Jahrhunderte nach der Mathematik und der Logik entstanden ist und daß es dann noch einmal zwei Jahrhunderte gedauert hat bis man begriffen hat, daß die Psychologie Experimente verlangt. Das hat sowohl objektive als auch subjektive Gründe. Objektiv kann eine Tatsache nur durch systematische Isolierung der Faktoren erreicht werden, und es bedurfte des Genies eines Galilei, um zur Untersuchung einfacher Bewegungen zu kommen, da die der gewöhnlichen Beobachtung zugänglichen Bewegungen wie der Fall eines Blattes von unauflöslicher Komplexität sind. Die logisch-mathematische Deduktion geht im Gegensatz dazu von einfachen Operationen aus, z. B. von der Inklusion von Klassen, Ausgangspunkt der Syllogistik, oder von der Addition ganzer Zahlen. Für die Psychologie ist die Isolierung der Faktoren noch weitaus komplexer, da die Faktoren hier in einer organischen Beziehung zu Totalitäten stehen, die sich nur sehr schwer systematisch verändern lassen. Ich werde mich immer an das Erstaunen und an die Bewunderung erinnern, die ich in Princeton empfand, wenn Einstein, der sich gern über Fragen der Psychologie des Kindes erzählen ließ (insbesondere über die Nicht-Erhaltungen) nach jedem Bericht sagte: »Wie schwierig das ist!« Doch man muß Einstein sein, um eine Schwierigkeit, die kaum jemand versteht – unglücklicherweise nicht einmal alle Psychologen – so schnell zu erfassen.

Subjektiv ist die Schwierigkeit, eine Tatsache zu gewinnen, so viel größer, als die, eine gewöhnliche Deduktion zu vollziehen (ich spreche hier nicht von der Deduktion in der reinen Mathematik oder in der physikalischen Mathematik), weil zu reflektieren und zu deduzieren sehr viel weniger Mühe macht als zu experimentieren. Als P. Janet eine Theorie der Stufen der geistigen Entwicklung zu konstruieren versuchte, ging er nicht von Beobachtungen an Kindern aus, sondern von der Hierarchie der Funktionen in der Psychopathologie (nach ihrer Komplexität und ihrem Energiebedarf) und kam zu dem schönen Schluß, die Stufe der Reflexion unterhalb der Stufe einzuordnen, auf der der »Wirklichkeitssinn« stetige Arbeit und Experimentieren ermöglicht: den Psychasthenikern und den Zweiflern falle das Reflektieren leicht, ja viel zu leicht, während ihr Wirklichkeitssinn beeinträchtigt sei; da die Funktion der Reflexion intakt bleibe, müsse sie die leichtere sein. Die ersten konkreten Operationen erscheinen beim Kind im Alter von sieben bis acht Jahren, die Reflexion im Sinne Janets (mit der Möglichkeit, nicht nur über Objekte, sondern auch über Hypothesen urteilen zu können) im Alter von elf bis zwölf Jahren und die ersten experimentellen Verhaltensweisen mit systematischer Isolierung der Faktoren erst im Alter von vierzehn oder fünfzehn Jahren.*

Kehren wir zur Philosophie zurück und stellen wir zunächst fest, daß wir im Vergleich zu den großen Zeiten, in denen die Philosophie kein Beruf, sondern eine außergewöhnliche Vollendung war, in vielen Ländern eine wahre Inflation in der Produktion von Philosophen erleben. Man könnte sagen, in den Einzelwissenschaften verlaufe die Entwicklung nicht anders, doch während ein Spezialist von begrenztem Talent in einem begrenzten Bereich immer noch nützliche Arbeit leisten kann, gleicht ein mittelmäßiger Philosoph einem wenig talentierten Schriftsteller oder Künstler. Erinnern wir uns ferner daran, daß man, weil die Philosophie sich auf die Wirklichkeit im ganzen bezieht, glaubt, in der Ausbildung von Spezialisten für diese Gesamterkenntnis oder diese Erforschung des Absoluten könne auf eine Einführung in die Forschung auf dem Gebiet relativer oder Teilerkenntnisse verzichtet werden. Zwar pflegt man in der Ausbildung der Philosophen den Sinn für Geschichte und die Achtung vor den Texten, da ihr einziges obligates Spezialgebiet die Geschichte der Philosophie selbst ist, doch von den Instrumenten der Erkenntnis pflegt man allein die Reflexion, die starken Neigungen der Jugend und der natürlichen Richtung des menschlichen Geistes entspricht. Das hat zur Folge, daß die philosophische Produktion entweder historisch oder im allgemeinsten Sinne reflexiv ist, es sei denn, Philosophen haben den außergewöhnlichen Mut, sich auf die Epistemologie einer Einzelwissenschaft zu spezialisieren und diese voranzutreiben, wie es z. B. Cavaillès, Lautmann und Vuillemin in bezug auf die Mathematik, G. und S. Bachelard in bezug auf die Physik, Daudin und F. Meyer in bezug auf die Biologie, G.-G. Granger in bezug auf die Sozial- und Wirtschaftswissenschaften, L. Goldmann in bezug auf die Soziologie getan haben. Im allgemeinen jedoch löst die Philosophie

* Vgl. B. Inhelder u. J. Piaget, *De la logique de l'enfant à la logique de l'adolescent,* Paris 1955.

die Erkenntnis der Tatsachen von der Quelle ab, die allein ihr den Charakter einer Erkenntnis im eigentlichen Sinne verleihen kann, nämlich von der methodisch verfahrenden Forschung. Das führt natürlich zu der beinahe unwiderstehlichen unbewußten oder impliziten Versuchung anzunehmen, daß die Reflexion über die Tatsache, die in diesem Falle der Feststellung der Tatsache nicht vorausgeht, sondern folgt (denn im allgemeinen ist die Tatsachenfeststellung bereits von anderen getroffen worden), dieser Feststellung überlegen sei und es daher gestatte, aktiv in ihre Interpretation einzugreifen und sie unter Umständen zu korrigieren oder zu ergänzen.

Daher ist es gar nicht verwunderlich zu sehen, wie Philosophen jeglichen Niveaus sich in die Physik einmischen, um die Relativitätstheorie zu bestreiten, in die Biologie, um die Evolution zu bestreiten oder nach ihrer Art zurechtzumachen oder um die Probleme der Finalität und der Struktur zu entscheiden, und wie sie sich vor allem in die Psychologie und die Soziologie sowie alle übrigen Humanwissenschaften einmischen.

A) Was die Physik angeht, so hat die Relativitätstheorie die Reflexion der Philosophen natürlich außerordentlich bewegt, und zwar in zwei Richtungen. L. Brunschvicg hat bekanntlich immer die Ansicht vertreten, die Aufgabe der Philosophie bestehe nicht darin, sich in Tatsachenfragen einzumischen, für die allein die technischen und spezialisierten Disziplinen zuständig seien, sondern darin, mit Kant zu fragen, wie deren Erkenntnis möglich sei. Er stellt die Relativitätstheorie daher keineswegs in Frage, sondern nimmt ihr gegenüber die Einstellung der epistemologischen Reflexion ein: daher seine hervorragenden Formulierungen über den neuen Interaktionsmodus zwischen dem Messenden und dem Gemessenen, den die Koordination gemäß der Relativitätstheorie voraussetzt, oder über das neue Verhältnis von räumlich-zeitlichem Gefäß und physikalischem Inhalt, wobei ersteres nicht mehr als ein für sich bestehender Rahmen, sondern als ein Aspekt des Inhalts selber aufgefaßt wird. Aufgrund der Äquivokation zwischen individuellem Subjekt und erkennendem Subjekt waren hinsichtlich dieser Frage Täuschungen möglich, und weil A. Metz sich nicht klargemacht hat, daß die Meßoperationen die ganze Aktivität des Subjekts im zweiten Sinne des Begriffs voraussetzen, hat er geglaubt, diese Interpretation durch den Hinweis darauf, daß Messen Sache von Metern und von Uhren sei, widerlegen zu können, als ob der »Idealismus« Brunschvicgs das Gegenteil behauptete und das Subjekt (in Metz' Worten) auf ein Spiel »innerer Bilder« zurückführte. Tatsächlich hat Brunschvicg jedoch keineswegs die Absicht, die Resultate der Relativitätstheorie irgendwie zu verändern: er will nichts anderes als zeigen, wie die Interaktionen zwischen der operativen Aktivität des Subjekts und der Erfahrung, die sehr viel enger sind als man vor Einstein annahm, zu der Neuerung, die die Relativitätstheorie darstellt, führen mußten. Andere haben geglaubt, weil die Relativitätstheorie die allgemeinsten Probleme der Zeit und des Raumes erörtert (sind sie absolut oder nicht?), decke sie sich mit einem Gebiet der Philosophie und gestatte daher auf diesem mit der Physik gemeinsamen Feld eine Diskussion mit gleichen Rechten – als ob der Physiker, wenn er die Existenz eines bis dahin unbezweifelt anerkannten Absoluten bestreitet, dem Philosophen *ipso facto* das Recht gäbe, sich in die Physik einzumischen. Es gibt unterschiedliche Motive für diese Einmischung, und es wird interessant sein, sie zu unterscheiden. Im ersten Kapitel habe ich berichtet, wie mein hervorragender Lehrer A. Reymond sich mit der Absicht trug, die Theorie Einsteins zu widerlegen. Er vertrat keinerlei imperialistische Tendenzen, noch hatte er einen Philosophendünkel, und er war der erste, der über Formeln wie »*die* Philosophie lehrt ...« lachte, denn er war davon überzeugt, daß sich die verschiedenen philosophischen Positionen nicht aufeinander reduzieren lassen. Aber er hatte bestimmte Grundanschauungen, aufgrund derer ihm die Erschütterung eines Absoluten in erhebliche moralische Unruhe stürzte, so daß er es – ohne angesichts der moralischen Gefahr Fragen der Kompetenz zu berücksichtigen – für seine Pflicht hielt, einen Raum und vor allem eine Zeit zu verteidigen, die für ihn, wie für Newton, in gewisser Hinsicht ein *sensorium Dei* waren. Ich nehme an, daß der Konflikt zwischen Relativitätstheorie und Thomismus bei Maritain analoge Ursachen hat, aber vielleicht noch mehr Ausdruck eines allgemeinen Gegensatzes zwischen den beiden Denkmodi ist. Bei Bergson geht es noch kurioser zu: er stellt der von ihrem Inhalt abhängigen und von ihm unablösbaren psychologischen Zeit eine als räumlich und rein formal vorgestellte physikalische Zeit gegenüber, an der nicht einmal eine allgemeine Veränderung der Geschwindigkeiten etwas ändern sollte, und wird dann ärgerlicherweise mit einer neuen Physik konfrontiert, welche die Zeit mit ihrem Inhalt und den Geschwindigkeiten in Zusammenhang bringt – eine Zeit, deren heterogener und realer Charakter an bestimmte Aspekte der Bergsonschen Dauer erinnert! Statt seine Antithesen aufzugeben oder abzuschwächen, hat Bergson – und das ist für unsere Absicht höchst interessant – die Relativitätstheorie insgesamt in Zweifel gezogen und mit dem hier unzulänglichen Werkzeug der philosophischen Reflexion in die technische Diskussion des Problems eingegriffen.

Es könnte überflüssig erscheinen, auf die Position Maritains (*Réflexions sur l'intelligence,* Paris 1926, Kap. VI und VII) weiter einzugehen, da der Thomismus eine mit einem religiösen Glauben verbundene Philosophie ist und in einem solchen Fall die der Vernunft zugeschriebenen »natürlichen« Kräfte und die daraus abgeleitete »Philosophie der Natur« durch eine bestimmte Einstellung zum Übernatürlichen von vornherein festgelegt sind. Doch wie der Aristotelismus die Philosophie des gesunden Menschenverstandes ist, so ist der unerschütterliche Dogmatismus Maritains grober Ausdruck von Tendenzen jeder Philosophie, die den Anspruch erhebt, über eine von der Wissenschaft unabhängige Form der Erkenntnis zu verfügen.

Der Kantianismus, dessen Bedeutung für die moderne Wissenschaft Maritain durchaus erkannt hat, sagt, *Erkennen ist Erzeugen* (S. 24). Für den Realismus besteht Erkennen darin, »*das Andere als Anderes* zu sein oder zu werden« (S. 53), das heißt, sich »immateriell« und »intentional« mit dem Objekt zu identifizieren (vgl. die *intentio*, die durch Vermittlung Brentanos in Husserls Intuition wiedererscheint). Die somit der »natürlichen« Vernunft zugeschriebene Fähigkeit, sich direkt in das Reale hineinzuversetzen, hat nun die logische Folge, dem gesunden Menschenverstand, dem Inhaber dieser »Vernunft«, und daher auch dem Philosophen, der die allgemeine Vernunft, die er in sich und um sich herum vorfindet, kodifiziert und reflektiert, das Recht zu verleihen und die Pflicht aufzuerlegen, eine bestimmte Zahl von allgemeinen Prinzipien aufzustellen, denen die Wissenschaft, will sie nicht Trugschlüssen und Irrtümern verfallen, sich nicht entziehen kann. In einer sehr eindeutigen Tabelle (S. 189) über »die Einteilung der Wissenschaft«, auf die wir noch einmal zurückkommen werden, unterteilt Maritain die Wissenschaften in Metaphysik (»Wissenschaft von den ersten und absoluten Prinzipien«), in Mathematik (die ihrerseits der mathematischen Philosophie oder der »resolutiven metaphysischen Wissenschaft von den ersten Ordnungsprinzipien« und der Quantität untergeordnet ist) und in Physik, die der »Philosophie der Natur« untergeordnet ist: also eine vollständige Unterordnung der Wissenschaft unter die Metaphysik.

Ein erstes Beispiel zeigt recht deutlich, wohin das führt: »Das Trägheitsprinzip ... ergibt sich also aus der Naturphilosophie; und wenn diese sich genötigt sieht, dieses Prinzip in dem Sinne, in dem es von Descartes und Galilei verstanden worden ist, für unannehmbar zu erklären, so ist es Sache der positiven Wissenschaft, ihre Sprache zu verändern und sich mit der Philosophie in Übereinstimmung zu bringen« (S. 190, Fn. 1). Ein zweites Beispiel für die »in der Sprache mitgeführten und in ihr sich ausdrückenden Absurditäten des philosophischen Denkens« der Wissenschaft ist das »Abenteuer«, das »mit Lobatchevsky, Riemann und der Metageometrie stattgefunden hat« (S. 248). Mit anderen Worten, die Philosophie begnügt sich nicht damit, die Wissenschaft zu »begründen«, was für uns bereits ein ernstes Legitimitätsproblem darstellt, sondern als »Philosophie der Natur«, wie Maritain sie versteht, erlaubt sie der Wissenschaft einerseits, auf den von ihr gelieferten Fundamenten jedes beliebige Gebäude zu errichten, erhebt andererseits aber den Anspruch, in jede technische Diskussion eingreifen und die Position der Spezialisten in für die Zukunft der Wissenschaft so entscheidenden Fragen wie dem Trägheitsprinzip und den Generalisierungen in der Geometrie berichtigen zu dürfen. Für den an die Einmischungen gewisser Philosophen in seine noch so wenig sichere Wissenschaft gewöhnten Psychologen ist es ein kleiner Trost, hier einer so drastischen Karikatur dieses Imperialismus zu begegnen: ein Metaphysiker, der ebenso unbekümmert wie ahnungslos gegen die entscheidenden Prinzipien der Mechanik und der allgemeinen Metrik zu Felde zieht.

Danach kann man sich Maritains Reaktionen auf die Relativitätstheorie bereits ausmalen. Gleichwohl sind sie, abgesehen von der großartigen Vermessenheit ihres Tons, nicht ganz uninteressant, weil sie auf eine Art nominalistischen Kantianismus hinauslaufen: wissenschaftlich ist die Relativitätstheorie annehmbar, insofern nämlich, als sie ihre Phänomene vermittels konventioneller Messungen »erzeugt«, aber hinter diesen »Erscheinungen« – die die Relativitätstheorie also richtig beschreibt – bleibt das Noumenon. Die kleine Differenz zu Kant besteht nur darin, daß hier der »sensus communis«, das heißt der Pförtner oder Fensterputzer nicht weniger als der »Naturphilosoph«, über das Noumenon verfügt. Dieser sensus communis verlangt natürlich die Gleichzeitigkeit entfernter Gegenstände und die universelle Zeit; kein Problem, man muß die Einsteinschen Theorien nur entsprechend arrangieren, um sie mit dieser Forderung der Metaphysik und des gesunden Menschenverstandes in Einklang zu bringen.

Die Versöhnung ist einfach, es genügt zu untersuchen, wie die Relativitätstheoretiker ihre Phänomene erzeugen: deren Prinzip ist »ein physikalisches Messen, das ein Mensch unter den phantastischsten Bedingungen mit seinen Sinnen und Werkzeugen begreifen kann, vorausgesetzt nur, diese Bedingungen sind vorstellbar«. Und: »Dies ist ein Grundprinzip, der philosophische Fels, der oberste aller Heiligen der Einsteinschen Methode« (S. 204). Mit anderen Worten, die Relativitätstheorie beruht auf »Namendefinitionen« und bezieht sich nicht auf Reales (S. 204): aufgrund ihrer unzulänglichen Definition der Gleichzeitigkeit (S. 208) gelangt sie nur zu einer »scheinbaren Gleichzeitigkeit« (S. 214), das heißt, zu einem »empirisch-quantitativen Surrogat. Wir sind hier an der Bruchstelle zwischen der Philosophie der Natur und der physikalisch-mathematischen Wissenschaft. Doch wie immer man dieses Surrogat bestimmt, z. B. so wie Einstein, das Wesen der Gleichzeitigkeit besteht niemals in etwas anderem als dem, was die Intelligenz entworfen und definiert hat« (S. 220). Allein, wie läßt sich der Erfolg der Messungen erklären, da die Einsteinsche Physik keine hypothetisch-deduktive Theorie ist? Man muß zwischen den Messungen, welche die Erscheinungen richtig erfassen, und ihren Interpretationen unterscheiden (S. 226). Aber dem physikalischen Messen stehen nur »zufällige Eichmaße« zur Verfügung. »Die innere Natur und die absoluten Dimensionen *(sic)* der gemessenen Sache vermag der Physiker nicht zu bestimmen« (S. 251). Was sind »absolute Dimensionen?« Ganz einfach: »die mit dem – unserer Wissenschaft unzugänglichen – Maßstab der Natur gemessene Quantität«! (S. 251). Auch die Invarianten der Relativitätstheorie werden mit anderen Verfahren erforscht als denjenigen des sensus communis, das heißt: nicht neben dem »Sein« und »nicht in den Dingen«, sondern »in der Exteriorität der quantitativen Beziehungen, die unter allen möglichen Gesichtspunkten dieselben bleiben müssen«, usw. (S. 239).

Die »absoluten Dimensionen«, der »Maßstab der Natur«, die

»in den Dingen« gesuchte Invariante – solche Konzepte setzt die »Philosophie der Natur« der Relativitätstheorie entgegen. Man sollte derartige Perlen in einer philosophischen Possensammlung zum Gebrauch künftiger Historiker des Denkens zusammenfassen. Das ändert freilich nichts daran, daß der Metaphysiker sein Kapitel über die Theorien Einsteins beschließt, indem er gewichtig erklärt: »Als wissenschaftliche Symbole durchaus legitim... werden sie absurd, wenn man sie zu Formen philosophischer Erfassung des Wirklichen erhöht ... In diesem Falle sind sie nur noch Symptom eines erschreckenden intellektuellen Anarchismus, in dem – mangels eines soliden philosophischen Fundaments – die moderne Wissenschaft zu scheitern droht, wenn sie auch schamhaft an einigen Resten des Kantianismus festhält« (S. 259). Es war notwendig, diese paar Zitate anzuführen, um zu zeigen, was im Lichte der »Philosophie der Natur« aus den »legitimen Symbolen« der Wissenschaft wird: eine hermetische Sprache, die nichts mehr ausdrückt.

B) Bergsons kleines Buch *Durée et simultanéité* (1922) hat natürlich sowohl hinsichtlich der Gedanken als auch der Sprache ein sehr viel höheres Niveau. Gleichwohl muß man die bemerkenswerte Feststellung treffen, daß trotz aller Unterschiede zwischen dem Bergsonismus und dem Thomismus in Fragen der Metaphysik die von diesen beiden Positionen beigebrachten Argumente sich nicht grundsätzlich unterscheiden.* Bergson faßt die Relativitätstheorie nicht als einen nominalistischen Kantianismus auf, sondern glaubt, »daß man diese Physik, wollte man sie zu einer Philosophie erhöhen, idealistisch begreifen müßte« (S. 110, Fn. 1). Er sagt nicht, daß die für verschiedene Beobachter relativen Zeiten bloße »Erscheinungen« sind, sondern spricht – im Gegensatz zur einzig wirklichen Zeit: der des »lebenden und bewußten« Beobachters –

* Ich treibe hier nicht Geschichtsschreibung: Bergsons Buch ist vier Jahre früher als das Maritains erschienen.

von »zugeschriebenen« oder auch von »fiktiven, vorgestellten, berechneten« usw. Zeiten. »Unter dem Gesichtspunkt der Hypothese Einsteins betrachtet, bleiben die vielen Zeiten bestehen, doch wird es immer nur eine einzige wirkliche Zeit geben. ...: alle anderen sind mathematische Fiktionen« (S. 34). Die erlebte Zeit bleibt also die einzige wirkliche Zeit.

Indes, Bergson kann nicht bestreiten, daß diese erlebte Zeit teilweise von der Umwelt abhängt, eine Tatsache, die ihn zur Anerkennung relativer Zeiten hätte führen müssen, und weiter dazu, in ihnen eine Ausdehnung seiner »Dauer« zu erkennen (er hätte dann allerdings, wiederholen wir es, eine seiner grundlegenden Antithesen aufgeben müssen): »Unsere Dauer und eine gewisse gefühlte, erlebte Einwirkung unserer materiellen Umwelt auf diese innere Dauer sind Erfahrungstatsachen ... Es gibt keinen strengen Beweis dafür, daß wir in anderen Umwelten dieselben Dauern erleben: verschiedene Dauern, damit meine ich Dauern mit unterschiedlichem Rhythmus, könnten nebeneinander bestehen. Eine entsprechende Hypothese in bezug auf die lebenden Arten haben wir schon vor längerer Zeit aufgestellt« (S. 57). Diese Stelle zeigt, daß unsere Rede von den möglichen Zusammenhängen zwischen Bergsonismus und Relativitätstheorie keine Übertreibung darstellt. Doch Bergson lehnt diese Möglichkeit ab, weil »die Natur dieser Einwirkung unbekannt ist: sie könnte auf einer Eigenschaft der äußeren Dinge beruhen, sich, *ohne selbst zu dauern* (Hervorhebung durch uns) – insofern sie auf uns einwirken – in unserer Dauer zu manifestieren ...« (S. 57). Mit anderen Worten, wenn die erlebten Dauern von ihrem Inhalt abhängen, bleibt die physikalische Zeit universell und leer, und die relativen Zeiten Einsteins werden als bloße Fiktionen, die in der Tatsache begründet sind, daß die verschiedenen möglichen Beobachter einer bestimmten Zeit von einem einzigen wirklichen Beobachter vorgestellt werden, in sie eingetragen: »Die Reflexion bestätigt unsere Überzeugung und macht sie schließlich unerschütterlich, weil sie uns zeigt, daß die Zeiten der Relativitätstheorie – abgesehen von einer einzigen – Zeiten ohne Dauer sind, in denen weder Ereignisse aufeinander folgen noch Dinge bestehen können noch Altern möglich ist« (S. 240 f.).

Diese »unerschütterliche Überzeugung«, die sich allein auf die philosophische »Reflexion« stützte, ist schließlich doch ins Wanken geraten. In der letzten, nach seinen eigenen Anweisungen besorgten Ausgabe der *Gesammelten Werke* des Meisters findet sich weder *Durée et simultanéité* noch irgendein Hinweis auf diese Schrift. A. Metz veröffentlichte mehrere Aufsätze, um Bergsons Irrtümer aufzuzeigen, doch dieser reagierte kühl: »... Er hat noch nicht einmal eine Ahnung von der Schwierigkeit. Der Sinn meiner Überlegungen wie meines ganzen Buches ist ihm völlig entgangen. Ich kann nichts dagegen tun.« J. Becquerel schrieb ihm einen Brief und besuchte ihn, aber vergeblich. Einstein beglückwünschte A. Metz zu seinem Buch und schrieb (mit der Genehmigung, seinen Brief zu veröffentlichen): »Es ist bedauerlich, daß Bergson sich so schwer geirrt hat, denn sein Irrtum bezieht sich auf rein physikalische Probleme, die nichts mit Diskussionen zwischen philosophischen Schulen zu tun haben.« E. Le Roy, der Meisterschüler Bergsons, schrieb 1937: »In der Perspektive Bergsons läßt sich kein Bezugssystem, wie immer es konzipiert sein mag, auf physikalische Sachverhalte beziehen.«

Dieses Abenteuer des Bergsonismus ist ein höchst instruktives Beispiel für das Schicksal, das früher oder später die Einmischungen der Philosophen in Tatsachenprobleme ereilt; sie können sich nicht ohne weiteres das Recht nehmen, auf der Ebene der Interpretation der Erfahrung und der Kalküle zu diskutieren. In seinem Vorwort sagt Bergson zwar, er werde sich nicht mit dem »physikalischen« Aspekt des Problems beschäftigen und die von ihm entdeckte »Konfusion« (S. VI) beziehe sich nur insofern auf die Relativitätstheorie, als man sie »zur Philosophie erhebe« (S. VII). Bergson spricht eine höflichere Sprache als Maritain, behauptet im Grunde aber wie dieser, daß die Wissenschaft nicht die Wirklichkeit erfasse; damit das gelinge, dürfe man nicht vergessen, daß »Wissenschaft und Philosophie verschiedene Disziplinen sind, aber solche, die sich ergänzen« (S. v). Ohne sich auf diese allgemeine Diskussion einzulassen, beschränkt sich A. Metz in einem neueren Aufsatz (*Sciences*, 1964, Nr. 33) auf die nüchterne Erklärung: »Diese Haltung Bergsons, den Relativitätstheoretikern zu sagen, was (ihm zufolge) die Relativitätstheorie ist, kann merkwürdig erscheinen ... Das ganze Buch ist ... mit Behauptungen über ›das Wesen der Relativitätstheorie‹ und über das, was man tun und sagen muß, ›wenn man die Perspektive der Relativität einnimmt‹, gefüllt.« Einstein mußte erst selbst zeigen, worin er sich ›so schwer geirrt‹ hatte, damit Bergson endlich der Stimme der Vernunft Gehör schenkte. Nun, Bergsons Irrtum wirft genau das Problem auf, das den Gegenstand unseres Buches bildet, nämlich das Problem der Legitimität einer von der wissenschaftlichen unterschiedenen philosophischen »Erkenntnis«, die fähig ist, jene in den Details der Tatsachen zu korrigieren. In bezug auf die Kugel von Langevin sagt Bergson, und dabei täuscht er sich: »Mathematisch kann man sich nur auf dem Boden der Hypothese eines privilegierten Systems ausdrücken, selbst dann, wenn man mit dem Problem der Reziprozität begonnen hat; und der Physiker, der sich der Reziprozitätshypothese gegenüber frei fühlt, nachdem er ihr durch willkürliche Wahl eines Bezugssystems die Ehre erwiesen hat, überläßt sie dem Philosophen und bedient sich von da an der Sprache des privilegierten Systems. Aufgrund seines Glaubens an diese Physik will Paul [Langevin] sich in die Kugel versetzen. Unterwegs wird ihm klar werden, daß die Philosophie recht hatte« (S. 108 f.) Wir haben gerade gesehen, wie sehr sie recht hat.

C) Wenn die zeitgenössische Physik trotz ihres hohen Maßes an Exaktheit und trotz ihrer komplizierten Methoden der philosophischen Spekulation immer noch Angriffsflächen bietet, ist es nicht verwunderlich, daß hinsichtlich der Biologie noch viel eher geglaubt wird, ihre Situation rufe nach einer Zusammenarbeit zwischen wissenschaftlicher Forschung und Metaphysik. Dafür gibt es mindestens zwei Arten von Gründen.

Der erste Grund liegt darin, daß die Biologie ihre zentralen Probleme noch keineswegs gelöst hat. Bisher sind weder der Mechanismus der Evolution noch die Gesamtstruktur des Organismus voll erkannt worden, und da sie bei weitem noch nicht voll über diese beiden Perspektiven, die diachronische und die synchronische, verfügt, befindet sich die Biologie in einem Stadium, das sich mit demjenigen vergleichen läßt, in dem sich die Physik vor Newton befand; allerdings hat die Biologie bereits sehr viel mehr Einzelerkenntnisse gewonnen als die damalige Physik. Daher ist es ganz natürlich, daß die Philosophie dieses aufgrund heute noch nicht gelungener Synthesen noch freie Feld zu besetzen versucht, und da dieser Stand der Dinge besonders günstig für sie ist, kann sie nur dazu verleitet werden, ihn für unveränderlich zu halten, weil er in der Natur des Lebens begründet sei. Es bedarf daher eines wenig verbreiteten philosophischen Mutes, sich, statt nach irgendwelchen metabiologischen Lösungen zu suchen, wie z. B. F. Meyer in seiner *Problématique de l'évolution*, 1954, epistemologischen Analysen zu widmen, die in der Hoffnung, der Forschung – und nicht ihren spekulativen Surrogaten – zu nützen, Phänomen- oder Problemebenen zu unterscheiden versuchen.

Der zweite Grund, dem größeres Gewicht zukommt, ist im Hinblick auf Konsequenzen für die Organisation des Studiums recht instruktiv. Neben speziellen Zweigen der Biologie hat ein Biologe Chemie, Physik und ein wenig Mathematik, vor allem Statistik, studiert, während er von experimenteller Psychologie, Linguistik, Ökonomie usw. nichts erfährt, das heißt, von den Wissenschaften nichts erfährt, aus denen er, da sie sich auf für menschliche Aktivitäten bedeutsame Phänomene beziehen, alle möglichen »Modelle« für Probleme der Finalität implizierende Prozesse entnehmen könnte. Von Ausnahmen abgesehen, nimmt er die Informationstheorie, die

Entscheidungs- oder Spieltheorie ebensowenig zur Kenntnis wie die Anwendungen der Kybernetik auf Fragen des Lernens und der Anpassung der Intelligenz. Über Probleme der Struktur, wie sie in der allgemeinen Algebra, in der Logik und in all den wichtigen Disziplinen vorkommen, welche diese Fragen der Struktur mit denjenigen der Wahrscheinlichkeit verknüpfen, hat er daher nur wenig nachgedacht. Verläßt er dann einmal das Feld seiner beruflichen Ausbildung, begegnet er am ehesten der Philosophie in ihren gewöhnlichen und allgemeinen Formen. Angesichts der Lücken seiner Wissenschaft hinsichtlich der zentralsten Probleme des Lebens wird er dann entweder eine Haltung annehmen, die er als mechanisch bezeichnet und die letztlich darauf hinausläuft, alles dem Zufall zuzuschreiben, oder eine genau entgegengesetzte Haltung, die jede allgemeine spekulative Interpretation dankbar aufnimmt; in seiner konkreten Forschungsarbeit kann er damit zwar nichts anfangen, da sie aber die Unzulänglichkeit der sich auf den Zufall stützenden Erklärungen verächtlich zu machen erlaubt, befriedigt sie seinen Geist. Zwei aufeinanderfolgende Phasen dieser Art lassen sich oft bei ein und derselben Person beobachten. So habe ich mit großem Interesse verfolgt, wie sich die Ideen des großen Genetikers und Spezialisten für Fragen der Regeneration E. Guyénot entwickelt haben; aufgrund unserer Beziehungen in derselben Fakultät konnten wir oft miteinander sprechen. In einer ersten Phase erkannte Guyénot nach neodarwinistischer Art nichts anderes an als den Zufall und die Selektion. Ich wandte ein, daß dann jede psychologische Erklärung unmöglich werde und daß, wenn sein Gehirn das Produkt aus aufeinanderfolgenden Zufällen und approximativer Selektion sei, jede Theorie außerordentlich brüchig sei. Darauf antwortete er stets, vom Zufall wegzugehen bedeute, auf den Finalismus zu rekurrieren, »gegen« den zu »spielen« er entschlossen sei; außerdem sei die Psychologie für den Biologen völlig uninteressant, denn sie sei »Philosophie« und unter deren Gesichtspunkt dränge sich der Finalis-

mus auf. An dem Tag, an dem er aufhörte, an den Erklärungswert des Zufalls zu glauben, zog Guyénot die Konsequenzen aus dieser Alles-oder-nichts-Position: er wurde Finalist und Quasi-Vitalist, verstand aber nicht besser, warum ich ihm auch hier nicht folgte – als ob es zwischen einem sich auf die Selektion von Zufällen reduzierenden Mechanismus und der aristotelischen Philosophie der Finalität nichts anderes mehr gäbe. Das war möglich, obwohl ein anderes Mitglied derselben Fakultät, nämlich der Physiker Ch.-E. Guye, sehr tiefgründige Gedanken über die Grenzen der Physik und der Biologie entwickelte; er zeigte: wenn die klassische physikalische Chemie das Vitale nicht zu integrieren vermag, muß diese Integration sich im Zusammenhang mit den Transformationen der Mikrophysik vollziehen und diese um neue Dimensionen bereichern, anstatt die Komplexität des Organismus zu reduzieren (Ch.-E. Guye hat diese nicht reduktionistische Interpretation generalisiert – vermittels einer reziproken Assimilation – bis zur Voraussage einer »allgemeineren« physikalischen Chemie*, die auch die Hirnaktivitäten integrieren werde).
Diese Unsicherheit der biologischen Positionen, die, was die großen Probleme angeht, zwischen unzulänglichen Erklärungsschemata und leichtfertigen Spekulationen schwanken, ermutigt natürlich die Ansprüche einer parawissenschaftlichen Philosophie, die stets bereit steht, die Lücken der Wissenschaft auszufüllen. Wohin können derartige Versuchungen führen? Wir wollen uns nur zwei Beispiele näher ansehen. Das erste ist schon ein wenig älter, aber deshalb interessant, weil der Philosoph, auf den wir uns beziehen wollen, R. Dalbiez, nicht nur seine Thesen vorgetragen, sondern mehrere berühmte Biologen aufgefordert hat, die Tatsachen zu diskutieren, während er, der Philosoph, sich die allgemeinen Schlußfolgerungen vorbehielt. Er meinte, »zur Stunde gibt es kaum eine

* Guye ist der Ansicht, daß es in der Physik das Komplexe sei und nicht das Einfache, was die wahren Generalisierungen ermögliche: z. B. der Elektromagnetismus im Verhältnis zur klassischen Mechanik usw.

dringendere Aufgabe als die Rekonstitution einer Philosophie der Natur«*, und hoffte, diese Philosophie werde aus einer Zusammenarbeit zwischen Philosophen und Wissenschaftlern hervorgehen. Es wird interessant sein zu sehen, was diese Zusammenarbeit erbracht hat.

Das Werk *Le transformisme*, das diese Frage beantworten wird, beginnt mit einem Aufsatz von E. Gagnebin, der aufzeigt, warum die Paläontologie zwar die Evolutionstheorie stützt, aber nicht die Ursachen der Evolution zu erklären vermag. Demgegenüber legt L. Vialleton seine bekannten (und diskutierten) Vorbehalte gegenüber dem Evolutionismus auseinander und schlägt vor, zu Cuvier zurückzukehren. W. R. Thomson diskutiert die Schwierigkeit, parasitäre Formen durch den Nichtgebrauch von Organen zu erklären und hebt die Existenz nützlicher Variationen hervor; dabei gibt er sich große Mühe, die Grenzen finalistischer Interpretationen zu bestimmen, die er einerseits für sinnvoll hält, andererseits aber nicht in die konkrete Forschungsarbeit einfließen läßt. L. Cuénot schließlich wendet sich gegen jede Hypothese, die eine Vererbbarkeit erworbener Merkmale annimmt, ohne schon jenen »begrenzten oder intermittierenden gemäßigten Finalismus« zu vertreten, den er später sich allein auf den Zufall stützenden Erklärungen gegenüberstellte.** Kurz, die vier von Dalbiez zusammengestellten Beiträge sind kluge Aufsätze, die die Schwierigkeit der Probleme durchaus objektiv aufzeigen. Nun die Schlußfolgerung des Philosophen. Die Wissenschaft, räumt er ein, hat die »äußere Welt« zum Objekt, aber »die letzte Erklärung der Materie und des Lebens überläßt sie der Philosophie« (S. 202). Dalbiez gibt diese »letzte« Erklärung, doch ebenso befindet er auch über Tatsachen, die er keineswegs der Wissenschaft »überläßt«. Er erkennt die Abstammungslehre

* *Le transformisme* von L. Cuénot, R. Dalbiez, E. Gagnebin, W. R. Thomson und L. Vialleton, 1927, S. 218.

** L. Cuenot, *Invention et finalité en biologie*, 1941, S. 246.

an, stellt aber das Fehlen jeder Unterscheidung zwischen den »Formen« und ihren Variationen fest; die ersteren seien »niemals als solche betrachtet« worden (S. 184). Der Biologe fragt nicht einmal nach dem Kriterium, das Ererbtes und sekundär Erworbenes zu unterscheiden erlaubt, doch glücklicherweise gibt es den »Logiker der Wissenschaften« (S. 185), der ihm diese Frage ins Gedächtnis ruft. Unterscheidet man zwischen Erworbenem und Ererbtem und trifft man dann innerhalb des Ererbten wiederum diese Unterscheidung zwischen Erworbenem und Ererbtem usw., gelangt man allmählich zum ersten lebenden Wesen. Über diesen Punkt schweigen die Abstammungslehre und insbesondere Darwin sich aus. »Das ist vielleicht ein Anzeichen für wissenschaftliche Vorsicht, jedenfalls aber ein Grund für philosophische Unklarheit« (S. 188). Es wird schnell deutlich, wie ein Philosoph, der (ohne den inneren Widerspruch zu bemerken) die doppelte Rolle als Instanz letzter Erklärungen und als Logiker der Wissenschaften zu spielen beansprucht, die »intellektuelle Zusammenarbeit zwischen Wissenschaftlern und Philosophen« versteht: die Wissenschaft, *ancilla philosophiae*, bringt das Material bei, während die Philosophie die Forschungsmethoden berichtigt, die Interpretationen diskutiert und schließlich ihre eigenen Lösungen diktiert.

Im vorliegenden Fall sind diese Lösungen von entwaffnender Schlichtheit und reich an Ungenauigkeiten. Dalbiez beginnt mit der Behauptung, die Finalität sei kein Merkmal des Lebens, sondern existiere – als »eine Vorausbestimmung des Aktes durch die Potenz« definiert – auf der physikalischen Ebene überall dort, wo es Bewegung oder Kausalbeziehung gebe (eine Überzeugung, die bekanntlich der aristotelischen Physik und der der Kinder bis zum Alter von acht oder neun Jahren gemeinsam ist). Und der Philosoph kann nicht umhin, in diesem Zusammenhang den Physikern eine Lektion zu erteilen und in der Annahme eines primären statistischen Determinismus einen »offenkundigen Circulus vitiosus« zu sehen, denn »sorgfältiges Überlegen genügt«, um unter ihm zunächst »den Determinismus im strengen Sinne und dann die Vorausbestimmung« zu entdecken (S. 179). Die »Sorgfalt«, die Dalbiez bei dieser Überlegung aufgewandt hat, hat nun zum Unglück nicht verhindern können, daß die große Mehrheit der Kernphysiker inzwischen die genau entgegengesetzte Ansicht vertritt.

Das Lebende definiert Dalbiez durch die Merkmale, »sich selbst zu bewegen oder auch auf sich und nicht nur auf anderes einzuwirken« (S. 180), eine Definition, die zur Idee der Autoregulation weiterführt, von der wir heute sagen können, daß sie mit mechanischen Rückkopplungsmodellen vereinbar ist. In diesem Zusammenhang bestreitet Dalbiez im Gegensatz zu den meisten seiner vitalistischen Genossen die Möglichkeit spontaner Bewegungen, das heißt, von Bewegungen, die nicht durch äußere Reize ausgelöst werden: in der Nachfolge von Adrian erkennt die objektivistische Schule heute das Vorhandensein solcher Bewegungen an. Als nächstes kommt die Rechtfertigung eines umfassenden Finalismus: »Die Selektion kann nur dann eine Rolle spielen, wenn man annimmt, daß das Leben die Tendenz hat, sich fortzupflanzen« (S. 190), als ob eine Tendenz sich nicht durch Äquilibrationsgesetze erklären ließe; die Lamarcksche Adaptation setzt, »wenn man darüber nachdenkt« (S. 191 f.), eine »von vornherein festgelegte Anlage« voraus, obwohl man »aufgrund des Blicks auf die Modifizierungen das Modifizierte vergißt« (S. 192). Schließlich impliziert auch die Lehre von der Mutation, die glücklicherweise durch die »Präadaptation« Cuénots ergänzt wird, einen Finalismus, denn trotz der äußerst klaren Aussagen Cuénots »muß die Theorie der Präadaptation als ein geläuterter Finalismus aufgefaßt werden« (S. 194): anders gesagt, wenn eine Weichtierart, die sich klimatischen Veränderungen gegenüber als resistenter erweist als andere, zufällig (durch den Zufall eines Transports Futtergetreide) in eine xerothermische Region verpflanzt wird und sich dort bis in Höhen-

lagen stark vermehrt*, handelt es sich um »geläuterte Finalität«! Es wäre danach ein Wunder, Ereignisse zu entdecken, in denen sich keine Finalität ausdrückt.
Dalbiez geht dann zur Tierpsychologie über und erklärt mit demselben erstaunlichen Dogmatismus, eine tierische Intelligenz gebe es nicht oder bestehe ausschließlich in einem »assoziativen Gedächtnis«. Das gesamte Werk W. Köhlers, dessen wesentliche Arbeit bereits 1917 erschienen ist, ist eine Widerlegung dieser Interpretation.

Kurz, Dalbiez zufolge ist die Abstammungslehre in zwei einander entgegengesetzte Philosophien zerfallen: in den Mechanismus, der die Qualität ebenso leugnet wie die Zeit, und in den Historismus, der zur reinen Kontingenz führt. Deshalb die Notwendigkeit, diese beiden Philosophien durch Einführung der Finalität miteinander in Einklang zu bringen, einer Finalität, die seit dem ersten lebenden Wesen am Werk ist und die allein einem physiko-chemischen Aggregat die Eigenschaft der Äquilibration verleihen kann, die eben diese Versöhnung von Mechanismus und Historismus zustandebringt; und deshalb die weitere Notwendigkeit, daß von der einfachen Vergrößerung der Entropie, wie sie für die thermodynamische Äquilibration charakteristisch ist, bis zur Homöostase und zu den Autoregulationen eine ganze Reihe von Stufen immer komplexere Äquivalente der Finalität darstellen.

Das Beispiel dieses Werkes zeigt, wie ein staatlich geprüfter Philosoph, der vier Biologen zur ersten »Societé de Philosophie de la Nature« zusammenbringt, sich durch Berufung auf den Primat der metaphysischen Erkenntnis berechtigt fühlt, den Biologen eine Mischung aus Banalitäten und verwegenen oder bereits widerlegten persönlichen Meinungen vorzusetzen, deren einzige Richtschnur darin besteht, »sorgfältig zu über-

* Ein wirkliches Beispiel für »Präadaption«: die von Osteuropa in die Waliser Alpen verpflanzte *Xerophila obvia,* deren Ausbreitung ich seit 1911 verfolge.

legen« und »darüber nachzudenken« – wofür man sich, bescheiden wie man ist, den Titel eines »Logikers der Wissenschaften« verleiht.

D) Ein eher ernst zu nehmender Versuch ist der von R. Ruyer, der sich sehr bemüht hat, sich zu informieren. Als Kriegsgefangener in Deutschland hat er sich zusammen mit dem großen Embryologen E. Wolff, an den Arbeiten des »Biologischen Kreises« einer im Gefangenenlager improvisierten Universität, die von dem großen Mathematiker Leray geleitet wurde, beteiligt. Ruyer wurde dadurch in jene Atmosphäre wissenschaftlichen Austausches getaucht, die der üblichen Ausbildung der Philosophen so sehr fehlt. Nach seiner Rückkehr nach Nancy setzte Ruyer seine Lektüren und Überlegungen fort, aus denen unter anderem seine *Eléments de psychobiologie* (1946) entstanden sind. Es wird nicht uninteressant sein zu untersuchen, was dieser Metaphysiker aus der Synthese seiner biologischen Informationen und seiner philosophischen Interessen gemacht hat.

Zunächst ist es recht und billig, eine Reihe ingeniöser Aperçus und plausibler Ideen, die sich in diesem Werk finden, anzuerkennen, angefangen bei dem Projekt, Verhalten und organisches Leben, also das Objekt der Psychologie und das der Biologie, in einem Bezugsrahmen zu vereinigen. So gelingt es Ruyer häufig, sich in nicht mit den wahrnehmbaren Totalitäten zusammenfallenden Systemen »wahre Formen« (im Gegensatz zu Aggregaten) vorzustellen: daraus, daß die erwachsene Schwalbe nur ein Segment des Zyklus »Reproduktion der Schwalbe« darstellt, schließt Ruyer, daß »der Instinkt jener Aspekt ist, unter dem die Dynamik der wahren zyklischen Form sich zeigt, wenn sich diese Form einer Individualität aufprägt, um sie wieder mit ihrem Allgemeinen in Zusammenhang zu bringen« (S. 41). Dies erklärt natürlich nichts, aber die Formel ist geeignet, das Problem des Instinkts auf eine Ebene der Organisation zu heben, die nicht auf das Innere des Individuums beschränkt bleibt, sondern sich in die Dimensio-

nen des Raumes und der Zeit ausweitet und deren Strukturgesetze es zu entdecken gilt.
Aber dieses Geschick, sich erweiterte Zyklen und abstrakte Strukturen vorzustellen, die für die konkrete Biologie so wichtig wären und deren Formulierung sich in neueren kybernetischen Arbeiten (die Ruyer übrigens verfolgt und über die er ausgezeichnete Aufsätze geschrieben hat) abzuzeichnen beginnt, hat den Philosophen nicht vor den zwei großen Versuchungen bewahrt, die jede Spekulation über die Fragen des Lebens bedrohen: der Rekurs auf nicht verifizierbare Erklärungen und die Tendenz, höheren Stufen des Verhaltens und des geistigen Lebens angehörende Eigenschaften in elementare Prozesse zu projizieren.
Was den ersten Punkt angeht, sagt Ruyer (S. 11), daß »die dynamische Form hinter der Struktur, die strukturierende Aktivität sowie die Beziehungen, die sie herstellt, sich nicht beobachten lassen und daher immer mit einem gewissen Risiko erschlossen werden müssen«. Doch schon hier muß man fragen, ob die Strukturen, die es hier zu untersuchen gibt, nicht gerade solche sind, die – ebenso wie die großen qualitativen algebraischen Strukturen – ihre Konstruktionsgesetze selbst enthalten, so daß es nicht erforderlich wäre, eine strukturierende Aktivität »hinter« ihnen zu vermuten: in einer »Gruppenstruktur« zum Beispiel ist die strukturierende Aktivität nichts anderes als die Operation, die diese Gruppe definiert. Wenn Ruyer sich nicht in eine solche Richtung bewegt*, dann offenbar deshalb nicht, weil er nicht sehen will, daß die Beziehung zwischen der Funktion einer Struktur und der Strukturierung selbst in der Richtung der Autoregulationen oder aktiven Äquilibrationen zu suchen ist: er fürchtet den, wie er sagt, Begriff der »Äquilibrage«, der der physiko-chemischen Physiologie angehöre, einer – im Gegensatz zu den »primären« Wissenschaften oder Wissenschaften der »wahren For-

* Daher Formeln wie diese: »Da der Instinkt *Wächter* der Struktur ist, kann er nicht aus ihr resultieren.« (S. 42).

men« wie Atomphysik, Biologie und Psychologie – »sekundären« Wissenschaft (S. 2). Der Hauptgrund dafür, daß er keine dieser Richtungen einschlägt, liegt indes darin, daß Ruyer das Feld der Tatsachen erstaunlich schnell verläßt, um sich nicht nur auf den Treibsand »risikoreicher Schlüsse«, sondern außerdem sehr direkt auf den Boden einer Metaphysik des »Potentials« zu begeben – ungeachtet all dessen, was die Geschichte über den verbalen Gebrauch von Begriffen lehrt, die nur auf der Ebene der Messungen und Kalküle einen Sinn haben.

Schon auf den Seiten 12 bis 15 hören wir mit Schrecken, daß »jede wahre Form« ein »Potential« voraussetze und daß, wenn die physikalischen Potentiale in Zeit und Raum anzusiedeln seien, die biologischen Formen sich dort nur als Aktualisierung eines »überräumlichen-überzeitlichen« Potentials entwickeln könnten, denn Cuénot zufolge sei die Ontogenese »Vorbereiterin der Zukunft« (während man niemals gesehen habe, »daß ein Haufen Schnee sich mit einem künftigen Gewittersturm ins Gleichgewicht« setze). Mit anderen Worten, das Leben wird von Anfang an als Finalität aufgefaßt (Ruyer spricht lieber als von Finalismus von Thematismus, S. 187, aber im Grunde ist das dasselbe), und die Finalität rechtfertigt den Rekurs auf ein außerhalb der beobachtbaren Natur angesiedeltes »Potential«. Man könnte uns auch gleich sagen, daß Gott alles im voraus geordnet hat und es keine andere Erklärung gibt, nach der man suchen könnte.

Ruyer läßt sich durch diese seltsame Vermischung der Ebenen nicht beirren, im Gegenteil, er macht sie zum Prinzip seines philosophisch-biologischen Systems. Gleichwohl sucht er aber auch nach Erklärungen, wobei er im Detail auf seinen reichen Fundus an Informationen über die Tatsachen zurückgreift. Sein Erklärungsmodus ist allerdings recht einfach: er besteht darin, allen »wahren Formen« die Eigenschaften der am weitesten entwickelten Formen des geistigen Lebens zuzuschreiben.

So spricht er schon auf S. 10 von der »Subjektivität der Moleküle« und schon auf S. 17 behauptet er, daß »jede Kraft geistigen Ursprungs ist«. Über die elementaren Organismen will er »besonders deutlich« reden und behauptet, daß »die primäre organische seelische Struktur keine rudimentäre Varietät der seelischen Struktur der Psychologie« sei und »nur in dem präzisen Sinne von: frei von auf die Welt gerichteten intentionalen Bildern« unbewußt sei, denn »die seelische Struktur, die die Struktur einer Amöbe, einer Pflanze oder eines Tieres sichert und schützt ist vollständig ›distinkt‹. Sie hat nichts Dunkles an sich, sie ist nur, sofern sie Aktivität ist, auf das ›Innen‹ gerichtet (darunter verstehen wir: auf die Erhaltung ihrer untergeordneten Konstituentien gerichtet) und nicht, wie die psychische Aktivität der höheren Lebewesen, auf die äußere Umwelt. Die Amöbe oder die Pflanze *erlebt, genießt* oder *denkt* ... ihre Struktur mit derselben Klarheit, mit der der Mensch das Werkzeug erdenkt, daß er gerade herstellt« (S. 24).
Dieser entschiedene Text wird vielleicht nicht jeden Biologen verblüffen, denn bekanntlich rekurrieren viele von ihnen auf »Psychoiden« usw., sicherlich aber jeden Psychologen, der verantwortliche Forschungsarbeit betreibt. Zunächst scheint das Bewußtsein der Moleküle mindestens zwei Probleme zu stellen: wie läßt sich seine Existenz feststellen, und was könnte es dem hinzufügen, was wir über diese materiellen Systeme wissen? Was die seelische Struktur der Amöbe angeht, so erinnert Ruyer selbst daran (S. 22), daß dieser Einzeller Konditionierungen, Gewohnheiten usw. erwerben kann, woraus er das Argument ableitet, die »seelische Struktur« gehe dem Nervensystem voraus: zwei Seiten später werden diese offensichtlich von Austauschprozessen mit der Umwelt abhängenden Verhaltensweisen (Ruyer sagt: die Amöbe »handelt«) zum Indiz für eine »auf das Innen« gerichtete seelische Struktur, welche die Aufgabe hat, die organische Struktur zu erhalten!
Nun, unter diesen Leichtfertigkeiten und Widersprüchen findet

man nichts anderes wieder als den bereits im Hinblick auf das »Potential« festgestellten im wesentlichen verbalen Erklärungsmodus, der in dem Glauben besteht, wenn man einen Prozeß zu einer Struktur mache und ihr einen Namen gebe, trage man etwas zur Lösung der von ihm gestellten Probleme bei. Selbstverständlich hat die Amöbe »Verhaltensweisen«; es sind uns mehrere bekannt. Aber inwiefern kommen wir einen Schritt weiter, wenn wir sie als Ausdruck einer »seelischen Struktur« auffassen? Die seelische Struktur, wenn man an diesem Wort festhalten will, ist die Gesamtheit der Verhaltensweisen und nicht ihre Ursache. Sagt man, die Amöbe »denke« mit derselben Klarheit wie der ein Werkzeug herstellende Mensch, spielt man entweder mit Worten oder man sagt, das Verhalten der Amöbe stelle ein Anfangsstadium dessen dar, was sich zur Intelligenz entwickeln werde. In letzterem Falle formuliert man ein strukturanalytisches und Abstammungsproblem; spricht man dabei bereits von Denken oder Intelligenz, so sagt man deshalb nicht mehr, denn solange man nicht jeden einzelnen Mechanismus, der auf den betrachteten Entwicklungsstufen eine Rolle spielt, beschrieben und interpretiert hat, sind dies sinnlose Worte. Die seelische Struktur, von der Ruyer spricht, ist für einen Psychologen also bar jeglicher Bedeutung: sie ist nur die – überdies schlechte – Formulierung eines Problems.

Schlimmer noch. Unterstellt man von vornherein, daß diese Art von Seele, die der Amöbe zugeschrieben wird, irgend etwas hinsichtlich der Konstitution oder Erhaltung ihrer organischen Struktur erklärt, begibt man sich der Möglichkeit, entscheidende Probleme auch nur zu sehen: die Probleme, die sich aus der Hypothese ergeben, der zufolge der Mechanismus dieser Strukturierung möglicherweise gleichzeitig den Motor des entsprechenden Verhaltens darstellt, oder die Probleme, die sich aus der Hypothese ergeben, der zufolge es zwei Arten von Organisationen gibt, die komplementär sind oder in Interaktion stehen. Es liegt hier ein ganzes Bündel von für die

Psychologie ebenso wie für die Biologie prinzipiellen Fragen, und es macht einen bestürzt zu sehen, wie ein informierter Autor dazu kommt, Probleme, deren Lösung Jahrzehnte, ja vielleicht Jahrhunderte in Anspruch nehmende Forschungsarbeit voraussetzt, durch massive, keinerlei Überprüfung zugänglichen Behauptungen entscheidet.

Man mag uns streng finden. Doch man sehe sich an, in welcher Weise Ruyer mit L. von Bertalanffy umspringt, dessen Werk auf einem ganz anderen wissenschaftlichen Fundament aufgebaut ist und sich durch eine Gründlichkeit auszeichnet, mit der sich diejenige unseres Autors in keiner Hinsicht vergleichen läßt: »Den Konzeptionen Bertalanffys mangelt es an Klarheit. Sie sind der vollkommene Ausdruck eines verschämten und konfusen Vitalismus« (S. 193, Fn.1): wenn man Bertalanffy als konfusen Vitalisten bezeichnet, wie soll man dann Ruyer nennen?

Kurz, Ruyer erklärt alles Biologische als durch das Bewußtsein bewirkt, denn dieses ist eine »verbindende und formende *Kraft*, die sich primär in der Modellierung der organischen Formen ausdrückt... usw.« (S. 293). Aber das Bewußtsein ist gleichzeitig »Apperzeption der Wesenheiten und der Werte«. Deshalb ist es ferner Quelle des Gedächtnisses: »Der Status von Wesen, die ein Gedächtnis besitzen, ist demjenigen der Wesenheiten und der Werte analog. Die Wesen mit einem Gedächtnis stehen über den anderen. Das Gedächtnis befindet sich jenseits der räumlich-zeitlichen Ebene« (S. 293). Darauf läuft dieser biologische Spiritualismus also hinaus: das Gedächtnis befindet sich jenseits der Zeit (oh, Bergson!), das Leben jenseits der Natur ... und die Wahrheit jenseits jeder Verifizierung.

E) Wenn wir von der Biologie zur Psychologie übergehen, vervielfachen sich die Einmischungen der Philosophen in Tatsachenfragen natürlich, und zwar in der *n*ten Potenz. Das hat seinen Grund zunächst in dem lückenhaften Charakter dieser noch jungen Wissenschaft, die erst in ihren Anfängen steckt.

In dem von uns gemeinsam veröffentlichten *Traité* schließt P. Fraisse sein Kapitel über »L'évolution de la psychologie expérimentale« daher mit der Feststellung: »Das Feld, das sie erobert hat, ist immer größer geworden, aber es ist noch kaum kultiviert. Die moderne Geschichte der Psychologie fängt gerade erst an.« Die noch nicht erforschten Gebiete geben natürlich der Spekulation Raum, und dieser Raum ist noch sehr viel ausgedehnter als in der Biologie. Der zweite Grund ist, daß der Philosoph selbst bei den Fragen, deren Erforschung seit vielen Jahren kontinuierlich weitergetrieben wird, aufgrund der bloßen Tatsache, daß die hier untersuchten Phänomene die innere Welt berühren, ein Interventionsrecht in Anspruch nehmen zu müssen glaubt. Es hat schon seinen Grund, wenn ein Philosoph des gesunden Menschenverstandes wie Dalbiez in einer der unter B zitierten Stellen die Wissenschaft auf die Erkenntnis der »äußeren« Welt begrenzt: das Innere wird auf eine heilige Tradition gestützt, und die Kritik an den Methoden der Introspektion hindert den philosophischen sensus communis keineswegs zu glauben – implizit oder explizit –, daß in einem solchen Bereich die »Reflexion« souverän bleibt.

Sehen wir uns also an, wohin die Reflexion führt, wenn sie sich in Tatsachenfragen einmischt. Wir wollen die Diskussion über den Konflikt zwischen philosophischer und wissenschaftlicher Psychologie, der Kapitel IV gewidmet war, hier nicht wieder aufnehmen, sondern nur einige Beispiele von philosophischem Einschreiten auf dem Feld der wissenschaftlichen Psychologie vorführen.

Das Feld ist riesengroß; man muß sich daher beschränken. Da dieses Buch von Anfang bis Ende den Charakter eines Plädoyers für die wissenschaftliche Methode in den Forschungen über das, was wir Geist nennen, hat und diese Methode verteidigt, wähle ich als Beispiele die Reaktionen der Philosophen der französischen Schweiz auf unsere Genfer Arbeiten auf dem Gebiet der Psychologie und der genetischen Epistemologie.

Dazu eine nicht ganz uninteressante Vorbemerkung. »La Société romande de Philosophie« ist vor etwa vierzig Jahren von einer Gruppe von Philosophen, Mathematikern, Logikern, Psychologen (»Ich denke, also bin ich«, erklärte Larguier des Bancels bei seinem Beitritt), Linguisten usw. gegründet worden. Da das Hauptinteresse dieser Gesellschaft zunächst auf die Philosophie der Wissenschaften gerichtet war, gab es keine Konflikte zwischen epistemologischen, vor allem historisch-kritischen, und psychologischen Arbeiten. Inzwischen ist das Interesse an epistemologischen Fragen und an der Zusammenarbeit mit Mathematikern weitgehend verschwunden, und die neue Philosophengeneration legt sich genetischen Untersuchungen gegenüber immer größere Zurückhaltung auf – als ob diese Untersuchungen den metaphysischen Positionen gefährlich würden.

»La Société romande de Philosophie« hat vor einigen Jahren J. B. Grize zu einem Vortrag über *Logik und Psychologie der Intelligenz* eingeladen. Als Logiker, der an unserem Zentrum mit Psychologen zusammenarbeitet, war er der geeignete Mann, die epistemologische Bedeutung der Psychogenese klarzumachen, ohne der Logik zu widersprechen. Wie aber reagiert der Philosoph D. Christoff? Er sagt, die Frage, wie das Subjekt eine Evidenz erworben hat, liege nicht auf derselben Ebene wie diese und ändere nichts an ihr.* Nun weiß jedermann, daß die Evidenz sich selbst in der Mathematik im Laufe der Geschichte und manchmal durch plötzlich auftretende Krisen verändert (Fiala hat kurz nach der Äußerung Christoffs in bezug auf das Prinzip vom ausgeschlossen Dritten daran erinnert): wie kann man daher bestreiten, daß der Modus der Bildung einer Evidenz etwas über ihre Dauerhaftigkeit oder ihre Hinfälligkeit aussagt – je nachdem, ob sie an sehr allgemeine Koordinationen von Aktionen und Operationen gebunden ist, oder ob sie, wie bestimmte nicht mehr gültige Evidenzen der Geometrie, mehr als auf diesen konstanten operationel-

* *Revue de philosophie et de theologie,* Lausanne 1962, S. 245.

len Koordinationen auf einschränkenden Faktoren der Wahrnehmung oder der bildhaften Vorstellung beruht?
R. Schaerer verschiebt die Frage auf die Ebene der moralischen Urteile und erinnert, was ihre Evolution angeht, an meine Resultate. »Es gibt eine ›Richtung‹, sagt Piaget, die von der Heteronomie zur Autonomie führt, vom Egozentrismus zur Reziprozität und zur Solidarität. Der Philosoph bittet ihn, (1) diese ›Richtung‹, die im Widerspruch zur Revidierbarkeit der Prinzipien und zur Unvorhersehbarkeit der Ergebnisse zu stehen scheint, zu rechtfertigen ...; (2) den Gebrauch von mit moralischer Bedeutung belasteten Begriffen wie Autonomie, Reziprozität und Solidarität zu vermeiden« (S. 247). Würdigen wir zunächst die Anmut dieser Sprache: »Der Philosoph bittet ihn zu rechtfertigen ... und zu vermeiden ...«, eine Sprache, die sehr stark an die erinnert, in der R. Dalbiez den Biologen seine Ratschläge erteilt (vgl. II). Nun meine Antworten.
Hinsichtlich des ersten Punktes gibt es einen Widerspruch zwischen R. Schaerer und H. Miéville, auf den ersterer sich gleichwohl beruft. Im Zusammenhang der Diskussion der rationalen Normen des Subjekts hatte Miéville (vgl. Kapitel I, D) die Annahmen der Revidierbarkeit und der Unvorhersehbarkeit zu bestreiten versucht, indem er die von mir beschriebene »Richtung« zwar anerkannte, aber behauptete, sie impliziere die absolute Norm, derer ich nach meiner Ansicht nicht bedürfe. Diese sehr kohärente Position hat mich nicht überzeugt, denn man kann die Existenz einer »Richtung« feststellen, ohne die Normen des beobachtenden Geistes in sie zu projizieren und ohne daß dieser Geist sich auf ein Absolutes bezieht (solange keine Revision notwendig ist genügen die revidierbaren Normen). Demgegenüber will Schaerer zunächst die Feststellung einer »Richtung« und das Prinzip der Revidierbarkeit in Gegensatz zueinander bringen, was völlig sinnlos ist, da eine Feststellung immer revidiert werden kann und eine »Richtung« sich nur auf eine begrenzte Periode der Entwicklung beziehen und

sich später verändern kann, was unvorhersehbar bleibt, solange man es nicht festgestellt hat. Ferner verlangt er, daß ich meine Feststellungen »rechtfertige«; dabei vergißt er, daß die Aufgabe des Experimentierenden gerade darin besteht, *vor* der Behauptung einer Tatsache Vorsichtsmaßregeln zu treffen, Vorsichtsmaßregeln, die sicherstellen, daß in den Vereinigten Staaten, in Louvain, in Montreal usw. sowie in den unterschiedlichsten kulturellen Umwelten dieselben Resultate erzielt werden. Die Forderungen des Philosophen sind in diesem Zusammenhang also besonders seltsam, und es steht vielmehr dem Psychologen zu, ihn aufzufordern, seine Einmischung in Tatsachenfragen zu rechtfertigen – es sei denn, R. Schaerer hätte das Wort »Richtung« in einem anderen Sinne aufgefaßt und nicht verstanden, daß es sich auf ein einfaches Entwicklungsgesetz bezieht (wenn auch eines der Evolution von Normen, welche die Subjekte anerkennen oder sich geben). Zweitens will Schaerer mein Vokabular verbessern und rät mir, »axiologisch neutrale« Begriffe zu gebrauchen. Ich werde so kühn sein, diesem Rat nicht zu folgen, denn mein Problem ist das der Evolution der Normen des Subjekts, das ich untersuche – nicht meine Normen und auch nicht die des Philosophen Schaerer. Der Vorteil der Begriffe der Autonomie und der Reziprozität liegt darin, daß die es gestatten, den möglichen Parallelismus zwischen der Entwicklung der moralischen Normen und jener der intellektuellen Normen zu untersuchen, ohne sie zu konfundieren. Doch besteht das Problem natürlich nicht im Streit über Worte. Es ist vielmehr darin begründet, daß für Philosophen vom Schlage R. Schaerers die psychologische Erforschung der Evolution der von der frühen Kindheit bis zum Erwachsenenalter stufenförmig aufsteigenden Normen des Subjekts nicht die geringste Bedeutung für die Erkenntnis des Denkens des Erwachsenen haben. Mit anderen Worten, die psychogenetische Analyse ist nur eine Beschreibung ohne Erklärungswert. Eine Fortsetzung der Diskussion über diesen zentralen Punkt kann nützlich erscheinen.

Bei den »Rencontres internationales de Genéve« 1962 ist Schaerer in aller wünschenswerten Eindeutigkeit auf diesen Punkt zurückgekommen: »Verlängert man Piagets Schlußfolgerungen in den Bereich der Philosophie, werden sie besonders bestreitbar und ... man kann sogar sagen, daß sich eine gewisse Umkehrung vollzieht« (*La vie et le temps*, S. 205). Sehen wir zu, was es mit dieser Umkehrung auf sich hat. Schaerer beißt sich wieder an der vom Egozentrismus zur Autonomie und zur Reziprozität führenden »Richtung« fest, sagt diesmal aber darüber: »Verlängert man diese Schlußfolgerung auf die philosophische Ebene, so kann sie außerordentlich gefährlich werden« (S. 205). Den Beweis liefert die folgende kleine Geschichte (man wird diese »philosophische« Verlängerung bewundern). Nehmen wir an, sagt der Philosoph, ich hätte mich eines Vergehens schuldig gemacht und ein gewiefter Rechtsanwalt verteidigte mich mit Erfolg, während mein kleines Kind, als es sieht, daß ich bekümmert bin, sich in meine Arme wirft, um mich zu trösten: »Wo ist die Reziprozität und wo die Solidarität? Unter dem instrumentellen Gesichtspunkt, unter dem operativen Gesichtspunkt, demjenigen, wie ich annehme, Piagets, sind sie beim unredlichen Rechtsanwalt. Nur er war fähig, sich an meine Stelle zu versetzen und mich aus der Klemme zu ziehen. Das Kind vermag das nicht« (S. 206). Und nun, schließt der Philosoph, »zeigt sich die Umkehrung, von der ich gerade sprach ...: das Kind ist besser als wir«!

So ist das also! Gleichwohl erlaube ich mir, auf drei kleine Schwierigkeiten aufmerksam zu machen. Die erste liegt in der Verwechslung der intellektuellen und moralischen Normen des Subjekts; ich habe ihren Parallelismus aufzuzeigen versucht, nicht jedoch ihre Identität. Der Rechtsanwalt der Geschichte ist intelligent, aber kann nicht als Beispiel für moralische Normen dienen. Ich habe Schaerer daher geantwortet, in seiner Geschichte sei keine moralische Reziprozität und Solidarität zu erkennen, sondern allenfalls eine Komplizität (die moralische Reziprozität zeigt sich in einer notwendigen Erhaltung der Werte, die hier völlig fehlt). Als der Philosoph auf seiner Interpretation beharrte, habe ich ihn nach seinen Definitionen gefragt. Und er entgegnete: »Für sich selbst sprechende Begriffe definieren zu wollen, heißt, wie Pascal gesagt hat, das Problem verschleiern.« Wir befinden uns also in der Klarheit . . .

Die zweite Schwierigkeit gründet in der Hierarchie der Normen und in ihrer Anwendung. Der Satz, das Kind sei moralischer als der Erwachsene, kann in zwei ganz unterschiedlichen Bedeutungen aufgefaßt werden, je nachdem, ob die Frage lautet »wie bewerten die Subjekte die Normen?«* oder »bis zu welchem Grad (tatsächliches Verhalten, Aufrichtigkeit usw.) wenden sie die Normen an?« Nehmen wir an, alle (oder fast alle) Subjekte einer bestimmten Stufe (Altersstufe usw.) bewerteten die Normen B höher als die Normen A (z. B. die Reziprozität höher als die Unterwerfung oder die Moral des Neuen Testaments höher als eine legalistische Moral): in diesem Falle spreche ich von der »Richtung« von A nach B, aber es kann sehr wohl sein, daß die Normen B, gerade weil sie die höheren sind, schlechter angewandt werden. Schaerers Satz »das Kind ist besser als wir« ist also ohne Bedeutung, solange nicht geklärt ist, ob »ist besser« sich auf die Stufe der Normen bezieht oder aber auf die Weise, in der sie beachtet werden; und wenn man auch gern zustimmen wird, daß unter dem zweiten Gesichtspunkt das Kind »besser ist« (Verifizierungen vorbehalten), so besagt das für den an der zur Diskussion stehenden Frage Interessierten überhaupt nichts.

Die dritte Schwierigkeit hat ihren Grund in den Begriffen des Gleichgewichts und der Reversibilität, in denen R. Schaerer nichts anderes sieht als instrumentelle Prozesse ohne irgendeine Beziehung zu den logischen oder moralischen Normen; er bestreitet übrigens, daß das Gleichgewicht mit Entwicklung und die Reversibilität mit irreversiblen Entscheidungen in Einklang

* Klarer formuliert: »Welchen Normen unterwerfen sie sich?« oder »Auf welcher Stufe (in einer möglichen Hierarchie) stehen ihre Normen?«

zu bringen sei. Doch auch hier bestehe ich auf einer Diskussion mit Definitionen und ordentlichen Beweisen. Wenn man vom Gleichgewicht im üblichen Sinne einer Balance entgegengesetzter Kräfte spricht, hätte Schaerer natürlich recht. Doch wenn er sich bereit fände zu begreifen, daß ein biologisches Gleichgewicht eine Autoregulation ist und die autoregulativen Systeme mechanische Äquivalente der Finalität darstellen, und wenn er sich ferner die logistischen Voraussetzungen der Entscheidung klarmachen würde, die die Anwendung reversibler Operationen keineswegs ausschließen, dann würde er auch verstehen können, daß das veränderliche Gleichgewicht von Begriffs- oder Wertsystemen auch die kognitiven Mechanismen und die des Willens charakterisieren könnte, und daß dieses Gleichgewicht für das Subjekt eine normative und nicht nur eine instrumentelle Bedeutung hat.

Wenn ich diese endlosen Diskussionen mit R. Schaerer referiert habe, so deshalb, weil sie ein allgemeines methodologisches Problem deutlich machen. Wie läßt sich erklären, daß ein Professor für Geschichte der Philosophie in Tatsachendiskussionen über Probleme eintritt, die seit einer Reihe von Jahren und in mehreren Ländern unter kontrollierten experimentellen Bedingungen erforscht werden, ohne mehr mitzubringen als Argumente des gesunden Menschenverstandes, bloß verbale und summarische Approximationen und ein so klägliches Beispiel wie die kleine Geschichte vom unredlichen Rechtsanwalt und vom zärtlichen Kind?

Dafür gibt es nur eine Erklärung: die Überzeugung, daß die Kompetenz in Fragen der Normen *ipso facto* zur Erkenntnis der Verhaltensmechanismen der Subjekte führe. Der Moralist diskutiert über Werte oder Normen als solche; das ist nicht Sache des Psychologen. Doch in seiner Forschung stellt der Psychologe fest, daß die Subjekte sich Normen geben oder Normen anerkennen, so daß sich eine Reihe von Problemen stellt: welches sind die Normen der Subjekte? Sind sie konstant, oder entwickeln sie sich mit dem Alter? Durch welche Prozesse kommt das Subjekt dazu, sich an Normen gebunden zu fühlen? Sind diese Prozesse auf allen Altersstufen dieselben oder verändern sie sich?, usw. Dies sind Tatsachenfragen, und diese Tatsachen sind »normative Tatsachen«, das heißt, für das Subjekt sind es Normen, für den Beobachter jedoch Tatsachen und nichts als Tatsachen, da er sie weder bewertet noch in bezug auf sie irgendetwas vorschreibt. Wenn Schaerer sich gedrängt fühlt, in unsere Arbeit einzugreifen, und wenn er mir sogar ein anderes Vokabular vorschreiben will, so deshalb, weil er glaubt, durch seine Kompetenz in Normenfragen sei er gleichzeitig mit einer Erkenntnis dessen ausgestattet, was sich im Geiste der Subjekte abspielt. Nun sind dies zwei ganz und gar verschiedene Fragen, so verschieden, daß die Logiker – die Logik ist der parallele normative Bereich – immerhin bereits vor mehr als einem halben Jahrhundert begriffen haben, daß ihre Analysen des Wahren keinerlei Erkenntnis über die Weise implizieren, in der die Subjekte *tatsächlich* denken. Diese Bemerkungen gelten natürlich gleichermaßen für den Erwachsenen wie für das Kind.

Der Philosoph wird sagen, er erkenne sich selbst. Doch das darf bezweifelt werden, denn, wie wir in Kapitel IV gesehen haben, ist die von mehreren kontrollierte Introspektion eine Sache und die auf ein isoliertes Ich, das gleichzeitig Richter und Partei ist und als Subjekt seinem Ich qua Objekt seine Philosophie überstülpt, beschränkte Introspektion eine ganz andere Sache. Doch selbst wenn der Philosoph sich zu einer Zeit *t* erkennen sollte, ist er dadurch nicht mit der Erkenntnis der vorausgehenden Stadien, das heißt, der Bildungs- und Entwicklungsprozesse, deren Resultante der Erwachsene zumindest zum Teil ist, ausgestattet. Um diese Entwicklung, die allein Erklärungswert hat, zu rekonstruieren, genügt es nicht mehr, bloß das Bewußtsein zu untersuchen, sondern für diese Absicht muß das Verhalten in seiner Gesamtheit, innerhalb derer das Bewußtsein eine Funktion und nur eine Funktion ist, Gegenstand der Analyse sein. Eine objektive Erkenntnis des Verhaltens aber, und das scheint evident zu sein, setzt eine Analyse von Tatsachen mit überprüfbaren Methoden voraus, die allein das Erreichen von Objektivität ermöglichen – Objektivität nicht im Sinne der Vernachlässigung des Subjekts, sondern im Sinne der Revision der durch das Ich des Beobachters bedingten Verzerrungen. Ein Historiker des griechischen Denkens müßte der erste sein, der versteht, daß Ideen selten einen absoluten Anfang haben und ihre Entwicklung sich weder durch bloße Reflexion noch mit Hilfe fiktiver Beispiele rekonstruieren läßt.

F) Ein instruktives Beispiel für all diese Mißverständnisse ist die *Histoire de la psychologie de l'Antiquité à nos jours* von F.-L. Mueller, der er einen kleinen Band über *La psychologie contemporaine* folgen ließ, der einen Teil der *Histoire* wiederholt und in bestimmten Punkten ergänzt. Zwei sympathische Werke eines Autors, der seine Überzeugungen hat und die philosophische Psychologie verteidigen will, wobei er bemüht ist, der wissenschaftlichen Psychologie gegenüber objektiv zu sein. Allein, da er nicht glaubt, die wissenschaftliche Psychologie habe einen Wert, und da die Ausbildung eines Philosophen im Studium von Texten und nicht in dem verschiedener Methoden, die zu Erkenntnissen führen, besteht, richtet er sein ganzes – großes – Bewußtsein darauf, die Schriften von Psychologen zu studieren, ohne auf die Idee zu kommen, daß es notwendig und dem lebendigen und humanen Verständnis, das er immer wieder dem Intellektualismus gegenüberstellt, vielleicht näher sein könnte, sich wirklicher Forschung über ein noch unbearbeitetes Thema zu widmen, um zu verstehen, wovon er spricht, wenn er von wissenschaftlicher Psychologie spricht. Es wird nicht uninteressant sein zu sehen, wie ein Philosoph, der nicht die Partei einer bestimmten Schule ergreift, die wissenschaftliche Psychologie beurteilt.

Zunächst ist es überraschend, daß es einem Historiker der psychologischen Ideen nicht besser gelungen ist, die großen Tendenzen seines besonderen Gegenstandes aufzuzeigen, Tendenzen, die natürlich (durch Aktion und Reaktion) von der Entwicklung der Methoden abhängen. Aus der physiologischen Psychologie und der Psychophysik, die den allgemeinen Meßverfahren und später den Testverfahren ein besonderes Gewicht beimaß, entstanden, hat sich die wissenschaftliche Psychologie in der Folge durch psychopathologische Studien bereichert, aus der einerseits zwei große Bewegungen in Frankreich und in Großbritannien hervorgegangen sind; die zweite dieser Bewegungen ist mehr physiologisch orientiert, während die erste mit Janet sehr schnell zu einer allgemeinen Verhaltenspsychologie und (wie die Psychoanalyse) zu einer genetischen Psychologie gelangt ist. Andererseits hat die physiologische Psychologie eine allzu empiristische und mechanistische Theorie hervorgebracht, nämlich den Assoziationismus, und seit Ende des letzten und Anfang dieses Jahrhunderts gibt es Reaktionen auf diese Theorie, welche die Erklärung der Intelligenz durch das Spiel von Assoziationen und inneren Bildern entkräften: den amerikanischen Funktionalismus* (seit James), die wichtigen Verifizierungen durch die Methode der provozierten Introspektion (Binet und die Würzburger Schule). Diese letzteren Forschungen, deren Methode anfänglich zu begrenzt war, haben sich ebenso wie die funktionalistischen Tendenzen und die Psychopathologie zu einer immer allgemeineren Psychologie entwikkelt, die das Verhalten als solches, dessen Definition das Bewußtsein einschließt, erforscht; der Behaviorismus Watsons war nur eine extreme und in dieser Gestalt vorübergehende Erscheinung. Auf der anderen Seite ist die Laborpsychologie durch diese mannigfachen Ergänzungen keineswegs beeinträchtigt worden, sie ist vielmehr zu neuer Blüte gekommen – in Form der Gestalttheorie, die sich ebenfalls zu einer allgemeinen Verhaltensforschung entwickelt hat, die sich ihrerseits in genetische Psychologie, Sozialpsychologie usw. differenziert hat.

In den beiden Bänden F.-L. Muellers werden indes weder die Abstammungsverhältnisse zwischen diesen verschiedenen Strömungen deutlich, noch ihre Berechtigung, vor allem aber nicht

* Sowie den von Claparède seit 1903 (*L'association des idées*).

die weitgehenden Übereinstimmungen zwischen ihnen. Der Philosoph ist in erster Linie an der Verschiedenheit der Schulen und Systeme interessiert und empfindet ein gewissermaßen professionelles Vergnügen, wenn neue, sich von bereits vorhandenen weit entfernende Theorien auftauchen. So trägt das Hauptkapitel der *Histoire*, das der »neuen« Psychologie gewidmet ist, den Titel »Die Schulen und die Untersuchungsfelder«; in dem nachfolgenden Band ist er zu »Die Methoden und die Untersuchungsfelder« geworden, ohne daß das Kapitel allerdings auf die Entwicklung dieser Methoden näher einginge. Demgegenüber ist der Psychologe mehr an der Einheit der Psychologie und an der allmählich größer werdenden Übereinstimmung ihrer Methoden interessiert.

Nehmen wir die Psychoanalyse als Beispiel. Mueller macht uns mit Vergnügen darauf aufmerksam, daß »Wissenschaftler *sensu stricto* ihr sogar jeden wissenschaftlichen Charakter absprechen« (I, S. 385; II, S. 56). Nun, der strenge Wissenschaftler, auf den Mueller sich beruft, ist kein anderer als jener Amateur Marcel Boll, der sich in der Logik und vielen anderen Dingen auskennt und in der Psychologie, wie alle Amateure, nur ein bißchen Charakterologie getrieben hat (und der übrigens nicht nur über die Psychoanalyse, sondern noch über viele andere Bereiche übel hergezogen ist).

Wenn die Psychoanalyse der einzige Bereich der Psychologie ist, in bezug auf den man sinnvollerweise von »Schulen« reden kann, so deshalb, weil die Freudianer usw. aus professionellen Gründen, um die Ausübung ihrer Techniken zu schützen, geschlossene Gesellschaften gegründet haben. Und jede »Schule« hat den Nachteil, daß ihre Mitglieder sich gegenseitig allzu schnell glauben und sich deshalb zu wenig um Verifizierungen kümmern; nur aus diesem Grunde sind die experimentell arbeitenden Forscher noch nicht überprüften Tatsachen und – vor allem – Interpretationen gegenüber mißtrauisch. Der beste Beweis für die Legitimität dieser Einstellung liegt darin, daß seit einer Reihe von Jahren einige Freudianer selbst sich um experimentelle Kontrollen und eine allgemeinere Restrukturierung der Theorie bemühen: so insbesondere die Gruppe, die auf Anregung des verstorbenen D. Rapaport (Wolff, Erikson, usw.) in Stockbridge entstanden ist.* Und wenn man ein Beispiel für die Reaktionen eines Autors haben will, der als Kritiker der Theorie Freuds gilt: 1920 habe ich vor der »Société Alfred-Binet« einen Vortrag über die einzelnen psychoanalytischen Bewegungen gehalten (der zu einer Zeit, als man, woran auch Mueller erinnert, in Frankreich noch wenig über dieses Thema redete, im *Bulletin* dieser Gesellschaft erschienen ist), zur gleichen Zeit habe ich mich einer Lehranalyse unterzogen, um zu wissen, wovon ich redete, und 1922 habe ich auf dem Psychoanalytischen Kongreß in Berlin in Anwesenheit Freuds ein Referat über das Denken des Kindes gehalten. Umgekehrt hat mich das Institut für Psychiatrie in Topeka (Kansas), das bekanntlich das Mekka des amerikanischen Freudianismus ist, vor einigen Jahren eingeladen, einige Wochen dort zu verbringen, um gemeinsame Probleme zu diskutieren: man sieht, die Existenz von »Schulen« in der Psychologie schließt die Suche nach Konvergenzen und Verfahren, die Tatsachen zu verifizieren, keineswegs aus.

Um auf die großen Tendenzen der zeitgenössischen wissenschaftlichen Psychologie zurückzukommen: in den beiden Büchern Muellers fallen vor allem zwei Lücken auf. Die erste ist, daß die allgemeinste dieser Tendenzen kaum deutlich wird, die nämlich, die zur Psychologie des »Verhaltens« führt, welche das Bewußtsein mit einschließt, indem sie es als eine Funktion des Gesamtverhaltens auffaßt, des äußeren wie des inneren (trotz Watson – der übrigens der »inneren Sprache« großes Gewicht

* Aus diesen und den durch sie angeregten Forschungen sind unter anderem zwei Werke hervorgegangen, die die Konvergenz zwischen den psychoanalytischen Annahmen über die beiden ersten Lebensjahre und meinen Analysen über die senso-motorischen Stufen aufzeigen: Wolff, The developmental psychologies of Jean Piaget and Psychoanalysis, *Psych. Issues*, 1960 und Th. Gouin-Décarie, *Intelligence et affectivité chez le jeune enfant.*

beigemessen hat – ist das letztere keineswegs vernachlässigt worden). In diesem Zusammenhang ist es sehr bedeutsam festzustellen, wie wenig Mueller das Werk P. Janets verstanden hat (das er gleichwohl häufig zitiert), wie wenig vor allem dessen Entwicklung: den Übergang von einer auf den Ideen der Synthese und des Automatismus begründeten statischen Theorie zu einer Konzeption der Hierarchie der Funktionen und von dort zu einer gleichzeitig genetischen und psychopathologischen Stufentheorie, die auch Fixierungen und Desintegrationen zu fassen versucht. Von den Teilen dieses monumentalen Werkes wird zumindest ein wesentlicher Bestand haben: die Interpretation der Affektivität als Regulation der Aktion, einschließlich einer detaillierten Tabelle der den »elementaren Gefühlen« – die Janet so feinfühlig beschreibt – entsprechenden Aktivierungs- und Beendigungsregulationen. Daß man – wie Mueller – all dies vergessen kann, um am Ende seines Werkes zu dem Schluß zu kommen, dem Objektivismus der wissenschaftlichen Psychologie entgehe das Problem des Subjekts, wäre völlig unbegreiflich, kennte man nicht die verschiedenen Unverständnis bewirkenden Faktoren, die ich in diesem kleinen Buch zu beschreiben versucht habe.

Aber das ist noch nicht alles. Man ist gespannt, wie Mueller seine Thesen über diesen »Objektivismus« mit den zu Beginn dieses Jahrhunderts entstandenen Arbeiten über die provozierte Introspektion – eine Methode, die gleichzeitig von den deutschen Psychologen der Würzburger Schule und von Binet in Paris entdeckt und angewandt worden ist – in Einklang bringen wird. Die Versöhnung erweist sich als recht einfach: bei Mueller kommt diese wichtige Richtung gar nicht vor, und im Index sucht man vergebens nach Namen wie Kulpe, Marbe oder selbst K. Bühler. Über das Buch von Binet (1903) über dieses Thema findet man nur die folgende Bemerkung, deren Geschick zu bewundern ist: Binet »hält Distanz zur Laborpsychologie. Experimentieren faßt er in einem sehr weiten Sinne auf. Es schließt namentlich Fragebogen, Gespräche, Umfragen usw., das heißt, Verfahren, die eine kontrollierte Introspektion implizieren« (S. 387). Das ist alles, als ob Binet und die Würzburger die kontrollierte Introspektion nicht gerade deshalb angewandt hätten, um mit ihrer Hilfe ein *Maximum* zu erreichen. Gewiß, es handelt sich nur um ein Ereignis, da Binet nach einigen Jahren zu anderen Dingen übergegangen ist, aber um ein wesentliches Ereignis, weil es eben zu diesen anderen Dingen geführt hat. Nach scharfsinnigen Analysen, welche die Unabhängigkeit des Urteils von der Assoziation und dem inneren Bild bewiesen haben, ist es den Würzburgern nicht gelungen, den Mechanismus dieses Urteils allein vermittels der Introspektion zu erklären, so daß spätere Autoren zu funktionelleren und vor allem exterospektiven Untersuchungen fortschreiten mußten, wie es Selz und Lindworski in bezug auf das Denken im allgemeinen getan haben und Claparède in bezug auf die Hypothesenbildung (mit seiner Methode der »gesprochenen Reflexion«, die sich zwar auf das Subjekt bezieht, aber nicht mehr allein vermittels der Introspektion). Und was Binet angeht, so ist er durch die Anwendung der Methode der provozierten Introspektion zwar vom Assoziationismus abgebracht worden, aber ihm war von Anfang an klar gewesen, daß diese Methode vielleicht zur Erkenntnis von Resultaten des Denkens führt, nicht jedoch zur Erkenntnis seiner Mechanismen. Daher sein berühmtes Paradox: »Das Denken ist eine unbewußte Tätigkeit des Geistes« und sein Entschluß, die Richtung der Verhaltenspsychologie einzuschlagen.

Wenn Mueller bestimmte große Strömungen der Psychologie durch Auslassung behandelt, so ist das erstaunlich, aber auch sein Verständnis der Strömungen, die er betrachtet, provoziert einige Bemerkungen. So findet er die Gestaltspsychologie sympathisch, weil sie von der Phänomenologie beeinflußt worden ist, doch bekanntlich ist dieser Einfluß sehr allgemein geblieben: er bezieht sich nur auf die allgemeine These einer Interaktion zwischen Subjekt und Objekt. Im einzelnen fragt sich Mueller, ob Köhlers berühmte Experimente mit Schimpansen nicht durch den Einfluß der Nachahmung verfälscht worden sind; das zeugt von einer schätzenswerten Sorge um die Isolierung der experimentellen Faktoren, gleichzeitig aber auch davon, wie wenig er Köhler gelesen hat, denn dieser hat Vorsorge getroffen und unter anderem in kontrollierten Versuchen gezeigt, daß – im Gegensatz zur landläufigen Meinung – der Affe nicht »nachäfft«, sondern nur das imitiert, was er versteht. Mueller hat weder Köhlers Intention noch die Bedeutung der Köhlerschen Theorie der »physikalischen Formen« (Seifenblasen, Oberfläche des Wassers usw.) verstanden. Köhlers Intention war es, die »guten« perzeptiven Formen wie auch die anderen vermittels Gesetzen des Feldgleichgewichts zu erklären; nach seiner Hypothese sind die »Formen« des Bewußtseins und die Organisation der elektrischen Felder des Nervensystems isomorph. Köhler, der zunächst Physiker war, ehe er Psychologe wurde (wie Wallach zunächst Chemiker war), sucht dann zu zeigen, daß die durch ihren nicht additiven Aufbau definierte Struktur der Gestalt (Einwirkung des Ganzen auf die Teile, ohne daß das Ganze der Summe seiner Teile entspräche) sich in der physikalischen Welt – neben additiv aufgebauten Strukturen – wiederfindet. Ein mechanischer Aufbau wie das Parallelogramm der Kräfte ist danach keine Gestalt, während man in den Gesetzen des Feldgleichgewichts Gestalten wiederfindet (denn dort ist der Aufbau irreversibel, weil er teilweise aleatorischer Natur ist). Nun, ohne diese – verwegenen aber plausiblen – Hypothesen zu verstehen, erkennt Mueller in ihnen Metaphysik (was Gegner der Gestalttheorie wie die Positivisten sagen könnten) und eine »philosophische Problematik« (II, S. 93). Es gibt natürlich überall philosophische Probleme, aber man möchte gern wissen, was die Ideen des Philosophen Mueller denjenigen des Physikers und Psychologen Köhler hinzufügen. Ich sage das nicht, um die Gestalttheorie zu verteidigen, wenn ich auch mit den Analysen Köhlers darin überein stimme, daß ebenso wie das physikalische Universum reversible Phänomene (mechanische) und irreversible Phänomene (thermodynamische usw.)

aufweist, auch das geistige Leben von der Existenz irreversibler Strukturen (Gestalten) und reversibler Strukturen (operative Intelligenz) zeugt; die letzteren lassen sich nicht auf die erstern reduzieren. Aber ich vermag nicht zu sehen, im Namen welchen Kriteriums ein Autor, der die wichtigsten Hypothesen Köhlers so schnell begriffen hat, dazu kommt, ihm zu sagen: Achtung, du treibst Philosophie!

Mueller widmet auch mir einige sehr freundliche und interessierte Seiten. Ich gebe ihm gerne zu, daß meine Forschungen eine philosophische Problematik enthalten; schließlich verfolgen sie das Ziel, eine Anzahl von Hypothesen über die Entwicklung der Erkenntnisse durch psychogenetische Untersuchungen zu überprüfen, von Hypothesen, die generalisierbar sind, und sich auf der Ebene der Epistemologie diskutieren lassen. Aber in zwei oder drei Punkten kann ich dem Autor nur schwerlich folgen.

Der erste Punkt ist die Behauptung, die fortschreitende Äquilibration der kognitiven Mechanismen von der Kindheit bis zum Erwachsenenalter sei nur eine Beschreibung des verfolgten »Ziels«, aber keine Erklärung (S. 423 f.). Zunächst erlaubt der Begriff der Äquilibration gerade, den der Finalität zu vermeiden. Ferner habe ich zu zeigen versucht (*Logique et équilibre*, 1956), daß der Prozeß der Äquilibration auf einer Folge zunehmender, aber sequentieller, Wahrscheinlichkeiten beruht, so daß jedes Stadium in bezug auf das vorhergehende zum wahrscheinlichsten *wird,* ohne das von Anfang zu sein; dies ist eine probabilistische Erklärung – richtig oder falsch, aber plausibel. Schließlich und vor allem führt die Äquilibration zur operativen Reversibilität und bringt immer komplexere Autoregulationssysteme hervor, deren Wurzeln in den fundamentalsten organischen Prozessen zu suchen sind, und dies ist zumindest eine recht weite Perspektive für Erklärungen.

Außerdem sagt Mueller, ich behauptete »das Feld der Erfahrung nicht zu verlassen«, aber, fügt er hinzu, »es ist die Frage, ob ihm das wirklich gelingt und zu welchem Preis« (S. 424). Stellen wir zunächst fest, daß ich Mueller zufolge nur zu

»einer leeren, rein wissenschaftlichen Allgemeinheit« (S. 426) komme, weil ich den Preis zahle, das Feld der Erfahrung nicht zu verlassen. Wenn ich diese Logik, die nicht »leer« und daher nicht »wissenschaftlich« ist, richtig verstehe, bezahle ich, wenn es mir nicht gelingt, denselben Preis, als wenn es mir gelänge.

Antworten wir nun auf die erste Frage, die mangels einer Definition der Erfahrung übrigens mehrdeutig ist. Ist die empiristische gemeint, bin ich, da ich Anti-Empirist bin, zweifellos nicht betroffen. Ist die wissenschaftliche Erfahrung gemeint, so umfaßt sie immer eine Frage, und eine durch die Tatsachen und eine Interpretation gegebene Antwort auf diese Frage. Die Frage ist frei, vorausgesetzt nur, sie läßt sich in einer Weise stellen, auf welche die Tatsachen antworten. Was die Interpretation angeht, so besteht sie in erklärenden Hypothesen, die zu neuen Fragen führen, welche ihrer direkten oder indirekten Überprüfung dienen – je nach den Deduktionen, welche diese Hypothesen zur Folge haben; diese neuen Fragen verlangen neue Tatsachenantworten und neue Interpretationen usw. Die so begriffene Erfahrung läßt sich also nicht von den Deduktionen trennen, denen dann Geltung zuerkannt wird, wenn sie formalisiert sind oder logischen oder mathematischen Modellen intuitiv entsprechen. Zu sagen oder zu unterstellen, wie Mueller es tut, ich ginge über das Feld bloßer Erfahrung hinaus, kann also zwei Bedeutungen haben: daß ich Probleme stelle, auf welche die Tatsachen nicht antworten können (oder nicht antworten), oder daß ich die Antworten der Tatsachen in nicht überprüfbaren Begriffen interpretiere (sei es, daß die erklärenden Hypothesen sich nicht mehr durch andere Tatsachen verifizieren lassen, sei es, daß sie logisch inkohärent sind). All dies ist durchaus möglich, und ich bin gespannt, wie Mueller seine Kritik präzisiert. Will er jedoch nichts anderes sagen – und aufgrund seiner Bemerkungen über Köhler darf man diesen Verdacht hegen – als daß ich mir zwar einbilde, mich an die Erfahrung zu halten, in

Wirklichkeit aber Philosophie treibe, so antworte ich: nach der oben gegebenen Definition der Erfahrung, die mir die übliche zu sein scheint, würde philosophieren bedeuten, nicht verifizierbare oder nicht logische Sätze aufzustellen – eine wunderliche Auffassung. Ich frage, im Namen welcher Kriterien und im Namen welcher Rechte der Philosoph sich in die Arbeit des experimentell arbeitenden Forschers einmischt, um ihm zu sagen, ob er über die Erfahrung hinausgeht oder nicht (und ob der Philosoph sich dieses Recht nur in bezug auf den Psychologen oder auch in bezug auf den Biologen oder Physiker nimmt).

Muellers Intention wird aus dem Zusammenhang der Seiten 424 und 425 deutlich: er möchte, daß ich meine Psychologie als mit der marxistischen Dialektik übereinstimmend ansehe, so wie Wallon es – zu Recht oder zu Unrecht – tut. Außerdem meint er, im Namen dieser Dialektik solle ich genauer zwischen Psychologie und genetischer Epistemologie unterscheiden, wie es mir – einem von Mueller zitierten, ein wenig subjektiven oder tendenziösen Bericht von R. Zazzo zufolge* –

* Zazzos Bericht gibt zunächst den Beginn der Diskussion nur unvollständig wieder. Ich selbst habe im *American Psychologist* eine Zusammenfassung dieser Diskussion veröffentlicht, nachdem ich, um Interpretationsfehler zu vermeiden, meinen Text von einem der wichtigsten sowjetischen Psychologen hatte durchsehen lassen. Nicht ich, sondern der Philosoph Kedrov eröffnete die Diskussion über das Problem des Idealismus. Er fragte mich: »Glauben Sie, daß ein Gegenstand existiert, bevor er erkannt wird?« Ich antwortete: »Als Psychologe weiß ich davon nichts, denn ich erkenne einen Gegenstand nur in dem Maße, in dem ich auf ihn einwirke; vor einer solchen Tätigkeit kann ich nichts über ihn aussagen.« Daraufhin schlug Rubinstein eine Kompromißformel vor: »Für uns ist ein Gegenstand ein Bestandteil der Welt. Glauben Sie, daß die Welt existiert, bevor sie erkannt wird?« An dieser Stelle (und nicht in bezug auf den Gegenstand) sagte ich: »Dies ist eine andere Frage. Um auf einen Gegenstand einwirken zu können, bin ich auf einen Organismus angewiesen, und dieser Organismus ist auch ein Teil der Welt. Ich glaube also, daß die Welt vor der Erkenntnis existiert, aber einzelne Gegenstände entstehen für uns erst durch unsere Aktionen und die Interaktionen zwischen Organismus und Umwelt.« Hier wurde die Diskussion durch eine in russisch geführte Debatte unterbrochen, nach deren Ende ich scherzend sagte: »Ich habe nicht alles verstanden, aber doch zwei Worte:

der Philosoph Kedrov in einer Diskussion in der Akademie der Wissenschaften in Moskau vorgeschlagen habe. Nun, die Konvergenzen zwischen meinen Interpretationen und der Dialektik sind klar – sie sind unter anderem von L. Goldmann, M. Rubel und C. Nowinski aufgezeigt worden –, doch es ist sehr wichtig zu sehen, daß es sich um Konvergenzen handelt und nicht um Einflüsse (auch nicht um solche zweiter Hand, wie M. Rubel bedauert), was für beide Teile besser ist: wie wir im Kapitel III gesehen haben (unter F), ist die Dialektik entweder eine Metaphysik wie irgendeine andere, die den Wissenschaften Vorschriften machen zu dürfen glaubt – was ihr selbst nicht minder abträglich ist als den Wissenschaften –, oder sie verdankt ihre Überzeugungskraft der Tatsache, daß sie mit wissenschaftlichen Strömungen konvergiert.

Zum letzten Punkt: der Preis für meine »von Logik und Epistemologie durchtränkte« Position (S. 421) ist also, daß ich bei einer »rein wissenschaftlichen, leeren Allgemeinheit« lande (S. 426) und nicht in der Lage bin, eine »philosophische Anthropologie« zu entwerfen. Dieses kleine Buch ist meine Antwort auf Äußerungen dieser Art, die ich so oft gehört habe. Umgekehrt sind derartige Äußerungen die beste Rechtfertigung für die Notwendigkeit eines solchen Werks: Alles, was ein Philosoph des 20. Jahrhunderts, der Sartre und Merleau-Ponty gelesen, aber trotzdem eine »Geschichte der Psychologie« geschrieben hat – allerdings ohne jemals selbst Psychologie getrieben zu haben –, über das wissenschaftliche Ideal zu sagen weiß, ist: es besteht in einer »leeren Allgemeinheit«. Weil die lebendige Philosophie, die eines Plato, Aristoteles, Descartes,

›Piaget‹ und ›Idealismus‹. Zu welcher Ansicht darüber sind Sie gekommen?« In diesem Zusammenhang (und nicht, wie Zazzo die Diskussion verzerrend sagt, nach den Überlegungen über Psychologie und Epistemologie) erklärte Rubinstein im Kern: »Wir sind zu dem Schluß gekommen, daß Piaget kein Idealist ist.« Die weitere Diskussion bezog sich dann auf die Beziehungen zwischen Psychologie und Epistemologie, und Kedrov formulierte tiefgründig: »Sie haben die Tendenz, die Epistemologie zu psychologisieren, während wir die Tendenz haben, die Psychologie zu epistemologisieren.«

Leibniz oder Kant, eine Reihe autonom gewordener Disziplinen erzeugt hat, findet ein Philosoph des 20. Jahrhunderts, wenn er weder Logiker noch Epistemologe noch Psychologe ist, keinen anderen Existenzgrund mehr, als einer für ihn leer gewordenen Allgemeinheit eine »philosophische Anthropologie« gegenüberzustellen – wovon mag sie voll sein?* Von Bergsonismus? Mueller hat die Unzulänglichkeit des von jeder Aktion abgewandten »Tiefen-Ichs« deutlich hervorgehoben. Von Phänomenologie? Mueller hat ihre grundlegende Schwierigkeit, die in der Annahme eines von der Geschichte unabhängigen absoluten Anfangs begründet ist, deutlich gesehen. Von Dialektik? Die marxistische Dialektik schätzt die Entwicklung der Wissenschaften keineswegs gering und hat niemals die Idee gehabt, neben der wissenschaftlichen eine philosophische Psychologie zu konstruieren. Wovon also voll?

Die Antwort scheint in der Schlußfolgerung der *Histoire* enthalten zu sein, aber diese Schlußfolgerung beruht auf zwei Äquivokationen. Die erste: Mueller kommt zu dem Schluß, daß es zwischen der »alten« und der »neuen« Psychologie keinen Bruch geben könne. Dies sind Ausdrücke, die von vielen Autoren in den unterschiedlichsten Absichten gebraucht worden sind. Allein, in der Perspektive der Geschichte, die diejenige des Autors ist, muß man nicht nur zwei, sondern drei Bewegungen unterscheiden, nämlich eine ursprüngliche und die beiden zeitgenössischen, die aus jener hervorgegangen sind.

Die ursprüngliche Bewegung ist diejenige vor der Autonomie

* Mueller sieht in meinen Arbeiten also keinen Nutzen für eine »philosophische Anthropologie«, eine Ansicht, die nicht von allen Philosophen geteilt wird. So kommt z. B. M. de Mey zu dem Schluß, daß meine Psychologie »einen wirklichen Beitrag zur philosophischen Anthropologie leistet« (S. 67) (Anthropologie philosophique et psychologie génétique, *Studia philosophica Gandensia,* 1964, S. 41-67). G.-G. Granger (Jean Piaget et la psychologie génétique, *Critique,* 1965, S. 249-261) bezeichnet mich als »humanistischen Psychologen« und glaubt Beziehungen zwischen der Phänomenologie und meinen Forschungen zu sehen.

der wissenschaftlichen Psychologie wie auch, und das ist interessant, vor den im 19. Jahrhundert entstandenen parawissenschaftlichen philosophischen Strömungen. Es handelt sich bei ihr, anders gesagt, um die in den Epochen, in denen die Philosophien gleichzeitig Reflexion über die Wissenschaften und Matrix der entstehenden Wissenschaften waren, von den Philosophen selbst mehr oder weniger zufällig oder systematisch entwickelte Psychologie. Muellers Analysen dieser von den Griechen bis ins 18. Jahrhundert reichenden Bewegung sind ausgezeichnet: da er den Wert der Forschungen der Philosophen so hochschätzt wie er den der wissenschaftlichen Psychologie geringschätzt, gibt er eine sehr ausführliche Übersicht über das, was eine große Anzahl von Autoren getan hat und vor allem darüber, was diese Autoren an späteren Entwicklungen vorweggenommen haben. Aber ist dies dasselbe wie die »philosophische Psychologie« im Sinne des 20. Jahrhunderts, und was hätten Aristoteles, Descartes oder Kant gesagt, wenn sie in einer Diskussion wie der heute geführten hätten Partei ergreifen sollen? Es ist evident, daß diese der gegenwärtigen Spaltung vorausgehende Psychologie gleichzeitig wissenschaftlich und philosophisch war: daß sie Tatsachen zu erfassen versuchte, die sie in unterschiedlichem Maße mit Überlegungen auf der Ebene des Systems verband. Der Terminus »alte« Psychologie ist daher äquivok.

Muß man hinsichtlich der beiden gegenwärtigen Psychologien, der wissenschaftlichen und der philosophischen, noch einmal daran erinnern, daß der »Bruch« nur in den Methoden begründet ist, also in der Abgrenzung der Probleme und dem Modus der Verifizierung der Lösungen, aber keineswegs in den Problemen selbst? Wenn die »Internationale Vereinigung für wissenschaftliche Psychologie«, die trotz allem eine allgemeine Meinung repräsentiert, es immer abgelehnt hat, sich am »Internationalen Rat für Philosophie und Humanwissenschaften« zu beteiligen, so gewiß nicht deshalb, weil seine Mitglieder nicht am Menschen unter allen seinen Aspekten interessiert wären, sondern einzig und allein aufgrund der notwendigen Unterscheidung zwischen den Methoden. Und wenn wir dies noch einmal wiederholen, dann deshalb, weil die Werke Muellers ein weiteres Beispiel für den Pseudodialog zwischen zwei Gruppen von Autoren sind, deren Positionen sich wie folgt charakterisieren ließen: »Sie wollen objektiv sein, daher vernachlässigen Sie das Objekt« und: »Sie erkennen das allgemeine Subjekt nicht anders als durch Ihr Ich hindurch«.

Und darin liegt die zweite Äquivokation in den Schlußfolgerungen Muellers. Es lohnt sich, die zentrale Stelle zu zitieren. »Heute wie gestern lautet die Grundfrage: Was ist der Mensch? Und sie schließt prinzipiell jede Antwort aus, die allein auf den Boden der biologischen und psychologischen Wissenschaften steht. Denn es handelt sich nicht um den Menschen als Produkt der Natur, als ein Objekt neben all den anderen Objekten im Universum, sondern um den Menschen als Subjekt« (S. 428). In anderen Worten sind die beiden Schlußfolgerungen einer *Histoire de la psychologie*: die wissenschaftliche Psychologie untersucht nicht das Subjekt, und das Subjekt ist kein Teil der Natur. Wenn es sich um den Glauben an transzendente Realitäten und die Position des Menschen im Verhältnis zu diesem Absoluten handelt, kann man solche Ansichten nur respektieren; es handelt sich dann um ein Problem der Koordinierung von Werten und nicht um eines reiner Erkenntnis. Handelt es sich hingegen um die Frage nach dem Verhältnis des Subjekts zur Natur, und davon scheint Mueller zu sprechen, müssen wir Unterscheidungen treffen. Sagte man: die Biologie hat die Natur des Lebens noch längst nicht verstanden, hier ist die lange Liste der noch zu lösenden Fragen – Fragen solcher Art, daß im Maße ihrer Lösung, die vielleicht niemals vollständig gelingen wird, sich die Bedeutung des Begriffs »Natur« ohne Zweifel tiefgreifend verändern wird; oder: die wissenschaftliche Psychologie hat die Möglichkeiten der Analyse des Subjekts noch nicht erschöpft, hier die vielen Punkte, über die man sich noch kein Urteil bilden kann usw. – derartige Argumente wären nützliche und konstruktive Kritik, und man hieße den die Probleme erhellenden Philosophen dankbar willkommen. Aber hochmütig zu behaupten, daß die Frage des menschlichen »Subjekts« »prinzipiell jede wissenschaftliche Antwort ausschließt«, heißt nichts anderes, als sich in das Gefolge der Propheten einzuordnen, die zu allen Zeiten und in allen Bereichen Grenzen festgesetzt oder ein Scheitern vorhergesagt haben – zum größten Ruhme derjenigen, die solche Vorhersagen widerlegt haben. Das hätte keinerlei Bedeutung, wenn diese Weissagungen nur negativ wären. Im allgemeinen bieten sie jedoch gleichzeitig eine Lösung an. »Der Mensch kann nur auf Kredit leben«, wie der von F.-L. Mueller zitierte Ortega y Gasset gesagt hat: das hat zur Folge, daß man sich in bezug auf nicht gelöste Fragen nicht mit einer Position der »Einsicht«, einer »provisorischen Moral«, einer »Wette« oder Postulaten der praktischen Vernunft begnügt, sondern suprawissenschaftliche Erkenntnismodi ins Spiel bringt, deren Mannigfaltigkeit sicherlich von Reichtum zeugt – wenn die Wünsche eines jeden durch seine eigene Position befriedigt werden –, doch sieht man nicht einmal Objektivität, sondern nur Kohärenz und Widerspruchsfreiheit als Merkmale der Erkenntnis an, erscheint dieser Reichtum als Ausdruck von Armut. Im Hinblick auf die verschiedenen Tendenzen der wissenschaftlichen Psychologie hat F.-L. Mueller keine »gemeinsamen Nenner« festgestellt; vielleicht hat er nicht lange genug danach gesucht. Ich wäre gespannt zu erfahren, welche Übereinstimmungen er im Hinblick auf die verschiedenen philosophischen Auffassungen des menschlichen Subjekts erkennt . . .

Schluß

Jaspers sagt: »Da die Philosophie für den Menschen unumgänglich ist, ist sie jederzeit da . . . Es fragt sich nur, ob sie bewußt wird oder nicht, ob sie gut oder schlecht, verworren oder klar wird.«* Damit hat er Recht, denn die wissenschaftliche Wahrheit, an der ohnehin nur eine Minderheit interessiert ist, erfaßt die Natur des Menschen keineswegs erschöpfend, auch nicht die dieser Minderheit. Der Mensch lebt, ergreift Partei, glaubt an eine Vielzahl von Werten, bringt sie in eine hierarchische Ordnung und gibt seiner Existenz einen Sinn, indem er ständig Entscheidungen trifft, welche die Grenzen seiner tatsächlichen Erkenntnis überschreiten. Beim Menschen, der zu denken vermag, kann diese Koordinierung der Werte nur vernünftig sein, das heißt, um zwischen dem, was er glaubt, und zwischen dem, was er weiß, eine Synthese herzustellen, kann er sich nur der Reflexion bedienen: entweder sein Wissen verlängern oder dem Wissen gegenüber eine kritische Haltung einnehmen, seine – vom jeweiligen Stand der Erkenntnis abhängenden – Grenzen festlegen und jenseits des Wissens angesiedelte Werte legitimieren. Diese vernünftige Synthese zwischen Überzeugungen, welcher Art diese auch sein mögen, und den Bedingungen des Wissens oder der Erkenntnis im strengen Sinn ist das, was wir als »Einsicht« bezeichnet haben, und das, worin wir das Objekt der Philosophie sehen.

Der Begriff der Einsicht ist kein intellektualistischer Begriff, denn er impliziert eine lebensnotwendige Einstellung. Unter dem Gesichtspunkt des Denkens hat dieser Begriff auch kei-

* K. Jaspers, *Einführung in die Philosophie*, München 1953, S. 13.

nen einschränkenden Charakter, denn er impliziert, daß diese Einstellung vernünftig und keine willkürliche Entscheidung ist. Aber wenn eine Einsicht die Suche nach einer Wahrheit einschließt, muß sie, wenn sie weise ist, zwischen persönlichen Einstellungen oder Einstellungen von Gruppen, die von Überzeugungen abhängen, die für manche evident sind, von anderen aber nicht geteilt werden, und beweisbaren Wahrheiten, die jedermann zugänglich sind, unterscheiden. Anders gesagt, es kann mehrere Einsichten geben, aber nur eine Wahrheit.

Diese Unterscheidung klarzumachen, ist das Hauptziel dieses Buches. Und wenn ein so berühmter Autor wie Jaspers diese Unterscheidung explizit trifft, so dürfen wir das als Beweis dafür ansehen, daß sie in der Perspektive der zeitgenössischen Philosophie nichts Anstößiges an sich hat. Bei Jaspers heißt es: »Das Suchen der Wahrheit, *nicht der Besitz der Wahrheit* (Hervorhebung durch uns) ist das Wesen der Philosophie, mag sie es noch so oft verraten im Dogmatismus, das heißt in einem in Sätzen ausgesprochenen, endgültigen, vollständigen und lehrhaften Wissen. Philosophie heißt: auf dem Wege sein« (S. 14). Gegen diesen Verrat der Philosophie durch sich selbst haben wir uns gewandt, nicht gegen die Philosophie als solche.

Aus diesen Prämissen zieht Jaspers dieselben Schlüsse wie wir: »In der Philosophie gibt es keine Einmütigkeit des endgültig Erkannten ... (S. 9). Daß jede Gestalt der Philosophie, unterschieden von den Wissenschaften, der einmütigen Anerkennung aller entbehrt, das muß in der Natur ihrer Sache liegen« (S. 10). Diese »Philosophie ohne Wissenschaft« bezeichnen wir als »Einsicht«, und Jaspers selbst formuliert auch die entscheidende Konsequenz, die Gegenstand unserer Kapitel II bis IV war: *»Was aus zwingenden Gründen von jedermann anerkannt wird, das ist damit eine wissenschaftliche Erkenntnis geworden, ist nicht mehr Philosophie, sondern bezieht sich auf ein besonderes Gebiet des Erkennbaren«, (S.* 9, Hervorhebung durch uns). Dies ist, ohne ein einziges Wort daran zu ändern, genau das, was wir unter dem Gesichtspunkt der fortschreitenden Differenzierung der historischen Philosophien in besondere Einzelwissenschaften zu zeigen versucht haben. Daß die Philosophen aus mannigfachen Gründen, die wir zu analysieren versucht haben und die in erster Linie in den spezifischen psychosozialen Bedingungen der sozialen oder professionellen Schicht, die sie mit bewundernswertem Geschick entwickelt haben, begründet sind, immer wieder die Prinzipien der »Einsicht« außer acht lassen und glauben, sie könnten ohne weiteres »besondere« Wahrheiten (im Sinne des letzten Zitats von Jaspers) erkennen, ist ein ganz natürliches Phänomen, das als solches harmlos ist, da das Vergessen jeder neuen Generation diese nie fertig werdende Arbeit der früheren Generationen unschädlich macht. Gegen solche Tendenzen brauchte sich kein Psychologe zur Wehr zu setzen, das wäre nicht viel mehr als Befriedigung seines Dünkels.

Was indes zu einer prinzipiellen und nachdrücklichen Reaktion nötigt, ist die schwerwiegende Tatsache, daß diese Tendenz, philosophische »Wahrheiten« einzuführen, diese, wie Jaspers sagt, »sich gegenseitig ausschließenden Wahrheitsansprüche« (S. 17), heute in mehreren westlichen philosophischen Schulen mit einem systematisch reaktionären und den jungen, sich auf ihre Arbeit beschränkenden Wissenschaften gegenüber oft aggressiven Geist verbunden sind. Die Intention, die Lükken der Wissenschaft durch die Metaphysik auszufüllen, zunächst nur eine Illusion, ist in manchen Fällen sogar zum Betrug geworden. Doch hier, wo letztlich die intellektuelle Redlichkeit auf dem Spiel steht, muß man in bestimmten Fällen die Philosophie daran erinnern, daß sie, gerade wenn sie sich um eine allgemeine Koordinierung der Werte bemüht, die Werte der Objektivität und der geduldigen und mühsamen Verifizierung zu beachten hat, und auch die Philosophen, denen ihre Tätigkeit noch keine Gelegenheit gegeben hat, diese Werte näher kennenzulernen, dürfen sie nicht außer acht lassen.

Daß der Philosoph sich Gedanken über die Grenzen der Wissenschaft macht, ist völlig legitim, allerdings nur unter zwei Voraussetzungen: nicht die Grenzen der Philosophie zu vergessen und nicht zu vergessen, daß die erkennbaren Grenzen der Wissenschaft, die ihrem Wesen nach »offen« ist, immer vom jeweiligen Stand der Erkenntnis abhängen.

Karl Jaspers, der uns hier als Beispiel dient, hält nicht viel von der wissenschaftlichen Psychologie, denn als ehemaliger Psychiater hat er sich an der Formulierung der Unterscheidung zwischen »erklären« und »verstehen« beteiligt und in der Folge nicht gesehen, nicht einmal in der Psychologie, wie diese beiden Begriffe in immer engere Abhängigkeit voneinander geraten sind, anstatt sich, wie einst, auszuschließen. Wenn er nicht glaubt, daß die Psychologie die Natur des Menschen voll erkenne, so aus zwei Gründen, vor denen man nur Achtung haben kann: die Wissenschaft weiß nicht um die Freiheit* und stellt keine Beziehung zu Gott her. Wenn er andererseits an eine *philosophia perennis* glaubt, die »uns ... für die Weite des Umgreifenden [aufschließt]« (S. 15) und ferner weder die in der Perspektive der beiden gerade erwähnten Überzeugungen betrachtete Natur des Menschen noch »das allgemeine Sein in seiner Totalität« als »Objekt der Erkenntnis« ansieht, so sind die Grenzen, die er damit der Wissenschaft setzt, für ihn in Wirklichkeit die Grenzen jeglicher Erkenntnis: häufig, sagt er, hätten die großen Metaphysiker ihre Lehren als ein »gegenständliches Wissen« und damit »durchweg falsch ... verstanden« (S. 34).

Wir beziehen uns auf diesen Philosophen nicht, um unsere Zustimmung zu seiner Metaphysik auszudrücken, sondern um ein Beispiel einer leider nur wenig verbreiteten »Einsicht« zu geben, die um so bemerkenswerter ist, als Jaspers (der seit 1921 Professor für Philosophie war, zunächst in Heidelberg, später in Basel) lehrt, im Gegensatz zu den Wissenschaften gebe

* In Kapitel II, A haben wir gesehen, daß diese Behauptung heute vielleicht schon nicht mehr wahr ist.

es in der Philosophie keinen Fortschritt. Zwischen einem Existentialismus, der sich seiner inneren Logik gemäß in einer vernünftigen *Praxis* entfaltet, und der wissenschaftlichen Forschung brauchte es also keine prinzipiellen Konflikte zu geben; auf der Ebene der Praxis selbst bleiben die Konflikte hingegen bestehen: zwischen Anhängern einer Richtung wie der Jasperschen und Anhängern von Richtungen, die ein wenig mehr Fortschritt für möglich halten.

Schließlich kann man fragen, ob der Gegensatz zwischen Wissenschaftlern und Philosophen seinen Grund nicht häufig in eben dieser Tatsache hat, daß die Wissenschaft trotz aller Krisen und Sackgassen, in die sie auf ihrem Wege gerät, in ständigem Fortschritt begriffen ist, während die Arbeit der Philosophie darin besteht, eine bestimmte Anzahl grundlegender, fast schon »ewiger« Positionen immer wieder neu, allerdings erst nach genügender Abklärung und Reife, auf den aktuellen Stand der Erkenntnis abzustimmen. Das würde einerseits erklären, daß es im Vergleich zur Zahl der großen Wissenschaftler in all den besonderen Disziplinen der Wissenschaft so wenige große Philosophen gibt. Vor allem aber würde es das Unverständnis erklären, das mittelmäßige Philosophen den sich ständig weiterentwickelnden Einzelwissenschaften gegenüber, die sich durch bloßes Textstudium nicht adäquat verstehen lassen, an den Tag legen.* Ohne eine tiefgreifende Reform der philosophischen Lehre, die dafür sorgt, daß die Studenten in die Praxis der Forschung selbst eingeführt werden, könnte der Konflikt noch lange andauern. Vielleicht kann er durch die zukunftsweisende Lösung aufgehoben werden, die seit einiger Zeit in den Niederlanden praktiziert wird: philosophische Ausbildung in von mehreren Fakultäten getragenen Instituten, in denen der tatsächliche Kontakt, anders als die bloße Konfrontation mit Texten und Konzepten, zur Zusammenarbeit nötigt.

* Ein schlagendes Beispiel für das Unverständnis wissenschaftlichen Fortschritts ist Muellers *Histoire de la psychologie.*

Über die Zukunft der wissenschaftlichen Psychologie und der anderen Wissenschaften, die sich in stärkerem oder geringerem Maße auf Probleme des Geistes beziehen, braucht man sich keine Sorgen zu machen, denn ihre Entwicklung ist nicht nur irreversibel, sondern darüber hinaus, wie die aller Wissenschaften, von einer Irreversibilität eines bestimmten Typus: wie R. Oppenheimer gerne sagt, beruht sie darauf, daß einmal begangene Fehler nicht wiederholt werden, denn in der Wissenschaft kann man sich nicht zweimal in derselben Weise irren. Diese Fähigkeit zu irreversibler Selbstkorrektur sowie die unbegrenzte Offenheit dieser jungen Wissenschaften für neue Probleme sind sichere Bürgschaften für ihre Lebenskraft.

Nachwort zur zweiten Auflage

Dieses kleine Buch ist aus der unabweisbaren Notwendigkeit entstanden, die Mauer des Schweigens, die sich aus mannigfachen – psychologisch erklärbaren, aber moralisch wenig triftigen – Gründen um das wachsende Elend der Philosophie unserer Tage gebildet hat, zu durchbrechen. Daß so viele Philosophen sich das Recht nehmen, über alles Mögliche zu sprechen, ohne das, was sie sagen, verifizieren zu können, ist keine neue Erscheinung* und allein ihre Sache. Sehr viel ernster ist, daß sie das Ergebnis ihrer Reflexion als eine Erkenntnis ausgeben, und zwar als eine Form höherer Erkenntnis, und es ist erstaunlich, daß die Experten der sich ständig weiterentwickelnden Einzelwissenschaften sich nicht heftiger gegen ein Programm wenden, bei dessen Verwirklichung es niemals einen echten Fortschritt gegeben hat. Doch wenn die Philosophen immer mehr dazu übergehen, mit einer dem Quadrat der Entfernung zu ihr direkt (nicht umgekehrt) proportionalen Schärfe die Wissenschaft selbst anzugreifen, entsteht für jeden eine Verpflichtung, zu reagieren. Deshalb habe ich geglaubt, dieses Buch schreiben zu müssen, zumal die Psychologen in besonderem Maße von den Einmischungen der Philosophen betroffen sind: ihre Forschungsarbeit soll durch eine sogenannte »philosophische Psychologie« ergänzt oder gar ersetzt werden, durch eine Art von Psychologie, deren systematische Untersuchung sehr schnell zeigt, daß sie bisher keinerlei Ergebnisse gebracht hat.

* In bezug auf die Beziehungen zwischen Denken und Gehirn sagte Galenus bereits vor mehr als zwanzig Jahrhunderten: »Man wird es den in ihre Winkel zurückgezogenen Philosophen nachsehen, wenn sie sich in dieser Frage irren, aber . . .« Zitiert bei Y. Galifret, *Raison présente*, 1, S. 76.

Da ich aber praktisch allein in den Krieg gezogen bin und nicht einmal die Unterstützung eines Sancho Pansa mit seinem Sinn für das Reale hatte, habe ich es für klug gehalten, meinem kleinen Werk die Form eines persönlichen Zeugnisses, das in erster Linie persönliche Erfahrung ausdrückt, zu geben. Allein, das Schreiben dieser Seiten hat mir so großes Vergnügen bereitet, daß ich mich, statt distanzierte und irenische Heiterkeit zu bewahren, zu sprachlichen Exzessen habe hinreißen lassen – wobei mir schon klar war, daß ich zum Gegenstand erbarmungsloser Angriffe werden würde. Nachdem das Buch dann erschienen war, empfand ich die Unruhe desjenigen, der sich unvorsichtig in Gefahr begibt und den Preis für seine Verwegenheit – wenn nicht für seine Offenheit – zu zahlen hat.

Um es in einem Wort zu sagen: die im allgemeinen sehr freundliche Aufnahme dieses Buches hat mich außerordentlich überrascht. Zunächst ist es gelesen worden, was sich nicht ohne weiteres von selbst versteht: ich schreibe dieses Nachwort zwanzig Monate nach Erscheinen der ersten Auflage, die mir seinerzeit ungewöhnlich hoch erschien (inzwischen ist es ins Englische, Italienische, Portugiesische, Polnische und Japanise übersetzt worden). Außerdem hat es mir zahllose Zuschriften von Nicht-Philosophen, insbesondere von Vertretern der biologischen und Humanwissenschaften, eingebracht, die meine Zweifel an der Authentizität der philosophischen Erkenntnis teilen. Vor allem aber, und das ist das Entscheidende, haben Philosophen, darunter von mir hoch geschätzte, meine These zum Gegenstand objektiver und konstruktiver Diskussionen gemacht und mich in vielen Fällen wirklich ermutigt*, da sie damit zeigen, daß sich das von mir bezeichnete Problem heute in der Tat stellt und daß die Epistemologie

* Im *Bulletin de 'l'Université de Toulouse* (1966, S. 401), schließt R. Blanché seine Bemerkungen zu meinem Kapitel I mit der scharfen psychologischen Beobachtung: »Eine Dekonversion, die Piaget keineswegs hindert, sich eine gewisse Liebe zur Philosophie zu bewahren; was er nur schwer ertragen kann, ist der staatlich geprüfte Philosoph.«

der philosophischen Erkenntnis eine neue Kritik verlangt. Daher möchte ich hier einige ergänzende Bemerkungen machen, die vielleicht bestimmte Mehrdeutigkeiten auflösen können.

1. Die zentrale These dieses Buches lautet: weil die Philosophie über keinerlei Instrumente zur Verifizierung (deren Entdeckung und Anwendung jedem kognitiven Fortschritt *ipso facto* den Charakter einer wissenschaftlichen Spezialisierung verleiht) verfügt, führt sie nicht zu Erkenntnissen, sondern vielmehr, durch Koordinierung der Werte der Erkenntnis mit den anderen menschlichen Werten, zu »Einsicht«; da eine Einsicht ein Engagement voraussetzt, können mehrere nicht aufeinander reduzierbare Einsichten nebeneinander bestehen, während man auf der Ebene eines Problems der Erkenntnis im strengen Sinne nur eine einzige Wahrheit anerkennen kann.

Gegen diese radikale Position sind zwei Haupteinwände erhoben worden: der eine will mir letztlich jede Extrapolierung in die Zukunft untersagen, der zweite hebt den rationalen Charakter der Koordinierung der Werte hervor (der Gebrauch der Vernunft impliziert einen Teil der Wahrheit oder Erkenntnis), befürchtet jedoch, eine Einsicht ohne Wahrheit führe zu einer Vielzahl von Subjektivismen.

Der erste dieser Einwände ist vom besten der gegenwärtig in der französischen Schweiz lehrenden Philosophen vorgebracht worden, nämlich von Jean-Claude Piguet, einem entschlossen metaphysischen Geist, von dem ich eine schärfere Reaktion erwartet hätte*: »Ich glaube, was die Tatsachenfrage angeht, muß man Piaget recht geben. Denn die Philosophie hat in ihrer Geschichte in der Tat niemals eine *Erkenntnis* im eigentlichen Sinne dieses Begriffs hervorgebracht. Sie hat den Anspruch erhoben, Erkenntnis zu sein, aber keine Erkenntnisse geliefert ... Aber daraus folgt nicht (und das ist die *Rechtsfrage*), daß die Philosophie das Streben nach Erkenntnis aufgeben müßte. ... Methodologisch läßt sich aus

* *Cahiers protestants*, 1966, 2, S. 49-55.

der Tatsache, daß die Philosophie in ihrer kognitiven Aufgabe gescheitert ist, nicht die Notwendigkeit ableiten, daß sie immer scheitern *müsse*« ... »Das Hauptproblem der Philosophie von morgen ist das ihrer eigenen Methode: in diesem Punkt hat Piaget uns überzeugt.« So formuliert ist dieser Einwand natürlich unwiderleglich: wenn man die Zukunft der Wissenschaft nicht antizipieren darf, eine Ansicht, die ich dem Positivismus gegenüber immer wieder vertreten habe, ist es nicht mehr als billig, sich auch jeglicher Prophezeiung über die Zukunft der Philosophie zu enthalten. Doch dazu bemerke ich – zumal J.-C. Piguet uns daran erinnert, daß die Algebra »mindestens drei Jahrhunderte« gebraucht hat, um sich zu etablieren –, daß wir seit fünfundzwanzig Jahrhunderten auf eine philosophische Methodologie warten. Es wäre also sehr unfreundlich von uns, wollten wir diese Pacht nicht – am besten stillschweigend – für eine mindestens ebenso lange Zeit erneuern ...

Ich habe von »Einsicht« oder »vernünftiger Koordinierung der Werte« gesprochen. Gegen diesen Punkt sind mannigfache Einwände erhoben worden, weil ich, da es mir in erster Linie auf eine Verteidigung der Erkenntnis ankam, vielleicht manchmal den Eindruck erweckt habe, ich unterstellte einen radikalen Gegensatz zwischen Einsicht und Wahrheit. In einer sympathischen Kritik* meines »manchmal irritierenden, aber immer heilsamen Buches« sagt J. Lacroix unter anderem: »Es bleibt der Eindruck, ... daß jener ›vernünftige Glaube‹, in dem die Philosophie besteht, sich nur auf individuelle Meinungen stützen, aber keinerlei Anspruch auf Allgemeinheit erheben kann. Da diese Einsichten nichts mit der Wahrheit zu tun haben, lassen sie sich nicht adäquat mitteilen.« Im Stile Kants fügt Lacroix dann noch hinzu, er ziehe es vor, die Philosophie als eine »rationale Überzeugung« anzusehen.

Auf diesen Einwand von Lacroix lassen sich zwei – seither oft wiederholte – Antworten geben. Die erste: wenn man mög-

* Le Monde, 31. 12. 1965.

lichst enge Beziehungen zwischen Einsicht und Vernunft herstellen möchte, und das möchte ich genauso wie er (und »meine« Einsicht erkennt die nähere Bestimmung »rationale Überzeugung« ebenso an wie die »seinige«), muß man auch die Existenz irrationalistischer Strömungen in der Philosophie, zumal in der heutigen, zugeben; wenn man objektiv bleiben will, darf man solche Strömungen nicht aus der Philosophie ausschließen, sondern muß sie in deren Definition einschließen. Gegen den Existentialismus, der alle Werte durcheinanderbringt, und den Menschen erniedrigt, indem er Freiheit auf Willkür und Denken auf Selbstbestätigung reduziert, empfinde ich eine tiefe Abneigung, aber redlicherweise bin ich verpflichtet, ihn als eine Philosophie gelten zu lassen. Heidegger zufolge beginnt das Denken erst dann, wenn wir begriffen haben, daß die seit Jahrhunderten gerühmte Vernunft der erbittertste Feind des Denkens ist. Das mag für Heidegger, für bestimmte Werke Jaspers und einige ihrer Nachfolger so sein und ist ein Beispiel für eine nicht rationale »Einsicht«. Ich habe nicht das Recht, sie aus der Philosophie auszuschließen.

Die zweite Antwort: der einzige Unterschied der sich als rational verstehenden »Einsichten« zu den Systemen der »Erkenntnisse« besteht darin, daß sie diesen zwei ergänzende Elemente hinzufügen: (1) einen Faktor der Entscheidung oder des Engagements, der allein dem Leben einen »Sinn« zu verleihen vermag; und (2) einen Satz von Hypothesen, die, wenn sie einmal bewiesen werden, zu »Erkenntnissen« werden, vor dieser Verifizierung aber, wenn man dem sich zu eigen gemachten »Sinn« gemäß leben will, aufgrund einer Überzeugung anerkannt werden müssen. Unter diesem Gesichtspunkt sind alle Zwischenstufen zwischen Einsicht und Erkenntnis, das heißt, zwischen Philosophie und Wissenschaft möglich: eine »Einsicht« aus 99 Prozent Erkenntnissen und 1 Prozent Entscheidung und Überzeugung, eine »Einsicht« aus 98 und 2 Prozent usw. – diese Zahlen nur, um die *faktische* Unmöglichkeit einer klaren Abgrenzung und vor allem eines radikalen Gegensatzes zwischen Einsicht und Erkenntnis zu zeigen, während, wenn ich ohne die Spur eines Zweifels an die Freiheit des Menschen glaube, *rechtlich* die Redlichkeit mich nötigt zu sagen, daß diese Überzeugung, mag sie auch eines Tages verifiziert werden, jetzt noch Sache der Einsicht und nicht der Erkenntnis ist.

II. In der Perspektive der rationalen Einsichten, auf die wir uns hier beschränken wollen, ergeben sich ganz andere Fragen, die P. Ricœur bei einer Diskussion in der »Union rationaliste«* auf seine tiefgründige Weise gestellt hat. Ricœur ging in dieser Diskussion von den Übereinstimmungen aus, um dann nachzuweisen, daß sie eben das implizieren, was ich hätte vermeiden wollen. Nehmen wir an, sagte Ricœur, es gebe die Einsicht im Sinne von Koordinierung der Werte: das impliziert zunächst, daß diese Frage einen Sinn hat, und wenn es Koordinierung gibt, dann deshalb, weil es *Denken* und *Vernunft* gibt – nähmen wir das nicht an, fielen wir in den Irrationalismus zurück; ferner, wenn es eine Vernunft gibt, gibt es die Möglichkeit einer die Grenzen der Erkenntnis im strengen Sinne überschreitenden Wahrheit. Hinsichtlich der Erkenntnis im strengen Sinne gesteht Ricœur zu, in einem technischen Sinne hänge sie von experimenteller oder deduktiver Verifizierung ab, es blieben aber die Fragen der Voraussetzungen und des Sinnes; damit seien wir auf der Ebene des philosophischen Denkens, das reflexiv sei, das heißt, auf einem dritten Typus von Wahrheit beruhe, angelangt: Reflexion heißt, »sich des Sinnes wieder bemächtigen, all jener Konzepte, aufgrund derer es möglich ist, daß es den ›Menschen‹ gibt« (S. 58).

Damit sind wir am Kern des Problems, und ich gehe in der Richtung Ricœurs weiter, wenn ich meinerseits neue Vorfragen stelle: was ist der »Sinn des Sinnes« und welche Bedingungen darf man zu Recht als Bedingungen einer Erkenntnis oder einer Wahrheit ansehen?

* *Raison présente,* I, S. 51-78.

Auf die Frage in bezug auf die Vernunft habe ich bereits geantwortet. Eine Koordinierung der Werte oder der Überzeugungen setzt zweifellos Vernunft und Denken voraus. Aber da die Vernunft in eine Entscheidung greifen kann, geht sie über das Wissen hinaus. Sagt man, die Überzeugungen, aus denen eine Einsicht besteht, setzten Vernunft voraus, bedeutet daher noch nicht, es handele sich hier um Erkenntnis, es sei denn, man nähme eine von den experimentellen oder logischen Erkenntnissen unterschiedene reflexive Wahrheit an, eine Annahme, auf die wir unten noch einmal zurückkommen werden.

Das entscheidende Problem ist das des Sinnes des Sinnes. Allerdings fürchte ich, daß dieser grundlegende Begriff des »Sinnes«, um den sich die ganze aktuelle Diskussion dreht, eine nicht weniger wichtige Äquivokation zudeckt. Ricœur bezieht sich auf Kant, den Vater von uns allen, und stellt die Frage nach dem Menschen in Gestalt der drei berühmten Fragen Kants: Was kann ich wissen? Was soll ich tun? Was darf ich hoffen? Das kann man tun, aber man muß dann zwei Pole unterscheiden: den des Sinnes für das erkennende Subjekt und den des vitalen oder praktischen Sinnes. Hat, zum Beispiel, die Behauptung, es gebe Freiheit, einen Sinn? Unter epistemologischem Gesichtspunkt zweifellos: es handelt sich dann um die Hypothese, der zufolge sich der Zustand $t + 1$ nicht ohne weiteres aus dem Zustand t deduzieren läßt usw.; es gibt einen Satz von physikalischen, psychologischen und logisch-mathematischen Bedeutungen (Goedelsches Theorem usw.), die dem Problem einen evidenten Sinn verleihen, wenn es auch noch nicht zur Zufriedenheit aller gelöst werden kann. Unter dem Gesichtspunkt der Praxis, das heißt, unter dem Gesichtspunkt dessen, was der Mensch tun soll und hoffen darf, hat die Rede von der Freiheit natürlich auch einen »Sinn«, sogar einen, der unsere gesamte Verantwortlichkeit in Dienst nimmt. Aber diese beiden »Sinne« lassen sich nicht aufeinander zurückführen: die Deduktion vom zweiten Sinn aus führt nicht zu einer

Lösung des Problems der Erkenntnis, und die Deduktion, die vom ersten ausgeht, vermag nicht, den zweiten sicherzustellen. Und das ist, beiläufig bemerkt, der Grund dafür, daß wir zur Koordinierung der beiden »Sinne« auf eine »Einsicht« angewiesen sind – ohne daß diese deshalb zu einer Erkenntnis oder gar zu einer »Wahrheit« führte.

Kurz, ein »Sinn«, darüber hinaus ein Sinn »für den Menschen«, das sind schon wenigstens zwei Sinne, ein kognitiver und ein vitaler, und mir scheint, daß man ein wenig zu leichtfertig mit den Worten umgeht, wenn man sie zu dem einen Konzept der »Bedeutung« verbindet, mögen sie in manchen Fällen einander auch noch so nahe kommen.

Stellen wir auch im Hinblick auf die »reflexive« Wahrheit – den »Sinn« für das erkennende Subjekt – weitere Vorfragen: welches sind die Voraussetzungen einer Analyse der Voraussetzungen, das heißt, welches sind die notwendigen und zureichenden epistemologischen Bedingungen einer Epistemologie des Sinnes? In dieser Hinsicht ist die Reflexion, wenngleich ihre »Notwendigkeit« ganz klar zutage liegt, ein keineswegs »zureichendes« Instrument, und man muß daher bezweifeln, ob sie zu »Wahrheiten« führen könnte.

Zunächst die Tatsachenfrage: Plato, Descartes und Leibniz, Kant und Husserl, alle haben sich der »Reflexion« bedient. Wie lassen sich die erstaunlichen Divergenzen zwischen ihren Epistemologien erklären? Verdient eine Wahrheit, die nicht allgemeine Zustimmung erlangt, noch den Namen »Wahrheit«, auch wenn man neben den experimentellen und deduktiven Erkenntnissen eine dritte Kategorie postuliert?

Und die Rechtsfrage: Darf man darin, daß die Reflexion dem Experiment und der Deduktion vorausgeht und diese inspiriert oder darin, daß sie diesen Erkenntnismodi folgt und sie bewertet und ihnen einen »Sinn« verleiht, eine dritte autonome Quelle der Erkenntnis sehen, oder ist das Reflektieren nichts anderes als eine von der Gesamtheit der kognitiven Operationen abhängige Funktion – in dem genauen und begrenzten Maße abhängig, in dem die kognitiven Funktionen ständig, und oft mit Erfolg, versuchen, über sich hinauszugehen, um eine neue Ebene »reflektierender Abstraktion« zu konstruieren?* Dies ist die zentrale Frage, und die Analyse dieser »reflektierenden Abstraktion« in der Geschichte und in der Psychogenese zeigt, daß die – wie immer beträchtliche und notwendige – Kraft der Reflexion sich nicht von jener doppelten Bewegung experimenteller Objektivierung und innerer und deduktiver Dezentrierung, welche die Konstruktion der Erkenntnisse charakterisiert, trennen läßt.

In Kapitel III (unter Punkt E) habe ich zu zeigen versucht, daß die »Intuition« im allgemeinen ein für die noch unzureichend analysierten Anfangsphasen der Erkenntnis charakteristisches Kompositum darstellt, das zwischen dem als Tatsache Gegebenen und den Normen des Subjekts zunächst noch nicht differenziert, sich in der Folge jedoch notwendigerweise in experimentelle Erkenntnisse und formalisierte Deduktion trennt. Das gilt a fortiori für die philosophische Intuition, einschließlich der Husserlschen, die ihm zufolge als ein unauflösliches Produkt von Subjekt und Objekt an das Phänomen gebunden ist. Obwohl sie etwas ganz anderes ist, weist die »Reflexion« einige analoge Merkmale auf. Sie ist etwas ganz anderes, weil sie, anders als die Intuition, deren Bedeutung mit jedem Fortschritt der Erkenntnis geringer wird, auf jeder Stufe notwendig ist und weil ihre Entwicklung gerade an die Fortschritte

* Als »reflektierende Abstraktion« habe ich an anderer Stelle jenen Modus von Abstraktion bezeichnet, der nicht, wie die einfache Abstraktion, von Objekten ausgeht, sondern von den Aktionen und Operationen des Subjekts: diese Abstraktion »reflektiert« daher im doppelten Sinne des Wortes, in einem quasi physikalischen Sinne, in dem sie (wie ein Strahl) das, was sie auf einer niederen Ebene erfaßt, auf eine höhere Ebene reflektiert, sowie im kognitiven Sinne der geistigen Reflexion. So definiert ist die reflektierende Abstraktion notwendigerweise konstruktiv und erweitert und bereichert die Ausgangsstrukturen, indem sie sie in der Arbeit der Reflexion rekonstruiert, eine Arbeit, die neue Strukturen entwickelt, die wiederum operativ sind und sich nicht mehr nur der einfachen Reflexion bedienen, der sie ihre Entstehung verdanken.

der Erkenntnis gebunden ist. Ihre Analogie zur Intuition besteht darin, daß sie wie diese durch eine notwendige Beziehung zur Erfahrung und zur Deduktion charakterisiert ist und sich, ebenfalls wie diese, allmählich in diese beiden Richtungen differenziert. Kurz, die Reflexion ist notwendig, aber sie hat nur stellvertretenden Charakter, das heißt, sie setzt immer wieder neu an, ohne sich selbst zu genügen, weil sie über keine Instrumente zur Verifizierung verfügt; sie ist daher notwendigerweise auf die Kontrolle durch Experimente oder Deduktionen angewiesen.

In der reflexiven »Wahrheit« läßt sich also offenbar kein dritter Typus von dem Experiment und der Deduktion vergleichbarer Erkenntnis sehen: auf der Ebene der Philosophie ist dieser dritte Typus – wie die Intuition – ein Kompositum; eben dies zeigt die Entwicklung der Epistemologie selbst. Ursprünglich und solange sie rein reflexiv bleibt, philosophischer Natur, hat sie sich – durch Anwendung der historisch-kritischen und sozio- oder psychogenetischen Methoden sowie der logischen Formalisierung – mehr und mehr der Kontrolle durch Tatsachen sowie der durch Deduktion unterworfen. Die Epistemologie ist das beste aktuelle Beispiel für eine Disziplin, die sich auf den »Sinn« und die Voraussetzungen der Erkenntnis bezieht und, zunächst philosophisch, immer mehr den Charakter wissenschaftlicher Forschung gewinnt; diese arbeitet in der Regel interdisziplinär, ist aber deshalb keineswegs im traditionellen Sinne »metaphysisch«.

III. Während meine Reflexionen über die »Einsicht« und die Unmöglichkeit, zwei Arten von Wahrheiten, eine philosophische und eine wissenschaftliche, anzuerkennen, wie vorherzusehen alle möglichen Einwände ausgelöst haben, bestand die Reaktion auf meine Kritik der »philosophischen Psychologie« in einem auffälligen – manchmal beifälligen, manchmal verlegenen – Schweigen. Das hat evidente Gründe: während die Philosophen der geisteswissenschaftlichen Fakultät in Genf diese im Verfall begriffene Disziplin neu beleben wollen (ich habe dieses Beispiel genommen, wo ich es gefunden habe, denn derartige gegen den allgemeinen Strom gerichtete Tendenzen werden immer seltener), geht der den geisteswissenschaftlichen Fakultäten und sogar den Sektionen für Philosophie eingegliederte psychologische Unterricht in Frankreich nicht weniger als anderswo* immer mehr zur experimentellen Forschung über; die Psychologen an der Sorbonne haben inzwischen eine von der philosophischen getrennte Unterabteilung gegründet.

In der Diskussion der »Union rationaliste«, auf die ich mich oben schon einmal bezogen habe, hat F. Jeanson, ein Freund J.-P. Sartres, seinen Lehrer verteidigt, und zu meinem großen Vergnügen hat er mir in seinen geistreichen und scharfen Angriffen vorgeworfen, ich hätte Sartres Studien über die Emotion und das innere Bild zum Ziel meiner Kritik gemacht – als ob dies eine allzu leichte Aufgabe sei und als ob es evident sei, daß es in Sartres Werken »ein wenig alte« Dinge gibt, an denen ihr Autor kaum noch festhalten dürfte. P. Fraisse fragte daraufhin, wie es zu erklären sei, daß man, wenn man sich die Dissertationsthemen ansehe, die die Philosophieprofessoren ihren Schülern geben, feststelle, »daß Sartres Theorie der Emotionen immer noch in Mode sei. Wenn Sartre und die Sartrianer sagten, dieses Jugendwerk sei

* In einem halboffiziellen Text, dem Bericht der französischen Unescokommission über *Les sciences de l'homme en France* (vorgelegt von Jean Viet, Mouton 1966, Nr. 7 der Veröffentlichungen des *Internationalen Rates für Sozialwissenschaften*) lesen wir (S. 78 f.): »Während einerseits die Philosophie den Beitrag der Psychologie, der Soziologie ... (usw.) immer stärker zu berücksichtigen scheint, ist es andererseits eine Tatsache, daß die Forschung in den verschiedenen Humanwissenschaften in Frankreich heute dazu tendiert, sich von der Philosophie abzulösen. So ist es zum Beispiel offensichtlich, daß die Psychologen heute für das Modell, das ihnen die exakten und Naturwissenschaften anbieten, empfänglicher sind als für die Möglichkeit, ihre Disziplin in die von der Husserlschen Phänomenologie eröffnete philosophische Perspektive zu stellen ... Die in der Ethnologie von C. Lévi-Strauss eingenommene Position ist bekannt; wenn nicht zur Verwerfung, führt sie zumindest zu einer Art Ausklammerung der Philosophie.« Der Graben zwischen den Humanwissenschaften und der Philosophie erscheint noch größer, wenn man einige traditionellerweise als Teile der Philosophie angesehenen Disziplinen wie Epistemologie, Logik usw. aus ihr herauslöst.

überholt, würde in den Philosophieklassen und den Vorlesungen in diesem Hause (die Diskussion fand in der Sorbonne statt) viel Zeit gewonnen« (S. 66).

Fraisse zeigte außerdem auf, daß Ravaisson und Bergson zwar von der Gewohnheit gesprochen haben, wir aber alles, was wir heute darüber wissen, Experimenten im Labor verdanken; daß Bergson zwar eine glänzende Kritik der Psychophysik geliefert hat, wir von ihm aber nichts über die Beziehungen zwischen den Empfindungen, die wir haben, und äußeren physikalischen Reizen erfahren, während die Psychophysik ihre Arbeit erfolgreich fortgesetzt und mannigfache Anwendungen gefunden hat; daß Merleau-Ponty zwar die Konstanz der Größen erörtert hat, indem er »gewandt über unsere Arbeiten sprach, diesen jedoch nichts Neues hinzugefügt hat« usw.

Y. Galifret erinnerte an Bergsons Theorie des Gedächtnisses, »welche die Neurophysiologie zu ihrem großen Glück niemals zur Kenntnis genommen hat« (S. 76), und wunderte sich mit Fraisse darüber, daß die anwesenden Philosophen »die philosophische Psychologie, die im Mittelpunkt unserer Diskussionen stehen sollte, so schnell im Stich lassen; man könnte sagen, wenn niemand sich bereitfindet, sie zu verteidigen, so vielleicht deshalb nicht, weil diese Psychologie sich nicht verteidigen läßt« (S. 68).

Kurz, die öffentliche Diskussion, aus der ich einige Proben gegeben habe, sollte dem Thema »Psychologie und Philosophie« und einer Antwort auf meine Kritik der philosophischen Psychologie gewidmet sein, doch von seiten der Philosophen ist nicht mehr gekommen als eine Bemerkung von Ricœur, der sagte, die Arbeit der wissenschaftlichen Psychologie sei ohne eine philosophische Problematik, die uns zur Frage des »Sinnes« führe, nicht möglich. Darauf muß man, wie mir scheint, mit der Unterscheidung zwischen dem Psychologen-Subjekt, das seine Wissenschaft konstruiert, und dem Subjekt, das Gegenstand der Psychologie ist, antworten. Das Psychologen-Subjekt konstruiert seine Epistemologie in Abhängigkeit von den

Fortschritten oder Krisen seiner Disziplin und vor allem in Abhängigkeit von den interdisziplinären Beziehungen, denen er immer größeren Raum geben muß: um eine Erkenntnistotalität zu konstruieren, bedarf es also keinerlei philosophischer Intervention auf einer sich als höher begreifenden Ebene, da diese Totalität sich in Abhängigkeit von der zunehmenden Komplexität der Forschungen und des Fortschrittes der Reflexion, den sie auslösen, selbst entfaltet; solange es sich um epistemologischen Sinn handelt, genügen die Wissenschaften sich selbst und leisten auch ihre »Reflexion« selbst.

Das menschliche Subjekt im allgemeinen, das der Psychologe untersucht, ist etwas ganz anderes, denn es gibt sich vielerlei Normen, kognitive, moralische usw., es engagiert sich und gibt allem einen »Sinn«: unter vitalen, sozialen oder persönlichen ebenso wie unter Erkenntnisgesichtspunkten. Wenn man dem Begriff des »Sinnes« eine globale Bedeutung verleihen darf, dann in diesem Falle des »durchschnittlichen« menschlichen Subjekts. Man muß jedoch ganz klar sehen, daß das Subjekt selbst – in seinen Beziehungen zu anderen Individuen wie in seiner Spontaneität – die Quelle dieses »Sinnes« ist, nicht der Philosoph und auch nicht der Psychologe. Es fragt sich nun, wer eher in der Lage ist, eine Theorie des »Sinnes« in seiner menschlichen Bedeutung zu liefern: der Philosoph, der die Dinge in ihrer Gesamtheit sieht, oder der Psychologe und Sozialpsychologe, deren Geschäft es ist zu untersuchen, wie das Subjekt (das menschliche Subjekt und nicht das Psychologen-Subjekt) seine Normen entwickelt? Über die kognitiven Normen haben wir, wie es scheint, durch die Untersuchung der Frage, wie der »Sinn« der rationalen Operationen sich von der Geburt bis zum Erwachsenenalter entwickelt, mehr erfahren als durch Befragen der philosophischen Epistemologien. Warum sollte es sich hinsichtlich der nicht kognitiven »Sinne« anders verhalten?

In einer Diskussion im Zentrum für Europäische Studien hat Jeanne Hersch erklärt: »Für diejenigen, die sich auf einer rein empirischen Ebene bewegen, die den Menschen auf ein Objekt objektiver – psychologischer, biologischer oder soziologischer – Studien reduzieren wollen, hat der Satz ›alle Menschen sind gleich‹ meiner Ansicht nach keinerlei Sinn.«* Wenn diese Ansicht den Rat impliziert, man dürfe dieser Gleichheit nicht im Namen bio-psycho-soziologischer Überlegungen Normen vorschreiben, so akzeptieren wir sie gerne, denn vielleicht gibt es in manchen Gegenden noch »Sozialpsychologen«, die sich etwas Derartiges vorstellen. Will sie jedoch besagen, daß die Menschen sich aktiv, frei und verantwortlich fühlen und mit der Idee der Gleichheit einen besonderen Wert oder »Sinn« verbinden, kann der Philosoph besser verstehen als wir, müssen wir entgegnen: nicht der Philosoph erzeugt den »Sinn«, sondern der Mensch qua Subjekt. Warum in diesem Falle der Philosoph? Eher werden die redlichen Psychologen oder Soziologen, die – ohne irgendwelche Vorschriften zugunsten oder zum Nachteil der Gleichheit zu machen – untersuchen, wie sie, die Gleichheit, aus einer nicht angeborenen, aber im Laufe der Entwicklung des Kindes oder bestimmter Gesellschaften immer stärker werdenden Tendenz hervorgeht, einige unvermutete Informationen über diese Norm gewinnen – anstatt auf einer höheren Ebene zu sagen, was jeder schon weiß (da wir alle Subjekte sind und uns bemühen zu »reflektieren«).

IV. Ich komme zum verwegensten Teil meines Buches, zum Kapitel V, in dem ich anhand einiger Beispiele zu zeigen versucht habe, wo Philosophen sich wiederfinden können, wenn sie – ohne über jene Ausbildung zu verfügen, die die experimentell arbeitenden Wissenschaftler alles überprüfen läßt, auch solche Hypothesen, die durch unmittelbare Deduktion von bereits verifizierten Tatsachen als evident erscheinen – bloß mit der Methode der einfachen Reflexion an Tatsachenprobleme herangehen. In bezug auf solche Fälle habe ich geglaubt, manchmal ins Detail gehen zu sollen, denn es hilft gar nichts, bloß allgemein auf die Gefahren von Einmischungen der reinen Reflexion

* L'Europe et le Monde, Bd. XI, 1966, S. 44.

in Tatsachenfragen hinzuweisen: erst wenn man sich den Aufbau einer Argumentation ein wenig näher ansieht, läßt sich der Grad ihrer Konsistenz erkennen. Zu diesem Zwecke habe ich mich vor allem auf Diskussionen bezogen, an denen ich selbst beteiligt war, denn dabei ging es um Dinge, die ich besonders gut kannte. Man hat mir deshalb vorgeworfen, in erster Linie schweizer Landsleute angegriffen und gegen nahe Kollegen polemisiert zu haben. Offen gestanden vermag ich nicht zu sehen, warum es nicht selbstverständlich sein sollte, auf die öffentliche Kritik an bestimmten Punkten seiner eigenen Theorien zu antworten, zumal dann, wenn die Diskussion dieser Punkte besonders gut geeignet ist zu zeigen, wie die Philosophen an Fragen der Wissenschaft oder der Verifizierung herangehen. Betrachtet man die Reaktionen auf meine Antworten (die zugegebenermaßen mit einiger Heftigkeit, die manchmal an Ungehörigkeit heranreicht, formuliert worden sind), so fällt vor allem eine allgemeine Tatsache auf, auf die aufmerksam zu machen nützlich sein mag: das Publikum findet es ganz natürlich, daß die Philosophen ein experimentell gewonnenes Resultat kritisieren, als ob die höhere Ebene ihrer Reflexion ihnen ein allgemeines Interventionsrecht verliehe; wagt hingegen der Wissenschaftler oder Psychologe, dessen Schlußfolgerungen als »höchst gefährlich« oder Symptom einer »leeren Allgemeinheit« bezeichnet worden sind, zu reagieren und die Methode zu kritisieren, von der der Philosoph sich bei seiner Untersuchung oder Diskussion bestimmen läßt, so gilt das in der Regel als beunruhigende Umwertung der Positionen und Werte, wenn nicht gar als eine Art intellektuelles Kapitalverbrechen.

Es mag nützlich sein, zunächst – obwohl es sich dabei noch nicht um »Tatsachen« handelt, sondern immer noch um die Einstellung des Philosophen zur Wissenschaft im allgemeinen – auf einen interessanten Einwand einzugehen, der mir in bezug auf die Philosophie F. Brunners gemacht worden ist, dessen Theozentrismus und ein wenig leichtfertige Behauptungen über den »naiven Naturalismus der Wissenschaft« mich natürlich gereizt haben, in einer eher karikierenden als ernstzunehmenden Fußnote von »Brunnerozentrismus« zu sprechen. Brunner, ein charmanter Mann, hat darauf geistreich reagiert, und einer seiner Verteidiger hat das folgende allgemeine Problem formuliert: »Die Tatsache, daß die (in diesem Sinne verstandene) Metaphysik nicht allen Menschen zugänglich ist, erlaubt nicht den Schluß, sie sei keine Erkenntnis. Die höhere Mathematik ist auch nur einer begrenzten Gruppe von Individuen zugänglich. Warum sollte man nicht annehmen dürfen, daß es zum Metaphysiker ebenso bestimmter Anlagen bedarf wie zum Mathematiker?« Dies ist in der Tat ein Problem, und die hier vorgeschlagene Lösung ist gut geeignet, verständlich zu machen, warum der Metaphysiker glaubt, er habe das Recht, allgemeine Urteile über die Wissenschaft, die er kaum kennt, abzugeben. Doch wird es schwierig sein zu erklären, warum ich die mathematischen und physikalischen Theorien nicht in Zweifel ziehe, wenn ich nicht die zu ihrem Verständnis notwendigen Anlagen besitze, während die Metaphysiken von Anselm oder F. Brunner mich ratlos machen können. Neben der Frage der Anlage kommt also eine der Überzeugung ins Spiel, und das Merkmal einer Überzeugung ist eben dies, daß sie denjenigen, die sie nicht teilen, nicht als Erkenntnis erscheint. Ist es diese Überzeugung, die die unterstellte Anlage charakterisiert? Das Beispiel Kants zeigt, daß man beim Übergang vom Dogmatismus zum Kritizismus an seinen Überzeugungen festhalten kann, obwohl man seine epistemologischen Positionen verändert. Vor allem aber: verbindet man Anlage und Überzeugung, kommt man zu einer Pyramide von Systemen, deren Gipfel nur einigen Privilegierten zugänglich ist, während die anderen sich nur auf der Basis dieser Pyramide bewegen können, so daß die auf dieser untersten Stufe vegetierenden Autoren von den ersteren nicht ohne Grund den Eindruck haben, den ich mit einiger Bosheit Brunnerozentrismus genannt habe.

R. Ruyer hat mir einen langen Brief geschrieben, dessen Objektivität und Generosität bei mir Verwirrung und Bewunderung hervorgerufen haben. Wenn ich ihn richtig verstehe, stimmen wir in zwei Überzeugungen überein: darin, daß es keine spezifisch philosophische Erkenntnis geben kann, und darin, daß die Quellen des »Subjekts« auf der biologischen Ebene gesucht werden müssen. Diese starke Empfindung des Zusammenhangs des Biologischen und des Geistigen läßt ihn von »absoluten« Bereichen sprechen, absolut in dem Sinne, daß sie, um beobachtet zu werden, keines äußeren Beobachters bedürfen usw. Warum also vermag sich der experimentell arbeitende Forscher trotz seiner Sympathie für den Plan einer psychobiologischen Synthese, der das Werk Ruyers beseelt, nicht einer gewissen Unruhe zu erwehren, wenn er dann sieht, wie schnell die zwischen der Amöbe und dem menschlichen Gehirn liegenden Stufen übersprungen werden? Als ich den schönen Brief Ruyers las, ging mir der Gedanke durch den Kopf, und ich sage dies in aller Aufrichtigkeit, in diesem Nachwort zu erklären, daß ich ihn in keiner Hinsicht verstanden hätte und er recht habe. Ich frage mich, welche Gründe mich eigentlich daran hindern. Vielleicht (und möglicherweise ist dies die häufigste Ursache für das tragische Zerwürfnis zwischen Philosophen und experimentell arbeitenden Wissenschaftlern) ist der Hauptgrund einfach der, daß Ruyer schon weiß, was das »Subjekt« ist, während wir noch danach suchen.* Ist das charak-

* Galifret sagt zu Recht (*Raison présente*, 1, S. 69): »Der Forscher, der ein Experiment beginnt, weiß nicht, wohin das Experiment ihn führen wird; er hofft, daß seine Hypothese verifiziert wird, aber gleichzeitig hofft er auch, daß das Unerwartete und Ungewöhnliche eintritt, das den Keim einer neuen Hypothese mit größerem Erklärungswert bildet. Die unerwarteten Ereignisse in diesem Abenteuer sind die Elemente eines Dialoges, in welchem der Forscher fragt und die Erfahrung das letzte Wort hat. Mir scheint, daß die Verfahren des Philosophen einen ganz anderen Charakter haben, daß er gewissermaßen umgekehrt vorgeht als der Wissenschaftler. Denn oft hat man den Eindruck, daß der Philosoph von der Schlußfolgerung ausgeht und sich dann mit mehr oder weniger großem Geschick und verbalem Glück darum bemüht, daß andere ihr zustimmen. Es handelt sich für ihn also nicht darum, sich durch

teristische Merkmal des Subjekts, daß es sich auf allen Stufen selbst erkennt und beobachtet, oder ist dies nur ein sehr abgeleitetes Verhalten in Vergleich zu *dem, was es tut*, ohne bereits zu wissen, daß es tut, was es tut? Zweifel dieser Art befallen uns fast auf jeder Seite seines Werkes.

Meine Diskussion mit R. Schaerer ist, wenn ich so sagen darf, harmonisch beendet worden (und ich darf es sagen, weil das Verdienst daran ihm allein zukommt). Nach einer Wiederaufnahme der Diskussion im *Journal de Genève* hat Schaerer sie mit einem kurzen Aufsatz abgeschlossen, der uns volle Satisfaktion gewährt. Einerseits spricht er dem Philosophen »mit einem kategorischen *nein*« das Recht ab, »in Tatsachenfragen einzugreifen, die in den Bereich der spezialisierten Wissenschaft fallen«; andererseits hebt er hervor, daß jede wissenschaftliche Aktivität »in ein größeres Universum, nämlich das des moralischen Verhaltens, des Sinns des Lebens, der letzten Zwecke« eingebettet ist und das, um es mit einem Wort zu sagen, notwendigerweise das Problem des »Sinns« stellt. Darüber haben wir oben (unter II) genug gesagt, so daß wir nicht darauf zurückkommen brauchen, zumal Schaerer sich hier explizit auf den vitalen »Sinn« und nicht auf den epistemologischen bezieht.

Ich hatte in Kapitel V noch andere Beispiele gewählt, darunter das von Bergsons Abenteuer mit der Relativitätstheorie. Das hat nicht die Billigung aller gefunden, und ein Philosophiehistoriker war der Ansicht, damit, daß Bergson seine gegen die Relativitätstheorie gerichtete Arbeit nicht in die Ausgabe seiner Gesammelten Werke aufgenommen habe, habe er ein hohes Maß an intellektueller Redlichkeit bewiesen. Es sei inopportun, die Diskussion wieder zu eröffnen und Unterscheidungen zwischen erzwungener Redlichkeit und spontanen Bedenken einzuführen. Nun, was die Einmischungen der Philosophie in Tatsachenfragen angeht, habe ich von einer Reihe

sukzessive Approximationen der Wahrheit zu nähern, sondern darum, eine einmal getroffene Wahl zu verteidigen ...«

von Philosophen aus den unterschiedlichsten Umwelten (von der Sorbonne bis zur päpstlichen Universität in Rom), die sich der Gefahren der aktuellen Situation voll bewußt sind, mehr Ermutigung erhalten als ich erwartet hätte. Man darf daher, zumal die phänomenologischen und existentialistischen Moden im Schwinden begriffen sind, auf einen neuen Lenz der Beziehungen zwischen der Philosophie und den Wissenschaften hoffen.

Das große Heilmittel gegen die Illusion der richtungweisenden oder zumindest synthetisierenden Rolle, die bestimmte Philosophien immer noch spielen möchten, erwächst in der Entwicklung der interdisziplinären Beziehungen zwischen den Einzelwissenschaften. Wechselseitige Beziehungen, wie sie im Bereich der Naturwissenschaften seit langem üblich sind, gewinnen heute auch in den Humanwissenschaften einen immer größeren Raum, und man kann mit Sicherheit annehmen, daß jeder interdisziplinäre Fortschritt in einer Frage, die mit den Mitteln einer Einzelwissenschaft nicht gelöst werden kann, bloß »reflexive« Überlegungen zugunsten neuer experimenteller oder positiver Forschungen zurückdrängt. Als Beispiel dafür läßt sich eine Diskussion über die beiden von Benveniste unterschiedenen Ebenen der Bedeutung anführen, die sich an einen dem Thema Sprache gewidmeten Kongreß der französischsprachigen Philosophen angeschlossen hat (Genf, 1966). Der Linguist R. Godel kam zu dem folgenden Schluß:* »Die Linguisten sind gegenwärtig vor allem am System interessiert, das heißt, an der ersten Ebene der Bedeutung. Die Erleuchtung, die den Übergang von der ersten zur zweiten ermöglicht,** wird, glaube ich, von der Experimentalpsychologie kommen. Ob die Philosophen etwas Vernünftiges auf diese Frage antworten können, muß man, wie mir scheint, bezweifeln.« Mit diesem Zitat wollen wir natürlich nicht sagen, die

* *Journal de Genève* 13. Sept. 1966, S. 13.

** Vgl. die Probleme der Unterscheidung von *la parole* (individueller Akt des Sprechens) und *la langue* (System der Sprache).

Bilanz eines philosophischen Kongresses müsse heute notwendigerweise so aussehen wie diese ...

v. Es wird Zeit, diesen Rückblick auf ein kleines Buch abzuschließen, ein Buch, das sich vielleicht selbst genügt; seinem Autor jedoch haben die vielfältigen Reaktionen wohlwollender Leser, die ihre Gedanken nicht zurückgehalten haben, geholfen, die schwachen Stellen wie die richtige Intention deutlicher zu sehen.

Ich hätte diese Schlußfolgerung im ursprünglichen Text formulieren sollen, da ich dort meine persönliche Erfahrung mitgeteilt habe und jedermann aus meinem Bericht ersehen kann, was ich meiner philosophischen Ausbildung zu verdanken habe, nämlich nicht weniger als die allgemeine Problematik der Arbeit, die ich in der Folge habe leisten können, eine beträchtliche Schuld, die man nicht vergessen darf; allein – und auf diesen zweiten, weniger selbstverständlichen Aspekt habe ich das Hauptgewicht gelegt –, ich habe mich der Lösung der Probleme, die sich mir stellten, nur dadurch nähern können, daß ich die reflexiven Methoden der Philosophie aufgegeben und mich auf das Experiment und die mehr oder weniger formalisierte Deduktion gestützt habe.

Nun steckt in den großen Linien einer persönlichen Erfahrung nichts Originelles: sie ist nur der Reflex der Strömungen, die in der einen Menschen formenden Umwelt wirksam sind. Es bedarf also keiner Vorsichtsmaßregeln, um die Bedeutung der beiden vorausgehenden Feststellungen zu verallgemeinern. Denn tatsächlich ist die ganze Geschichte der lebendigen Philosophie die Geschichte von Problemen, welche die Reflexion wohl formuliert, aber nicht gelöst hat; und die Probleme, die eine Lösung erfahren haben, mußten zunächst von der philosophischen auf die Ebene der Einzelwissenschaften geholt werden, die durch allmähliche Differenzierungen aus der Philosophie hervorgegangen sind. In Kapitel II habe ich einige Beispiele dafür zu geben versucht. J.-C. Piguet führt in dem oben schon einmal zitierten Aufsatz ein weiteres ausgezeichnetes Beispiel an:

das der »Kontinuität«, die von Nikolaus Cusanus vorhergesehen, aber erst von Leibniz in seinen mathematischen Arbeiten bewiesen worden ist.*

Kurz, aufgrund ihrer reflexiven Methode vermag die Philosophie, Probleme zu stellen, jedoch nicht, sie zu lösen, weil die Reflexion als solche über keinerlei Instrumente zur Verifizierung verfügt. Mit ihren experimentellen und deduktiven Methoden vermögen die Wissenschaften bestimmte Probleme zu lösen, und dabei ergeben sich ihnen ständig neue Probleme; indes, ohne den ursprünglichen Impuls der allgemeinen Reflexion wären die wissenschaftlichen Probleme wahrscheinlich begrenzter – was freilich nicht bedeutet, daß sie sich deshalb den verkürzten Idealen des Positivismus oder Empirismus anpassen würden. Ob man nur die Philosophie der Philosophen oder auch die der Wissenschaftler, die »reflektieren«, als Philosophie gelten läßt, und ob man nur die Wissenschaft der Wissenschaftler oder auch die der großen Philosophen, die auch experimentiert und deduziert haben (vgl. Kapitel II), als Wissenschaft gelten läßt – all dies hat keinerlei Bedeutung. Entscheidend ist allein die Trilogie Reflexion-Deduktion-Experiment; Reflexion repräsentiert die heuristische Funktion, Deduktion und Experiment repräsentieren die kognitive Verifizierung, die allein »Wahrheit« zu konstituieren vermag.

Doch es bleiben Probleme, welche die Wissenschaft vorläufig

* »Piagets allgemeine These besagt, daß die Philosophie im besten Falle der Sache der Wissenschaft *dienen* kann ... und zwar auf zwei Arten: eine antizipatorische und eine reflexive. Der ersten zufolge antizipiert die Philosophie bestimmte Rsultate der Wissenschaft, indem sie sie intuitiv voraussieht; so hat Nikolaus Cusanus... die Kontinuität in der Natur behauptet, aber er blieb Leibniz (dem Mathematiker Leibniz) vorbehalten, diese Kontinuität durch die Erfindung der Infinitesimalrechnung zu *berechnen*. Es ist eine Sache, die Kontinuität in einer Art »Einsicht des Geistes« (wie genial sie auch sein mag) bloß zu behaupten, und eine andere, sie, indem man die Infinitesimalrechnung erfindet und damit zugleich die Erkenntnis der Dynamik in der Mechanik ermöglicht, zu berechnen. Im ersten Falle handelt es sich nur um die Antizipation einer Erkenntnis (die andere in der Wissenschaft erarbeiten werden), im zweiten Falle um eine wirkliche, erworbene und überprüfbare Erkenntnis.« (a. a. O., S. 52).

nicht oder gar nicht zu lösen vermag, Probleme, die von vitaler Bedeutung sein und einen »Sinn« in der zweiten der oben unterschiedenen Bedeutungen haben können. Diese Probleme verlangen eine »vorläufige« (dieses Wort gebrauchte auch Descartes) Lösung. Die von bestimmten Philosophien immer wieder neu bekräftigte Illusion besteht darin, diese vorläufigen Lösungen als Erkenntnisse anzusehen. Interpretiert man sie hingegen als Einsicht (oder, da es mannigfache und nicht aufeinander reduzierbare Lösungen gibt, als Einsichten) – und zwar als Einsichten, die in beliebigem Maße rational und durch »Erkenntnisse« gestützt sein können –, wird die Übereinstimmung von Theorie und Praxis nicht mehr durch störende Überlagerungen, die der Praxis nicht minder abträglich sind als der Theorie, beeinträchtigt werden.

Inhalt

Einleitung 7

KAPITEL I
Darstellung und Analyse einer Dekonversion 13

KAPITEL II
Wissenschaft und Philosophie 56

KAPITEL III
Das falsche Ideal einer suprawissenschaftlichen Erkenntnis 103

KAPITEL IV
Die Ziele der philosophischen Psychologie 156

KAPITEL V
Die Philosophen und die Tatsachenprobleme 208

Schluß 259

Nachwort zur zweiten Auflage 265

Bibliothek Suhrkamp

Alphabetisches Verzeichnis

Adorno: Literatur I 47
– Literatur II 71
– Literatur III 146
– Mahler 61
– Minima Moralia 236
– Über Walter Benjamin 260
Aitmatow: Dshamilja 315
Alain-Fournier: Der große Meaulnes 142
– Jugendbildnis 23
Anderson: Lachen 167
Andrić: Hof 38
Andrzejewski: Appellation 325
Arghezi: Kleine Prosa 156
Artmann: Husaren 269
Asturias: Legenden 358
Ball: Hermann Hesse 34
Barnes: Antiphon 241
– Nachtgewächs 293
Baroja: Shanti Andía, der Ruhelose 326
Barthelme: City Life 311
Barthes: Die Lust am Text 378
Baudelaire: Gedichte 257
Bayer: Vitus Bering 258
Beckett: Erste Liebe 277
– Erzählungen 82
– Glückliche Tage 98
– Mercier und Camier 327
– Residua 254
– Verwaiser 303
– Wie es ist 118
Benjamin: Berliner Chronik 251
– Berliner Kindheit 2
– Einbahnstraße 27
– Über Literatur 232
Benn: Weinhaus Wolf 202
Bernhard: Ignorant 317
– Midland 272
– Verstörung 229
Bibesco: Begegnung mit Proust 318
Bloch: Erbschaft dieser Zeit 388
– Schiller 234
– Spuren. Erweiterte Ausgabe 54
– Thomas Münzer 77
– Verfremdungen I 85
– Verfremdungen II 120
Block: Sturz 290
Böll: Geschichten 221
Bond: Lear 322
Borchardt: Gedichte 213
Brecht: Die Bibel 256
– Flüchtlingsgespräche 63
– Gedichte und Lieder 33
– Geschichten 81
– Hauspostille 4
– Klassiker 287
– Messingkauf 140
– Me-ti 228
– Politische Schriften 242
– Schriften zum Theater 41
– Svendborger Gedichte 335
– Turandot 206
Broch: Demeter 199
– Esch 157
– Gedanken zur Politik 245
– Hofmannsthal und seine Zeit 385
– Huguenau 187
– James Joyce 306
– Magd Zerline 204
– Pasenow 92
Brudziński: Rote Katz 266
Camus: Der Fall 113
– Ziel eines Lebens 373
Capote: Die Grasharfe 62
Celan: Gedichte 264
Césaire: Geburt 193
Cocteau: Nacht 171
Conrad: Jugend 386
Curtis: Marcel Proust 28
Döblin: Freundinnen 289
Duras: Herr Andesmas 109
Eich: Gedichte 368
– In anderen Sprachen 135
– Maulwürfe 312
– Träume 16
Eliade: Mântuleasa-Straße 328
Eliot: Der Privatsekretär 21

– Gedichte 130
Faulkner: Der Bär 56
– Wilde Palmen 80
Fitzgerald: Taikun 91
Fleißer: Abenteuer 223
– Ein Pfund Orangen 375
Fletcher: Beckett 224
Freud: Briefe 307
– Moses 131
Frisch: Andorra 101
– Bin 8
– Biografie: Ein Spiel 225
– Homo faber 87
– Tagebuch 1946–49 261
Gadamer: Wer bin Ich und wer bist Du? 352
Gadda: Erzählungen 160
Gałczyński: Grüne Gans 222
Gide: Corydon 119
Giraudoux: Simon 73
Golding: Die Erben 121
Gombrowicz: Ratte 176
Gorki: Zeitgenossen 89
Goyen: Zamour 31
Habermas: Philosophisch-politische Profile 265
Hamsun: Hunger 143
– Mysterien 348
Hašek: Partei 283
Hemingway: Der alte Mann 214
Herbert: Im Vaterland der Mythen 339
– Inschrift 384
Hesse: Demian 95
– Eigensinn 353
– Glaube 300
– Glück 344
– Iris 369
– Klein und Wagner 43
– Knulp 75
– Kurgast 329
– Morgenlandfahrt (1)
– Narziß und Goldmund 65
– Politische Betrachtungen 244
– Siddhartha 227
– Steppenwolf 226
– Stufen 342
– Vierter Lebenslauf 181
Heym: Gedichte 179
Hildesheimer: Cornwall 281
– Lieblose Legenden 84
– Tynset 365
Hofmannsthal: Gedichte und kleine Dramen 174
Hohl: Vom Erreichbaren 323
– Weg 292
Horváth: Glaube Liebe Hoffnung 361
– Kasimir und Karoline 316
– Von Spießern 285
– Wiener Wald 247
Hrabal: Moritaten 360
Huch: Bakunin und die Anarchie 334
Huchel: Ausgewählte Gedichte 345
Hughes: Sturmwind auf Jamaika 363
– Walfischheim 14
Humo: Trunkener Sommer 67
Inoue: Jagdgewehr 137
– Stierkampf 273
Iwaszkiewicz: Höhenflug 126
Jacob: Würfelbecher 220
James: Die Tortur 321
Jouhandeau: Pariser Bilder 235
Jouve: Paulina 271
Joyce: Anna Livia Plurabelle 253
– Briefe an Nora 280
– Dubliner 200
– Giacomo Joyce 240
– Kritische Schriften 313
– Porträt des Künstlers 350
– Stephen der Held 338
– Verbannte 217
Kafka: Er 97
– Die Verwandlung 351
Kasack: Stadt 296
Kasakow: Larifari 274
Kaschnitz: Vogel Rock 231
Kawerin: Ende einer Bande 332
– Unbekannter Meister 74
Kołakowski: Himmelsschlüssel 207
Kolář: Das sprechende Bild 288
Kracauer: Freundschaft 302
– Ginster 107
Kraft: Franz Kafka 211

– Spiegelung der Jugend 356
Kraus: Sprüche 141
Krolow: Alltägliche Gedichte 219
– Fremde Körper 52
– Nichts weiter als Leben 262
Kudszus: Jaworte 252
Landolfi: Erzählungen 185
Landsberg: Erfahrung des Todes 371
Lem: Robotermärchen 366
Loerke: Gedichte 114
Lucebert: Gedichte 259
Majakowskij: Ich 354
– Politische Poesie 182
Mandelstam: Briefmarke 94
Mann, Heinrich: Politische Essays 209
Mann, Thomas: Schriften zur Politik 243
Marcuse: Triebstruktur 158
Maurois: Marcel Proust 286
Mayer: Brecht in der Geschichte 284
– Goethe 367
Mayoux: James Joyce 205
Michaux: Turbulenz 298
Miller, Henry: Lächeln 198
Minder: Literatur 275
Mitscherlich: Idee des Friedens 233
– Versuch, die Welt besser zu bestehen 246
Musil: Tagebücher 90
Neruda: Gedichte 99
Nossack: Beweisaufnahme 49
– Interview 117
– Nekyia 72
– November 331
– Sieger 270
Nowaczyński: Schwarzer Kauz 310
Olescha: Neid 127
Palinurus: Grab 11
Pasternak: Initialen 299
Pavese: Mond 111
Penzoldt: Patient 25
– Squirrel 46
Perse: Winde 122
Piaget: Weisheit und Illusionen der Philosophie 362
Plath: Glasglocke 208
Platonov: Baugrube 282
Ponge: Im Namen der Dinge 336
Portmann: Vom Lebendigen 346
Poulet: Marcel Proust 170
Pound: ABC des Lesens 40
– Wort und Weise 279
Proust: Briefwechsel mit der Mutter 239
– Gegen Saint-Beuve 83
– Pastisches 230
– Swann 267
– Tage der Freuden 164
Queneau: Stilübungen 148
Radiguet: Der Ball 13
– Teufel im Leib 147
Rilke: Ausgewählte Gedichte 184
– Der Brief des jungen Arbeiters 372
– Malte 343
Ritter: Subjektivität 379
Roditi: Dialoge über Kunst 357
Roth, Joseph: Beichte 79
Sachs, Nelly: Gedichte 161
– Verzauberung 276
Sarraute: Martereau 145
– Tropismen 341
Sartre: Kindheit 175
Schmidt, Arno: Leviathan 104
Scholem: Judaica 1 106
– Judaica 2 263
– Judaica 3 333
Scholem-Alejchem: Tewje 210
Schröder: Der Wanderer 3
Schulz: Die Zimtläden 377
Seghers: Aufstand 20
– Sklaverei 186
Sender: König und Königin 305
Shaw: Der Aufstand gegen die Ehe 320
– Handbuch des Revolutionärs 309
– Haus Herzenstod 108
– Heilige Johanna 295
– Helden 42
– Kaiser von Amerika 359
– Mensch und Übermensch 129

– Pygmalion 66
– Selbstbiographische Skizzen 86
– Vorwort für Politiker 154
– Wagner-Brevier 337
Simon, Claude: Seil 134
Šklovskij: Kindheit 218
Solschenizyn: Matrjonas Hof 324
Stein: Erzählen 278
Suhrkamp: Briefe 100
– Der Leser 55
– Munderloh 37
Svevo: Ein Mann wird älter 301
– Vom alten Herrn 194
Synge: Der Held 195
– Die Aran-Inseln 319
Szondi: Celan-Studien 330
Ungaretti: Reisebilder 93
Valéry: Die fixe Idee 155
– Eupalinos 370
– Herr Teste 162
– Über Kunst 53
– Windstriche 294
Vallejo: Gedichte 110
Vittorini: Die rote Nelke 136
– Im Schatten 102
Walser, Robert: Prosa 57
Weiss: Hölderlin 297
– Trotzki im Exil 255
Wilde: Dorian Gray 314
Williams: Die Worte 76
Witkiewicz: Wasserhuhn 163
Wittgenstein: Gewißheit 250
Woolf: Granit 59